吴文化概说

主编　徐　静

苏州大学出版社

图书在版编目(CIP)数据

吴文化概说/徐静主编. 苏州:苏州大学出版社,2013.12 (2017.7重印)
ISBN 978-7-5672-0750-9

Ⅰ.①吴… Ⅱ.①徐… Ⅲ.①文化史-研究-江苏省 Ⅳ.①K295.3

中国版本图书馆 CIP 数据核字(2013)第 302076 号

书　　名:吴文化概说

主　　编:徐　静
责任编辑:董　炎　周建国
策　　划:周建国
装帧设计:刘　俊

出版发行:苏州大学出版社(Soochow University Press)
社　　址:苏州市十梓街1号　邮编:215006
印　　刷:苏州工业园区美柯乐制版印务有限责任公司印装
网　　址:www.sudapress.com
邮购热线:0512-67480030
销售热线:0512-65225020

开　　本:787mm×960mm　1/16　印张:16.75　字数:275千
版　　次:2013年12月第1版
印　　次:2017年7月第3次印刷
书　　号:ISBN 978-7-5672-0750-9
定　　价:29.00元

《吴文化概说》编委会

名誉主编　鲍寅初

主　　编　徐　静

副 主 编　宋桂友

编委暨撰稿人（按撰写章节顺序排列）

　　　　　吴恩培　童李君　陶　莉

　　　　　徐　静　宋桂友　李　涵

　　　　　陈　璇　吴蕴慧

编　　务　许凌雯　汤　雯

编撰人员简介：

鲍寅初：苏州市职业大学党委书记
吴恩培：苏州市职业大学吴文化研究院总顾问、教授
徐　静：苏州市职业大学吴文化研究院院长、副教授
宋桂友：苏州市职业大学吴文化研究院副院长、副教授
李　涵：苏州市职业大学艺术学院教授
陈　璇：苏州市职业大学吴文化研究院副教授、博士后
童李君：苏州市职业大学教育与人文学院副教授、博士后
吴蕴慧：苏州市职业大学吴文化研究院副教授、博士
陶　莉：苏州市职业大学吴文化研究院副教授、博士
许凌雯：苏州市职业大学吴文化研究院秘书、研究实习员
汤　雯：苏州市职业大学管理学院研究实习员

序　一

《礼记》有言:"凡居民材,必因天地寒暖燥湿,广谷大川异制,民生其间者异俗。"中华大地,幅员辽阔,气象万千,由于不同的自然条件,不同的人文历史,形成了一个个各具特色的文化区域,所谓齐鲁、巴蜀、湖湘、岭南、吴越等,为其荦荦大者。

吴越并提,有其地理与历史渊源。盖吴越二邦,同处东南,同气共俗,二者为敌国时,互相攻伐,今主明奴,变动无常,文化交融,日渐趋同。但吴越山水有别,民风有异,且长期处于不同行政系统下,故分别讨论,亦自成理。

作为一种区域文化,吴文化的特质总是在与其他区域文化的比较中显现的,也总是随着历史的演进而不断嬗变的。

六朝以前,吴地尚武近蛮。当北方文化特别是齐鲁文化趋向于好儒备礼、温文尔雅之时,吴地却崇尚勇武,斗将战士,侠客兵家,好相攻击,轻死易发。其时,吴地在中原人眼里等同蛮夷。泰伯、仲雍奔赴江南,被说成是"乃奔荆蛮"。中原流行峨冠博带、宽袍大袖时,吴地人则是短绻不结,短袂攘卷,甚至其衣襟也以左衽与中原的右衽相对。

六朝以后,吴地趋文崇儒。大量北人南迁,江南地区被大规模开发,经济丰裕,社会稳定,山清水秀,生活安逸。隋唐以后,中国经济重心南移,江南地位日益重要。与此相一致,吴地文化发生了明显的转型,民风由勇武刚烈变为温文儒雅,士大夫宽衣博带,大冠高履,家家礼乐,人人诗书。

明清时期,吴地文化大放异彩。

其一,商品经济相当发达,商人的地位有了很大提高。明代江南,已形成多样化、商品化和专业化的经济结构。以苏、松、杭、嘉、湖、常、镇七府为主的粮食产区,以松江为主的棉花产区,以湖州为主的桑蚕产区,其他如茶、麻苎、蓝靛、漆、桐、柏、竹、木、渔、盐,都有专业化生产。专门的手工业生产也有很大发展。这形成了吴地相当广阔的市场。江南商人活跃,商业气氛浓重,吴人对商人相对宽容,对经商活动有豁达的理解,士、商融洽,读书业

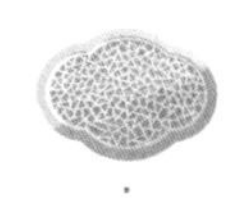

儒与经商行贾并行不悖。

其二，市民文化有了一定程度的发展。反映追求声色货利、张扬人性的小说、传奇、歌谣、戏曲长盛不衰。“三言”“二拍”，及《十二楼》等一批言情小说，是吴地文人冲击纲常礼教的宣泄。

其三，行为偏离正统。在生活方式、行为方式方面，不守传统礼教，逾分越矩，讲究排场，追求新奇。明廷规定庶人服饰不许用黄，不得僭用金绣、锦绣、纻丝、绫罗，不得用金玉、玛瑙、珊瑚、琥珀。但明代中后期，江南士人的服饰，绮罗锦绣，华丽鲜艳，质地追求丝绸绫罗，式样追求奇异翻新。服饰的纹饰甚至出现了团龙、立龙等龙形纹饰。妇女首饰以金银为美，镯环必珍珠宝石，以贵为美，以多为胜。饮食方面，明中后期更是奢侈成风。缙绅之家，一席之间，水陆珍馐多至数十品，即庶士中人之家，宴客亦有多至二三十品者，若十余品则是寻常之会。

其四，提出奢侈有益论。吴地人不但追求物质享受，而且为此寻求理论支撑。最典型的是明代上海学者陆楫，他认为传统的崇俭恶奢观念并不完全正确，禁奢崇俭并不能使民富裕，而奢侈倒能促进经济繁荣，对于社会发展有积极意义。这种奢侈有益论，在中国古代经济思想史上有如空谷足音，相当珍贵。

至于吴地园林之秀，菜肴之精，文人之众，科考之盛，书画之美，戏曲之雅，早已为世人所熟知，不具述。

明清吴地文化灵活、纤巧、文雅、开放、重视人生，其中含有不少被今人称为现代性的因素。

吴文化历史悠久，内涵丰富，特色鲜明，确实值得研究。

改革开放以来，学术界关于吴文化的研究成果相当繁富，论文、著作、丛书、资料汇编，品类齐全，琳琅满目。苏州、无锡、南京、上海都有为数不少的学者致力于此。其中，作为吴文化中心地的苏州，研究学者格外多，成果也特别丰富。苏州市职业大学吴文化研究院院长徐静主编的《吴文化概说》，便是其中相当厚重的一部。

作为一所地方高校，苏州市职业大学向来重视地方文化研究。吴文化研究院前身是吴文化研究所，由吴恩培教授领衔的研究团队对吴文化的研究下过很深功夫，出版过系列专著，诸如《勾吴文化的现代阐述》《文化的争夺》《泰伯与吴文化》《吴文化读本》等。在前期研究基础上，2013 年 1 月成立的吴文化研究院主持编写《吴文化概说》，站在新的高度对吴地文化进行梳理，书中既有按时间顺序的历史描述，又有按门类的条块分析，诸如经济、科技、教育、科考、文学、戏曲、书画、园林、方言、民俗等，于门类中兼顾对文化名人的记述，始于远古，迄于现代，纵横交错，图文结合，使得本书根基扎实，底蕴充沛。至于体系完整，资料可靠，取精用弘，详略得当，结构严谨，征引规范，文笔晓畅，这些作为优秀教材应有之优点，本书一应俱全。

这是一部学养丰厚的教材，也是对吴文化较为全面、深入、系统的论述。

值此《吴文化概说》出版之际，聊敷数言，以为祝贺。

熊月之

二〇一三年十月十六日

（本序作者为上海社会科学院研究员、复旦大学特聘教授、博士生导师，上海市历史学会会长、中国城市史研究会会长、中国史学会副会长）

序　二

由苏州市职业大学吴文化研究院徐静院长主编的《吴文化概说》即将出版发行了。这是吴文化研究院成立之后出版的第一本书，是我校吴文化研究取得的又一成果，可喜可贺。

苏州是吴文化的发源地，是一座有着2500多年悠久历史的文化名城。苏州市职业大学具有得天独厚的文化优势，具有源远流长的文脉传承，办学历史可追溯至1911年创建的苏州工业专科学校，是一所历经风雨沧桑、已走过百年历史的高校，办学底蕴可谓深厚。特别是进入新世纪、搬入新校区以来，坐落于姑苏城南上方山麓、石湖之畔的苏州市职业大学，迎来了新的发展机遇。学校紧紧围绕苏州市委、市政府"科教兴市"的发展战略，坚持"质量立校、人才强校、机制活校、特色兴校"的办学理念，在人才培养、社会服务和文化传承创新诸方面都取得了显著的成绩，学校的综合实力和社会声誉进一步提升，为全省高等教育事业发展和苏州地方经济社会建设做出了积极的贡献。其中，吴文化研究与传承是学校的一大亮点，是特色鲜明、颇具影响力的文化品牌。

文化是大学的灵魂，是学校的核心竞争力。苏州市职业大学向来重视地方文化研究，着力挖掘、研究和利用吴地丰厚的历史文化资源，打造学校独具特色的吴文化品牌，提升竞争软实力。吴文化研究院的前身是吴文化研究所，出版过《勾吴文化的现代阐述》《文化的争夺》《泰伯与吴文化》《伍子胥史料新编》《吴文化读本》等系列专著。在前期研究的基础上，2013年1月成立的吴文化研究院，紧扣本地区经济文化建设的重大议题，通过课题研究和项目推广，聚集校内外研究英才，开展多学科合作，推动吴文化研究的与时俱进。其中，《吴文化概说》便是研究院开展吴文化研究的阶段性成果。本书站在新的高度对吴地传统文化进行科学梳理，书中既有关于吴文化两大源头的深入挖掘，又有关于吴文化区别于其他地域文化的特色解析；既有按时间顺序的历史记述，又有按不同门类的模块阐释，诸如经济、科技、教

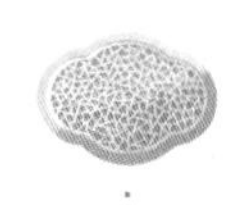

育、科考、文学、戏曲、书画、园林、方言、民俗等，涵盖各个文化剖面；既有精练的史实介绍，又有对文化名人的生动描述。全书始于远古，迄于当代，深入挖掘阐释吴文化传统资源的时代价值。应该说，这是一部颇具特色的吴文化研究学术专著。

《吴文化概说》这部专著还颇具实用价值——可作为吴文化通识教育的校本教材。注重文化育人，打造自己专有的无可替代的校园文化品牌，是高校提高办学质量的题中应有之义。位于吴文化发源地的苏州，我校的人才培养与素质教育具有得天独厚的地域文化资源优势。通过吴文化通识教育核心课程教学，通过"吴文化园"——教育部大学生文化素质教育基地等平台建设，我校独辟文化育人路径，创新素质教育模式——各专业的人才培养以底蕴深厚的吴文化为依托，紧密结合本地区人才市场的素质要求，将地域文化资源转化为教育资源，从地方优秀的传统文化中汲取养分，弘扬主旋律，突出高品位，内聚精神，外塑形象，打造区域性高素质应用型人才，提升学校的社会美誉度。如此说来，《吴文化概说》在深挖吴文化宝藏，助推文化育人品牌建设方面的意义就更为明显了。

今天，在学校深入贯彻落实党的十八大精神，努力建设高质量院校，提升办学层次的关键时期，我们更要弘扬吴文化的优秀传统，开拓进取，做大做强做亮吴文化品牌，进一步提升学校的文化软实力与核心竞争力，为把学校建成具有鲜明特色的地方本科院校做出新的贡献。

金秋十月是收获的季节。值此《吴文化概说》出版之际，谨祝吴文化研究院以新书出版为新的起点，立足自身人才优势与科技优势，力争在文化传承和科学研究领域取得新佳绩，努力打造吴文化研究的升级版。

是为序。

鲍寅初

二〇一三年十月二十日

（本序作者为《吴文化概说》名誉主编、苏州市职业大学党委书记）

目　录

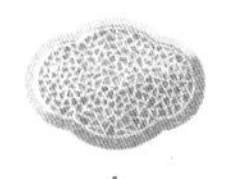

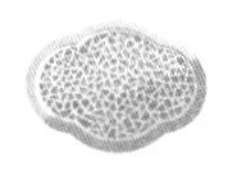

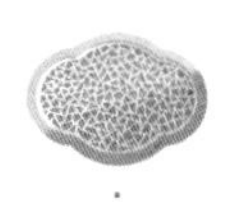

第一章　吴文化的诞生

距今约3100年的商朝末年，泰伯、仲雍兄弟离开黄河流域的周族部落，来到了长江下游的太湖流域。随着“文身断发”式的文化体认和文化交融，泰伯终在江南建立了一个小国——“勾吴”国。在这一后世称为“吴”的地理平台上，长江下游及太湖流域原有的土著文化与中原周文化进行了最初的融汇和整合。对江南原先就存在的本土文化——江南土著文化来说，这一整合的结果是使它注入了新的文化基因并产生一个质的变化，同时，也拥有了一个文化的符号——“吴”，后世人们所说的吴文化即由此诞生。

因此，就概念而言，吴文化就是吴地的区域文化。它泛指吴地区域人群自泰伯立国勾吴以来，在这一区域创造出的与自然相适应的生产、生活方式及其物质的、精神的成果总和。

由此可以看出，吴文化从产生之日起，就具有了两个母本系统，即具有两个文化的源头：

其一是隶属于长江文明的长江下游及太湖流域原生的本土文化——江南土著文化；

其二是从黄河流域传入且隶属于黄河文明的中原周文化。

在江南土著文化与中原周文化的比较中，可以看出，无论是精神层面的政治制度、风俗礼仪等，还是物质层面的生产方式、生产工具等，中原周文化都远较江南土著文化更为先进。因此，泰伯、仲雍兄弟俩在这一文化融汇与整合中，一方面是充当了桥梁和中介的作用，另一方面则是挟持着中原周文化的文化优势，在长江流域开始了周族部落王业政治的克隆和翻版。

本章将对吴文化的两个文化源头，分别加以论述。

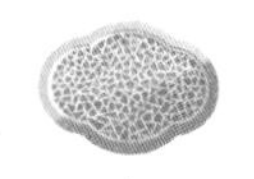

第一节　吴文化的源头之一：长江下游及太湖流域的江南土著文化

吴文化诞生前，也就是在泰伯来到江南地区以前，长江下游及太湖流域已经生活着当地的土著居民，同时也已经创造出灿烂的原生本土文化即江南土著文化。

过去我们说起中国历史文化，总是讲黄河流域是中华文明的摇篮。当时流行的说法是，中华文明的起源是一元的，其中心在黄河中下游，由之向外传播，以至各地。这种看法忽视了中国最大的河流长江。

和黄河流域一样，长江流域也是中华文明的发源地之一。

长江下游江南地区最早的土著居民——原始人类从站立起来的那天起，就步履蹒跚却从未停息地向着文明的门槛走去。

我们通常所说的华夏文明史，是指我们的祖先摆脱蒙昧和野蛮后的这一段历史，至今约五千年。可在这以前，我们的远古祖先从野蛮到文明的跨越，仅仅这一步，却走了几十万年甚至上百万年。

远古祖先们穿越了人类的蒙昧时期，经历了采集狩猎的旧石器时代，走过了农耕畜牧的新石器时代，终于渐渐摆脱了蒙昧和野蛮，渐渐走进了文明的时代。作为人类发展的共同规律，江南地区的土著居民也经历了上述的历史进程，终于在长江下游及太湖流域创造出了辉煌灿烂的远古文明和富有江南特色的土著文化。

关于太湖流域的江南土著文化，必须强调的一点是，它不仅“包孕”了吴文化，同时，它也“包孕”了越文化。这就像无锡鼋头渚摩崖上镌刻着的“包孕吴越”四个大字所表达出的意思一样。

因此，太湖流域的江南土著文化，它既成为吴文化和越文化的共同前承或曰共同母本，同时也成为吴文化和越文化共同的社会物质文化基础。

一、旧石器时代的江南土著文化——江南原始人类遗址和旧石器时代遗址的发现

20 世纪 20 年代以来，我国发现了众多的原始人类遗址，如距今约 170 万年、因发现于云南元谋而得名的元谋人，距今 70—20 万年的北京人等。在

江南地区,20 世纪 90 年代也发现了原始人类的踪迹和遗址。

(一) 南京猿人的发现

1993 年 3 月,南京城东约 30 千米处的汤山镇雷公山,村民在开山取石时发现一个大的溶洞,在这个后来被称为葫芦洞的溶洞内出土了一具较为完整的古人类头骨化石。南京市博物馆与北京大学考古系合作进行了科学发掘,研究与鉴定结果表明,这是大约出生于 30 万年前的南京猿人,已处于人类演化的直立人阶段。

南京猿人的头盖骨和相关遗迹的出土说明,大约 30 万年前的远古时期,南京一带就有了古人类的活动。

江南地区的远古人类究竟是由中国其他地区远古人类迁徙而来,还是由江南地区的原生的远古人类发展而来,尽管至今我们仍不能肯定,但可以肯定的是,大约 30 万年前的远古时期,江南地区已有我们的远古祖先——原始土著居民生活在这块土地上了。

远古时期,人类的生产状况极其原始低下。当时,金属以及木制的工具都还没出现。在这种生产极其原始的状态下,远古人类为了适应生产和生活的需要,渐渐学会了制造不同用途的石制工具。他们用砸击、敲打、碰撞的方法,把原始的石块加工成各种形状的石器。这些石器,表面都很粗糙,有的一端呈尖状,有的一侧或两侧有石片形成的刃口,有的比较厚重,有的则比较轻巧。这些石器,根据形状和特征分为砍砸器、刮削器、尖状器等几类,分别用于采集和狩猎。如砍砸器,既可用于砍伐树木,又可在狩猎时用于搏击动物;刮削器在采集时可用于切割植物的茎叶,狩猎时用于切割动物的皮肉,还可用于加工木质、竹质和骨质的小型工具,如制作狩猎的弓箭及捕鱼的工具等;而尖状器则用于制作工具时锥钻小孔,以及在贝壳等装饰品上锥钻小孔、制作兽皮衣服等。

如上所说的石器时代的早期,是人类历史的最远古阶段。历史学上将制造、使用这种打制石器并用于采集和狩猎的时代,称为旧石器时代。这一时期,人们的生活资料主要靠采集和狩猎来提供。而汉字中的“采”字,本义就是采摘。甲骨

南京汤山雷公山

文的“采”字,上面是一只手(爪),下面是一棵树,树上的一个个小圆圈表示果子,手在果子上表示采摘。其后,金文与篆文的形体,大体与甲骨文相似,只是“果”形省掉了。如今汉字中楷书的写法,由小篆直接演变而来,从中我们依然可以看出人类早期采集生活的痕迹。

(二) 三山岛旧石器地点的发现

江苏南部的太湖地区乃至长江下游地区首次发现旧石器的地点是地处太湖的苏州吴中区三山岛。

1985 年,三山岛哺乳动物化石和旧石器的发现,第一次揭示了太湖地区 1 万多年前旧石器时代的面貌。

三山岛,位于苏州市西南约 50 千米处的太湖中,行政上隶属于苏州吴中区东山镇,面积约 2 平方千米,因岛上有大山(当地人也称为北山)、行山和小姑山三座山而得名为三山岛。

1982 年 7 月,三山岛村民在大山、小姑山采石时,发现了含有哺乳动物化石的裂隙堆积。1985 年 5 月,南京博物院、苏州博物馆和当时吴县文管会的专家,联合对大山的裂隙堆积进行了发掘,并于岛西北端清风岭下一溶洞前的湖滩沙砾石层中,发现了一处面积约 500 平方米的旧石器地点。

同年 12 月,南京博物院、上海大学文学院、苏州博物馆和吴县文管会联合组成考古发掘队,对三山岛旧石器地点进行了发掘。发掘面积 36 平方米,出土石制品 5000 多件。

长江以南的三山岛,发现了旧石器时代的文化遗址。它的发现无论对于说明江南历史的久远,还是对于印证江南地区的文明进程,无疑都有着重要的意义。

二、新石器时代长江流域的氏族聚落及其文明递进

旧石器时代的远古人类成群地生活在一起,以最原始的方式采集植物、捕捉鱼类、猎取野兽,以此来维持最低限度的生存需要。在漫长的岁月中,远古人类在采集野生植物时,发现了植物种子的发芽和生长。当他们将这些经验转变为有意识地进行植物的人工种植时,农业及农耕生产便开始出现了。此外,远古人类在狩猎的过程中,当猎物丰盛并有剩余时,捕获的活体野兽一时食用不了,为了在日后食物缺乏时能享用到这些新鲜肉食,远古人类开始有意识地圈养动物。于是,饲养家畜的畜牧业也由此产生了。汉

字里的“家”字，就表示屋子里养着“豕”(shǐ，即猪)，反映了我们的远古祖先开始饲养野猪的历史过程。

随着旧石器时代采集和狩猎活动发展成为农耕业与畜牧业，远古人类打制的粗糙石器，已远不能适应农耕生产和畜牧生产的需要。于是，原先打制的粗糙石器渐渐为磨制的石器如石斧、石锛、石凿、石铲、石楔、石犁等所代替。这一时期，就是历史学上所说的新石器时代。

旧石器时代所没有的陶器，到了新石器时代已发明出来；旧石器时代人类缝制树叶、兽皮、鱼皮为衣为帽，到了新石器时代已有了陶纺纶、石纺纶以及纺织品；旧石器时代远古人类在洞中穴居的野外生活，到了新石器时代也变为筑房定居。

新石器时代远古人类的定居地，称为聚落。而远古人类按血缘关系组成的比较固定的社会群体，称为氏族。同一氏族聚落的居民，是同一个祖先的后代。距今约六七千年，长江流域及太湖地区已出现远古人类的定居聚落，只是当时文字还没有出现，所以这些聚落未留下任何记载记载，后世的人们也无法知晓这些聚落的地点及详情。

随着种种自然及社会的原因，远古人类氏族或是迁徙，或是灭亡，于是他们当初的定居聚落也渐渐湮灭于世。尽管如此，在这些定居聚落中，远古人类当初的生产、生活用品以及他们当时的生存痕迹，总有些被深深埋在地下而保存下来。几千年后的今天，当这些远古人类的生产、生活用品无意中被现代人发现时，经过科学工作者的考古发掘，并借助“碳 14 断代法”①等自然科学手段来测定远古人类生活的年代(用“碳 14 断代法”所确定的年代，有时又称为碳 14 年代)，远古人类的定居聚落及其存在的准确年代就浮现在人们眼前。

这些被发现的远古人类的定居聚落以及远古人类的生产、生活用品，反映并体现了当时的文化发展水平，因此，它们又通常被称为古文化遗址。江南地区及太湖流域的古文化遗址就是远古时期的人类即原生土著居民聚居地留下的生产、生活的痕迹。从中我们可以得知远古人类当时的生活状态

---

① 考古学家主要借助自然科学手段来测定远古人类生活的绝对年代。其中利用死亡生物遗体中碳 14 元素不断衰变的原理测年的技术被称为“碳 14 断代法”。所有的生物体内都含有浓度与大气中相同的碳 14。它们在生物体死亡后，每隔约 5730 年(前后误差 40 年)衰减一半。只要测出有机体中碳 14 减少的量，就可以判断生物的死亡时间，从而推知其生存年代。这是考古学上广泛应用的一种测定年代的方法，适用范围在 5 万年以内。

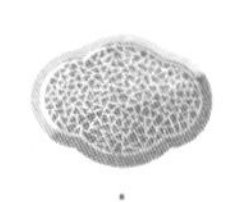

和生存状态，同时亦可得知江南文明递进的进程。

目前，长江下游及太湖流域已发掘出多处古文化遗址。在这些古文化遗址中，历史学家们分别以马家浜文化遗址、崧泽文化遗址和良渚文化遗址作为新石器时代不同历史阶段文化类型的代表。这三个文化遗址同时也形成了历史学家所说的太湖流域的考古学文化序列。而从时间上来看，从距今7000多年至距今4000多年，跨越的年代近3000多年。不同的历史时期，其间生产的发展及社会的文明程度必然存在着差异。于是，历史学家们将古文化遗址以其发现地（即上述的马家浜、崧泽和良渚）命名，并以之分别作为长江流域同一历史时期同一文化类型的代表。这是目前已确定的新石器时期三种相承袭的江南远古文化，它分别代表着新石器时代江南土著文化的三个不同历史阶段。

如前所述，在太湖流域的考古学文化序列上，目前已确定有下列三种相承袭的文化：

马家浜文化（前5090—前3990）

崧泽文化　（前3910—前3230）

良渚文化　（前3305—前2130）①

现分述如下：

（一）马家浜文化类型遗址

马家浜文化类型遗址，以浙江嘉兴的马家浜遗址命名，时间在距今6000—7000年之间。

1959年初春，嘉兴南湖乡天带桥马家浜地方在沤肥挖坑过程中发现大量兽骨和古代遗物。1977年11月，在南京召开的长江下游新石器时代学术讨论会确认以嘉兴马家浜遗址为代表的马家浜文化是长江下游、太湖流域新石器时代早期文化的代表，由此，马家浜文化正式定名。

马家浜文化类型分布在太湖流域，其重要遗址除嘉兴的马家浜、吴家浜、干家埭等处外，还有湖州的邱城，杭州的吴家埠，苏州工业园区唯亭镇的草鞋山，吴江的梅埝、袁家埭，无锡锡山区的彭祖墩，上海青浦崧泽遗址的下层和常州圩墩等处。

---

① 李学勤：《良渚文化的多字陶文——吴文化历史背景的一项探索》，载《吴地文化一万年》，中华书局1994年版，第3页。

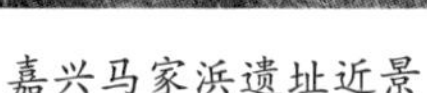
嘉兴马家浜遗址近景

苏州工业园区唯亭镇草鞋山近景

上述文化遗址都有距今6000—7000年的文化层存在。同时，这也表明在距今6000—7000年时，已有土著居民在今天的嘉兴、湖州、杭州、上海、苏州、无锡、常州等地生活——尽管那时这些土著居民还处在蒙昧、野蛮时期。

（二）崧泽文化类型遗址

崧泽文化类型遗址，以上海市青浦区“沪青平”公路（上海—青浦—平望）旁的崧泽村发现的旧石器时代文化遗址而命名，时间为距今5000—6000年。

崧泽又名崧宅，相传是晋朝将军袁崧的墓地。墓地高4米，长宽各90米。1958年农民在这里挖塘时发现古物，然后于1961年和1974年进行了两次有计划的发掘，挖出古墓100座，还有大量的石器、玉器、骨器、陶器和兽骨、稻种等遗物。这些文物前承6000多年前的马家浜文化，后接4000多年前的良渚文化。1982年，中国考古年会认定此处遗址介于以嘉兴为中心的马家浜文化和以余姚为中心的良渚文化之间，命名为崧泽文化。崧泽文化在考古学上是新石器时代文化发展延伸的一个重要时期，它上承马家浜文化，下接良渚文化，处于中间环节。崧泽文化类型遗址主要分布在长江三角洲地区。其重要遗址在上海市青浦区发现4处（崧泽遗址、福泉山遗址、金山坟遗址、寺前村遗址），出土各类文

青浦崧泽遗址近景

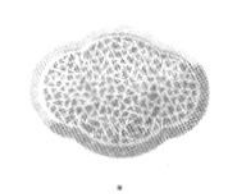

物800余件。此外，今苏州工业园区唯亭镇草鞋山也发现了崧泽文化时期的墓葬及陶器等；苏州南部的吴江同里也发现了崧泽文化时期的墓葬群及盂、钵、罐、瓷灯、泥质灰陶壶、龟形水盂等文物250多件。

（三）良渚文化类型遗址

良渚文化类型遗址，以发现地浙江余杭市良渚镇而命名，时间为距今4000—5000年。

1936年，当时杭州西湖博物馆（今浙江省博物馆）的考古学者施昕更，在其家乡杭县（今余杭市）良渚镇附近，发现了一些黑陶，经过几次调查和发掘，得到不少陶器和石器。后来，施昕更写成《良渚》（I026良渚一杭县第二区黑陶文化遗址初步报告，西湖博物馆考古报告第一集）一书，于1938年出版，这是良渚文化遗址最早的考古报告。该报告发表后的第二年，作者施昕更就去世了，年仅28岁。当时人们认为良渚黑陶晚于山东的龙山文化，并且是由龙山文化发展而来的一个支系，故将之称为浙江龙山文化。到了20世纪50年代，由于新遗址不断出现，学者们认识到良渚类型的史前文化遗存与山东龙山文化有很大的差异，良渚文化应为江南地区土生土长的文化。因此1959年中国科学院考古研究所所长夏鼐教授把这一类型的考古文化正式命名为良渚文化。

良渚文化的源头就是马家浜文化和崧泽文化。良渚文化的地理范围大致以太湖流域为中心，南至杭州湾，北达苏北海安，东起东海，西到宁镇山脉东侧。这大致就是后来泰伯建立的勾吴国的疆域。良渚文化遗址目前已发现200多处。玉器是这些遗址中最重要的文化内涵，几乎达到无墓不出玉的程度。

良渚玉器制作精美，一些研究学者评论苏州相城区（原吴县）张陵山兽面纹玉琮的兽面纹饰刻划线条时说，其中刻线最细的只有0.07毫米，线刻工艺达到了高深莫测的地步。①

彭林《文物精品与文化中国》一书，在介绍几件良渚玉器时更是以"鬼斧神工"来描述："上海博物馆收藏的一件多节玉琮，高约32.9厘米，中间的长孔从两端对钻而基本同心，技艺惊人。玉器的硬度达摩氏6度，良渚人究竟使用了怎样的钻孔工具，至今无法解释。""镇江地区出土的一件良渚玉器

---

① 张志新：《从张陵山遗址看吴前文化的渊薮》，载《吴地文化一万年》，中华书局1994年版，第37页。

上，兽面的眼睛的直径，与圆珠笔的笔芯相当，用放大镜观察，竟然是用16根切线组成的。反山的一件玉琮上，神人兽面纹饰构图繁密、细腻，线条之间密不容针，竟至能在1毫米的宽度内，刻入四五根细线。汇观山的一件玉琮，在宽仅3.5毫米的弦纹凸棱上，刻有14条凹弦纹，用高倍放大镜才能分清线条之间的界限，真是匪夷所思。反山出土玉器琢刻的神人与兽面复合的'神徽'，高约3厘米，宽约4厘米，方寸之间，纹饰繁复，线条纤若游丝，堪称鬼斧神工。在不知放大镜为何物的良渚时代，先民们究竟使用了什么样的'秘密武器'?"4000—5000年前的良渚人在原始状态下，究竟借助什么工具、又用什么工艺制作了这些令现代人匪所所思的玉器？彭林说："现代人无法想象，也无法回答。以至有人断言，这一定是外星人留在太湖地区的作品。"

良渚文化另一显著的特点就是不少良渚玉器、陶器上都有刻画符号，古文字学家在解读后认为，这些刻符很可能是文字。良渚陶器上的刻符，最符合严格的文字标准，恐怕不易否认它们就是文字。近年学术界对良渚文化的评价日益高涨，很多论著都认为这种文化已经临近文明门槛，甚至可以说已属于文明时代了。肯定良渚文化存在文字，而且是汉字的始源，有助于判定良渚文化阶段属于文明时代。①

除上述考古学文化序列外，今日的"长三角"地区，一些远古文化遗址不断被发现，它们中有宁波余姚的河姆渡文化遗址，南京的北阴阳营文化遗址、湖熟文化遗址，吴兴的钱山漾文化遗址，上海的马桥文化遗址，等等。

上述文化遗存，几乎都位于长江以南今苏南、浙北的太湖周边地区。这一地区，也就是我们今天所说的长江三角洲地区。作为江南及太湖流域的远古文化，它是"长三角"地区的远古文化，并构成其后吴文化、越文化的基础和先导。

"长三角"地区的远古文化，如今是以一处处发现地作为考古学意义上的文化类型命名的，但这些远古文化的创造主体，为当地的原生土著居民。因此，从创造主体的角度来看，这些距今4000—7000年，且跨越3000多年的文化就是江南土著文化。

"良渚文化的下限已接近由文献推算的夏代"，在"长三角"地区，"继之而起的文化，有学者称之为马桥文化，已有铜器发现。泰伯、仲雍遇到的荆

① 李学勤:《良渚文化的多字陶文——吴文化历史背景的一项探索》，载《吴地文化一万年》，中华书局1994年版，第3页。

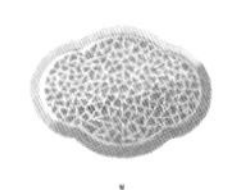

蛮,很可能与这种文化有关”。[1] 史学家的上述推测,将无文字记载的江南远古文化与文献始有记载的勾吴文化作了对接。

综上可见,“长三角”地区的上述远古文化的遗址,几乎都位于长江下游的太湖周边地区。这些文化遗址的发现,其意义在于以下方面:

(1) 实证江南地区从原始人类出现,经历旧石器时代、新石器时代,到跨进文明的门槛,从而文化一脉相承的悠久历史。实证江南土著文化不仅是“长三角”地区的远古文化,也是其后吴文化、越文化产生的土壤和源泉,同时,吴文化、越文化也是江南土著文化的历史延伸和必然发展。

(2) 江南土著文化在太湖流域的苏南一支,借助两个历史人物——泰伯、仲雍,与中原周文化进行了最初的接触、碰撞和交融,同时也借助勾吴国这一国家政治实体为平台,从而渐渐发展成为吴文化的早期形态——勾吴文化。而江南土著文化在浙北及宁(波)绍(兴)地区的另一支,也借助越国这一国家政治实体为平台,借助历史人物大禹,渐渐发展成为越文化。几千年后的今天,当“长三角”地区成为我国经济、文化的发达地区时,吴、越文化又共同构成了“长三角”地区的主体文化。

第二节 吴文化的源头之二:黄河流域的中原文化

20世纪20年代以来,在我国发现了众多的原始人类遗址,如元谋人、北京人等。原始人类出现后,人类社会渐渐发展成为按血缘关系组成的比较固定的社会群体——氏族,进而发展成为由两个以上的氏族组成的原始社会组织——部落。部落出现后,又进一步出现了部落联盟。被中华民族尊奉为人文始祖或人文初祖的炎帝、黄帝,就是当时

陕西黄帝陵

---

① 李学勤:《良渚文化的多字陶文——吴文化历史背景的一项探索》,载《吴地文化一万年》,中华书局1994年版,第3页。

黄河流域部落联盟的首领。

黄帝以后，尧、舜、禹又先后成为黄河流域部落联盟的首领。黄河流域的中原文化，正是在这一文化背景下，孕育了后来发展起来的伟大灿烂的华夏文化。

禹又被尊称为大禹，他在担任部落联盟首领时，治水成功。大约在公元前2070年（距今4000余年），大禹在黄河流域建立了我国历史上的第一个国家——夏朝，我国古代社会进入了文明时代。

夏朝建立了400多年后，到了约公元前1600年（距今3600余年）时，居于黄河下游的商部落首领汤，联合周边各部落起兵，推翻夏朝，建立了商朝。

商朝的统治持续了约500年。公元前1046年，渭水流域的周族首领周武王，联合800多个部落推翻了商朝，建立了周朝。

禹建立了夏朝，开始了中国古代文明启动的脚步。因此，通常所说的黄河文明，正是从夏朝开始，历经商朝，到周朝而进入成熟状态。中国古代文明早期的三个王朝分别为中国文化做出了三个贡献：夏朝建立了国家，为中国文化奠定了文明的基础；商朝则发明了更为精细的文化系统，崇祖、孝等文化在一时期出现；而西周则把上述文化成就融为一体，广泛实践，其在政治制度上，建立了分封制，在习俗上开始了宗法制，在经济制度上推行了井田制，在精神文化方面则是建立了以周礼为代表的典章制度。

周族部落崛起渭上，终取代商，开800年基业，肇华夏意识端倪，创华夏文化本体，成华夏社会基石。但就在周取代商以前的商朝末年，周族部落却因部落首领继承权的问题导致了部落首领古公亶（dǎn）父的长子泰伯、次子仲雍的南奔。以此为契机，中原周文化与江南土著文化开始了最初的融汇与整合，从而产生了吴文化。

一、关于周族部落

周族部落的始祖为中国远古时期的农神后稷，《史记·周本纪》记载说："其母有邰氏女姜原，姜原为帝喾（kù）元妃。"

关于后稷母亲姜原的出身，唐张守节《史记正义》指出："《说文》云：'邰，炎帝之后，姜姓，封邰，周弃外家。'"而姜原的丈夫乃是"帝喾高辛者，黄帝之曾孙也"。

由上可见，后稷父系乃是"黄帝之曾孙"，而母系则为"炎帝之后"。《国语·周语下》中有"夫亡者岂繄无宠，皆炎黄之后"的记载。因此，周族部落始祖

的出身，既印证着黄帝、炎帝部落联姻的事实，同时又印证了其为“炎黄之后”。

带有传奇色彩的是，西汉司马迁的《史记·周本纪》和东汉赵晔的《吴越春秋》为后稷安排的父亲却都不是帝喾，而是说其母姜原因踩了“巨人”或“上帝”的脚印，这才怀上了后稷。

《史记·周本纪》说：“姜原出野，见巨人迹，心忻然说，欲践之，践之而身动如孕者。”

《吴越春秋》说，姜嫄（即姜原）“年少未孕，出游于野，见大人迹而观之，中心欢然，喜其形像，因履而践之，身动，意若为人所感，后妊娠，恐被淫泆（yì）之祸，遂祭祀以求，谓‘无子’。履上帝之迹，天犹令有之”。

陕西岐山周公庙姜原殿中的姜原塑像

在中国古代文化传说中，中国古代五帝之一的帝喾，不仅是周族始祖后稷的名义上的父亲，同时，他还是中国古代殷商族始祖殷契的名义上的父亲。《史记·殷本纪》记载，殷商始祖殷契的母亲简狄，“为帝喾次妃”，排位在姜原之后。简狄和另外两人在一起“三人行浴，见玄鸟堕其卵，简狄取吞之，因孕生契”。这位帝喾次妃，致其孕者也不是帝喾，而是简狄因吞食了玄鸟的蛋，才生下了殷商的始祖殷契。

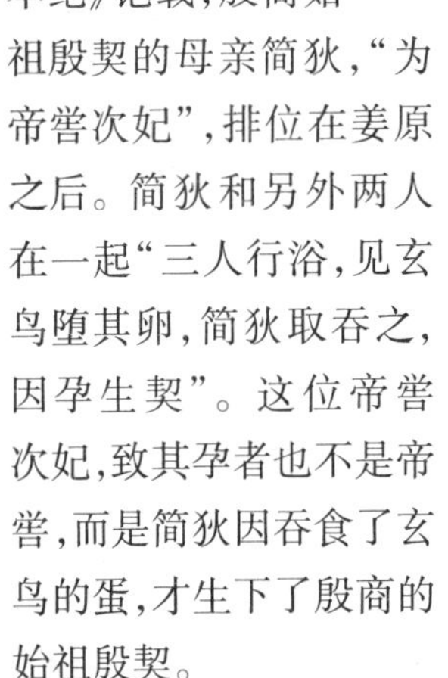

陕西岐山周公庙内的后稷殿

不仅如此，帝喾还是中国古代另两位“帝”——少昊（挚）、唐（尧）的父亲。《史记·五帝本纪》载：“帝喾娶陈锋氏女，生放勋。娶娵訾（jū zī）氏女，生挚。帝喾崩，而挚代立。帝挚立，不善，而弟放勋立，是为帝尧。”

由此可见，中国远古时代的帝王，清一色地为黄帝之后。这既印证着“万世一系皆源于黄帝”的传统观念，同时，也将这一传统观念以世系的形式固定了下来。

后稷殿内的后稷及后代泰伯（右二）、仲雍（右一）、季历（左一）

帝尧执政之时，听说后稷在农业上的专长，故“举弃为农师，天下得其利”（《史记·周本纪》）。而《吴越春秋》则更详细地说帝尧“乃拜弃为农师，封之台，号为后稷，姓姬氏”。

于是，有了姬姓姓氏和封地的后稷成了周人部落的始祖。

后稷的姬姓，乃是黄帝之姓。《国语·晋语》载：“黄帝以姬水成，炎帝以姜水成。成而异德，故黄帝为姬，炎帝为姜。”因此，周族部落的始祖后稷，不仅是传说中的黄帝的后代，同时也拥有了黄帝的姬姓姓氏。

二、周族部落在黄帝世系中的位置

如前文所述，周族始祖后稷乃是黄帝曾孙之后，其在黄帝世系中的位置如下：

按《史记·五帝本纪》等记载，黄帝有二子：一为玄嚣（青阳）；一为昌意。黄帝世系由此分为二支，传承如下：

（1）玄嚣—蟜（jiǎo）极—高辛（即帝喾）—后稷

—殷契

—少昊（即帝挚）

—放勋（即帝尧或唐尧）

（2）昌意—高阳［即帝颛顼（zhuān xū）］—穷蝉—敬康—句望—桥牛—

瞽(gǔ)叟—重(chóng)华(即帝舜或虞舜)—鲧(gǔn)—禹[①]

而黄帝后的帝位传承如下：

黄帝—高阳(帝颛顼)—高辛(帝喾)—少昊(帝挚)—放勋(帝尧)—重华(帝舜或虞舜)—禹

后稷乃是帝喾元妃之子,由其同父异母的弟弟尧来给予他封地和姓氏。作为中国古代的传说,这里的家族世系关系很难以通常的家族顺序予以解释。同时,上述商之始祖殷契、周之始祖后稷以及少昊(挚)、唐(尧)皆出于黄帝曾孙帝喾之后。于是,帝喾死后,先传位于少昊(挚),后又传于帝尧,帝尧禅让于舜,舜禅让于禹,禹建立夏朝后,传位于他的儿子启,从而开始了夏朝的世系流传。夏至桀(jié)而亡,为殷商(殷契后人成汤)所代,殷商后又为周(后稷后人太子发,即周武王)所代。

三、黄帝世系的文化意义

黄帝时代,文字尚未成为历史的载体,今所见有关黄帝的文献是经过世代口耳相传而流传下的传说,时间愈久,难免愈失其真。但这些故事也并非完全是向壁虚造,它们大都以真实历史为素材。西汉时,司马迁正是根据这些从远古流传下的传说,撰写了《史记》中的《三皇》《五帝》篇。

黄帝世系传承的历史依据,时至今日,已无法考证。然而在后世,黄帝却成了中华民族的人文始祖或人文初祖。炎帝和黄帝的故事,既构成了中华民族最早的英雄崇拜,同时也构成了中华民族传统文化的源头。其间的文化的意义表现在以下方面：

(1) 它反映了在远古时代,部落间经过长期战争后,总有一些部落联盟的领袖人物出现,从而维系两次战争之间的和平。因此,人们在文化心理上迫切需要一个能维系各部落之间正常关系的部落联盟领袖。黄帝可能确有其人,系远古时期中原地区的一位部落联盟首领。他通过战争,使中原各部落实现了联合,因而他在远古时期的口传历史中占有重要的位置,进而被后世的人们在口耳相传中不断进行着历史的层累和文化的加工。在这种经加工后的文字表述中,我们看到黄帝成为远古时期反映人们愿望并为各部落人

---

① 关于黄帝世系,陕西人民出版社2002年3月出版并由陕西省清明公祭轩辕黄帝典礼筹备工作办公室编的《轩辕黄帝传》一书,据《世本》《大戴礼记》等记载,列有黄帝世系表。另,该书据《山海经》等相关记载,另列有黄帝世系表。

们所接受的领袖人物。钱穆在《中国文化史导论》中说:“中国古代各部族间,既已很早便通婚姻,则相互间必有很多问题待求解决,于是各部族间遂有推出一个公认的共王之必要。此事在黄帝神农的传说里,已透露得很明白。”①

(2) 黄帝传说的文化内涵,表现了中国文化在宗法制度上所追求的以血缘为纽带并以之维系的大一统的需要。《尔雅·释亲》论述“父之党”为“宗族”。因此,中国文明早期的夏、商、周之时,象征权力的帝王桂冠,毫无例外地都集中到黄帝家族,即意图表达所谓“万世一系皆源于黄帝”的观念,并将之以宗法世系的形式固定下来。血缘与国家政权紧密结合而形成的宗法世袭制亦由是而生。在中国的文化观念中,“数典忘祖”之所以为人们所唾弃,也与此有关。

(3) 黄河流域流传下了炎帝、黄帝的故事。如果作一横向比较则可看出,同一时期,长江下游及太湖流域正处于考古学上所说的马家浜文化、崧泽文化时期。其时,长江下游及太湖流域或许也发生过部落联盟和战争,但最终湮灭在历史潮流之中而未能系统地记载下来,在先秦古籍中也仅是留下些零碎的记载。如成书于战国初年的《国语》中,就记载了一段孔子的话:“昔禹致群神于会稽之山,防风氏后至,禹杀而戮之。”意思是说,当初大禹在会稽山召集天下各国的君主,防风氏晚到,大禹就把他杀了陈尸示众。关于长江流域远古时期的部落联盟状况,我们从这段片言只语的文字中,很难获得完整而系统的了解,尽管在与4000年前的夏朝同一时期,尚处于良渚文化时期的江南地区已出现了部落联盟社会形式。

正因为黄河流域与长江流域人文传说的差异,其后出现的一个极为引人注目的情况是:吴、越世系分别与泰伯和禹进行了对接,从而使得同样从江南土著文化所派生出的吴、越文化,均殊途同归地分别与中原文化产生了血缘和文化的联系。即使是春秋时地处长江中游而被中原文化视为蛮夷的楚国,也与黄帝有了血缘和文化的联系:“楚之先祖出自帝颛顼高阳,高阳者,黄帝之孙,昌意之子也。”(《史记·楚世家》)

一句话,长江流域的吴、楚、越诸国,也都向中原文化靠拢,分别与黄帝攀上了血缘。其在文化上的一统意义是不言而喻的。

上文言及,殷商和周的始祖皆出于黄帝曾孙帝喾之后,但只是一种名义上的关系。因殷商和周的始祖分别是由于帝喾次妃简狄吞食了“玄鸟之卵”

---

① 钱穆:《中国文化史导论》,商务印书馆1994年版,第61页。

及帝喾元妃姜原踩了“巨人之迹”而受孕之故。这里在传说中出现的文化变数，并非是对上述“万世一系皆源于黄帝”观念的否定，而恰恰是在强调商、周这两个早期王朝所特别具有的君权神授色彩。

第三节 吴文化的诞生及早期吴文化的特点

吴文化的两个源头，借助于泰伯、仲雍南奔，终而交汇、整合在了一起。关于吴文化的诞生及吴文化早期的特点，我们分以下几点论述：

一、泰伯南奔与勾吴立国——吴文化的诞生

农业发达的周族部族，从始祖后稷受尧分封，并传位到古公亶父时，已历经了十几代人。古公亶父有三子，即长子泰伯（《史记》作太伯），次子仲雍，三子季历。

周太王（古公亶父）墓

随着古公亶父年岁渐长，周族部落面临着部落权力传承的问题。商代的传承制度，前期是以“兄终弟及”为主，哥哥死了，身强力壮的弟弟接着干。到了后期，这种传承制度衍变为“父死子继”，即老子死了，传位给儿子。有嫡传嫡，无嫡传长。范文澜《中国通史》说：“夏帝和商先公都是父子相继（兄弟相继是例外）……不能断定商朝继统法以弟继为主，而以子为辅，相反，商朝继统法是以长子继为主，以弟继为辅。”“商王嫡子有王位继承权。”商代后期“自武乙至纣四世，废除了兄终弟继制，确定了传子制”。受此影响，“周制嫡长子代代相传，比殷制更加严密”。因此，当时在周族部落如按正常的继统传承，当然是古公之后由泰伯接位。是时，古公亶父因为喜欢三子所生的孙子姬昌，因而想把王位（即部族首领的权力）传给三子，进而再传到孙子姬昌手中。

正是这一传承的变故，导致了“太伯、仲雍二人乃奔荆蛮”。《史记·吴太伯世家》记述勾吴立国经过时说，公元前11世纪的商朝末年，西周部落首领古公亶父的长子太伯（即泰伯）、次子仲雍奔“荆蛮”后，“文身断发”，接着

又“自号句(勾)吴。荆蛮义之,从而归之千余家,立为吴太伯”。

泰伯立勾吴国于华夏东南,从区域经济的发展来看,它开始了有文献记载的江南地区的早期开发。而从区域文化的发展来看,它的意义在于以下方面:

(1) 它为区域文化建立了一个有着行政意义的地理平台。正是在这一平台之上,商、周时期的华夏主流文化——黄河流域的中原文化,与长江流域的江南土著文化进行了最初的整合。整合结果的物质文化形式是西周部落的王朝政治在华夏东南建立周王朝的另一政治翻版——吴国,而精神形式则是经过整合而产生的新的文化形态——吴文化。

苏州石路闹市区的泰伯立像

(2) 它为长江下游及太湖流域在远古时就已产生的江南土著文化注入了中原文化的基因,从而产生了一种新的文化。这一全新的文化从诞生之日起,就拥有了一个文化代码或是文化符号——“吴”。

(3) 泰伯立国在构成吴文化定名依据的同时,它也形成了江苏南部地区的文化,即后世被称为吴文化的历史渊源。3000 多年来,吴文化文脉相承。历朝历代的不间断延续,在明清时期及当代更是大放异彩,这使得吴文化在中国的区域文化中成为发育得较为成熟也较为完整的一个典型例证。

(4) 这一文化及其诞生平台——长江流域诞生于商末的一个地区性国家——吴国,诞生之时,并未获得中央政权——殷商朝廷的批准。而当吴国传至五世吴王周章,“是时周武王克殷,求太伯、仲雍之后,得周章。周章已君吴,因而封之”。(《史记·吴太伯世家》)因此,西周初年,已有效管理着吴国的五世吴王受到西周朝廷的“封”,这表明是时吴国已作为与西周王室有着血缘关系的姬姓诸侯国为西周王权所承认。这一批准,同时具有行政和宗法的双重意义。在行政上,是时吴国已纳入了西周朝廷的行政范畴;在宗法上,它表明周人奔向江南的这一支脉的归宗,且为周王室承认。

二、早期吴文化的特点

吴文化诞生于商末,成形于周。吴文化在商、周时期,形成了不同于其

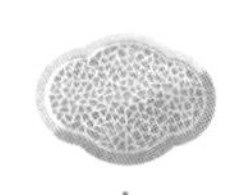

他区域文化的诸多特点。其中,对后世吴文化的发展产生重大影响的是它的包容性特点。而对春秋时期的吴文化影响最大的是在黄河文明与长江文明这两种文明形式的冲突和融汇中,吴文化处在一个交点的位置上。

(一) 特点之一:文化的包容性

如前所述,吴文化是本土文化(江南土著文化)与外来区域文化(中原周族文化)融汇、整合的产物。其时,相对先进的周文化与处于低位文明状态下的江南土著文化,经泰伯"端委"以治,再经历代吴王不断吸收外来文化的精华,最终融汇在一种高位文明的新的文化模式——勾吴文化之中。地处长江流域、本质上属于长江文明的勾吴文化,在融入中原文化的过程中已明白无误地表明:从一开始,它就属于一种杂交型的文化;同时,它博采众长的包容性、开放性已经显现并在其后逐渐形成传统。这对后世的吴文化都产生了深远的影响。

勾吴文化在其诞生和发展中,经历了三次较大规模的与外来区域文化的融会和整合。每一次文化的交融,都给勾吴文化带来新的思想、观念,从而对当时及其后勾吴国的政治、经济、军事等都带来积极的影响。

这三次较大规模的文化融汇和整合的情况如下:

(1) 商朝末年泰伯、仲雍的南下。在他们南下以前,长江流域已跨进文明的门槛。在黄河文明熏陶下长大的泰伯、仲雍在长江流域与长江文明遭遇。在这一有史记载的中国古代"两河文明"的交汇中,他们将黄河流域的周族文化与江南地区的土著文化进行了最初的融合。在吴文化的发展史上,这一次文化融汇、整合的意义是产生了勾吴国这一政治实体以及由此产生了以国家形态包涵着的勾吴文化。勾吴文化博采众长的包容性、开放性此时亦已经初步形成。

东汉时期的大学者王充在《论衡》一书中说:"吴之知礼义也,太伯改其俗也。"唐代学者李善在《文选》注中以"化荆蛮之方,与华夏同风,二人所兴"的极高评价,来称赞泰伯和他的一位后人——春秋后期勾吴文化的另一位代表人物季札。所谓"化荆蛮之方,与华夏同风",无疑是指泰伯以周文化融入江南土著文化,使得江南地区摆脱文化的落后状态。

泰伯以周礼治吴,以周文化的传播、渗透造成吴地生活方式的改变,就是对吴地土著文明进行提升的某种努力。东汉桓帝时的吴郡太守麋豹在《泰伯墓碑记》中提到了这种文明提升的努力所带来的正面影响是"数年之间，人民殷富，教化大洽，东南礼乐实始基焉”。明代苏州籍的宰相王鏊(ào)在撰写《重修泰伯庙碑》时说，吴地先民原先的生存状态是文身断发、混迹于龙蛇草莽间，而“泰伯之来，端委治之”，以至“至今人文财赋，遂为天下甲”，把泰伯当时的文化传播与后世苏州经济、文化甲于天下联系了起来。

（2）十九世吴王寿梦执政时，寿梦及其子季札出访、考察，广泛地接触了中原文化。其后，逃晋的楚臣申公巫臣南下帮助吴国，晋、楚文化随着申公巫臣带来的三十辆战车一同而来（在此以前，吴国军事技术落后，连战车尚不会使用）。中原军事技术、战术的渗入，终引起勾吴文化与外来区域文化的第二次交融。

这一次中原文化与勾吴文化间的交融，从根本上改变了当时晋楚对抗的政治格局。晋国“联吴制楚”的战略及勾吴国与楚国的分道扬镳，使得勾吴国作为独立的军事力量登上了春秋政治舞台，并由此开始崛起，为勾吴国后来的强盛和争霸中原奠定了基础；同时也为勾吴文化在春秋后期大放异彩奠定了基础。正因为如此，司马迁《史记索隐述赞》将这一次文化交融评述为“寿梦初霸，始用兵车”。

（3）二十四世吴王阖闾时期是勾吴国历史上第三次较大规模接受外来文化的时期。楚人伍子胥、伯嚭和齐人孙武的到来，一定程度上将楚文化和齐文化都带到了吴国。它既显示了中原文化与长江文化的融合，也反映了长江文化内部不同区域文化之间的融合。正是在这一传统指导下的勾吴文化，以开放和包容的姿态接受外来区域文化的融入。这其中一个典型的例子便是孙武吴宫教战的故事。

伍子胥向吴王阖闾推荐了孙武，孙武向吴王进献了他的《兵法十三篇》后，吴王为考察其统领军队的才能，让其训练宫女。训练时，吴王阖闾最宠幸的两个妃子担任队长。两位宠妃将军训当成了儿戏，孙武再三申明军纪，宠妃和宫女们还是嘻嘻哈哈。于是，出身于齐国军事世家、身上也透逸着齐国兵家文化风采的孙武，为严肃军纪，斩杀了吴王阖闾的两个爱妃。对此，阖闾尽管情感上难以接受，但最终还是任命孙武为吴国的军事统帅。其后，吴国军队在孙武和伍子胥的指挥下，长途奔袭楚国，进行了春秋时期路途最长的军事远征，并与楚军进行了春秋时期规模最大的柏举之战。吴军在此战中大获全胜，接而攻陷了楚国的都城——郢都。

从伍子胥和孙武等来到吴国都受到重用来看，吴文化的包容性、开放性使得吴国不但形成吸收外来人才的传统，且也形成了使用外来人才的机制。

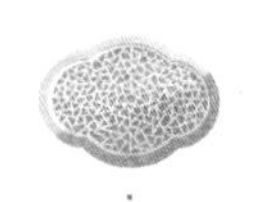

《越绝书》记载说："阖庐之时，大霸。"因此，这一次大规模接受外来文化所产生的影响是把吴王阖闾送上了春秋霸主的地位。

在此后的夫差时代，勾吴文化发展史上值得一提的是吴人言偃北学于圣人的故事。言偃，又称言子、子游。春秋时期，孔子最得意的七十二门生中，言偃是唯一一个来自吴国的年轻人。言偃身上折射着勾吴文化博采众长的开放性特点，同时，它也表示勾吴文化已主动接受中原文化的影响，以一种开放和包容的精神，吸收着中原文化的积极因素，并以之充实勾吴文化的内涵。而对后世的吴地教育来说，言偃北学则是开一代东南学风。完全可以说，苏州历史上真正作为一个学人而外出求学者，言偃当为第一人。更何况他学业上的导师，乃是中国古代最伟大的教育家和思想家——孔子。

吴文化的包容性特点，延续至后世的历朝历代。清道光八年(1828 年)苏州沧浪亭建"五百名贤祠"，祭祀自春秋至清代的 596 名对苏州做出过杰出贡献的仁人贤士，据统计，"其中 80% 以上是外来人"①。吴文化包容"外来人"及其外来区域文化的传统，在 3000 多年以来的历朝历代中，一直未有改变，这既为吴文化不断增添新的养料，同时，也在政治、经济、文化等领域极大地促进了地区的发展。

(二) 特点之二：在黄河文明与长江文明的冲突与融汇中，吴文化处在交点的位置

吴文化与西周王室的血缘联系以及吴文化与长江下游的太湖流域的地缘联系，二者交互作用而形成吴文化的这一特点。在我们分析这一特点时，必须指出古籍记载的以下情况：

1. "吴为周后"与"吾国僻远"

泰伯南奔，立国勾吴。"太伯卒，无子，弟仲雍立，是为吴仲雍。仲雍卒，子季简立。"(《史记·吴太伯世家》)勾吴国的建立，使得这个小国的王室成员从一开始就具有周族的血统。泰伯无子，传位于弟仲雍，再由仲雍而相传。因此，从血缘关系来看，勾吴王室实是传自仲雍一脉。但因泰伯的勾吴国始祖地位，同时他又是仲雍的长兄，因此，后世吴国王室成员依然在血缘上奉泰伯为吴国始祖。由此可见，"吴为周后"，吴国王室与其后主政华夏中原的西周王室有了血缘上的联系，并使得勾吴国在周初时受封。

---

① 汪长根、王明国：《吴文化的特征研究》，载《吴文化与现代化论坛》，江苏古籍出版社 2002 年版，第 19 页。

另一方面，勾吴国位于长江下游的太湖流域。这一地缘因素，对吴文化其时的定位，起了至关重要的作用。

据文献记载，春秋后期吴王阖闾上台后在与伍子胥“谋国政”的谈话中言及吴国的现实状态，说到吴国的不利条件时，第一个说起的就是“吾国僻远，顾在东南之地”（《吴越春秋》）。而吴楚争夺，当楚昭王决定给吴国的逃亡者封地以利用他们来危害吴国，楚昭王的庶兄子西劝谏楚昭王时说起吴国与周王朝的渊源：“吴，周之胄裔也，而弃在海滨，不与姬通。今而始大，比于诸华。”（《左传・昭公三十年》）意思是说，吴国是周王室的后裔，但被抛弃在海滨，不与同宗的姬姓诸国来往。现在吴国开始强大，可以和中原诸国比肩了。

上述的“吴，周之胄裔”即“吴为周后”的另一表述形式。吴国尽管与西周王室有着血缘联系，但因地理因素，同时又是一个“僻远”和被“弃在海滨”的诸侯国家。

2. 远古时期的黄河文明和长江文明的差异

中国远古时期的黄河文明和长江文明，二者有着较大的差异。在夏、商、周三代，黄河流域已建立了统一的中央集权的国家政权机关，形成以天子为最高统治者的宝塔式王权统治的政治格局。与宝塔式的王权政治格局相适应，在意识形态方面也已形成完备的礼仪、伦理道德体系。而相比之下的长江流域，由于没有建立起统一的、中央集权的国家政权，因而也未能形成社会一致认同的礼法和伦理道德体系。社会政治生活和意识形态方面的分散性，还直接造成了文字和记载等方面的落后。① 中华民族早期的人类学史和早期的文化史，就是由这两种文明形式的文化融汇和文化冲突所构成的。而现今我们采信的文献资料，大多出自于黄河流域掌握着历史叙述话语权的古代史家、学者之手。这些史家、学者遵循的是黄河文明是中华文明唯一源头的传统说法。对非中原文化，他们一概以所谓的“四夷、八蛮、七闽、九貉、六狄”（《周礼・夏官・职方氏》）的蔑称而排斥之。这也就是俗称的“东夷”“南蛮”“西戎”“北狄”。

3. 远古时期的“王畿”与“五服”

夏、商、周三朝的活动地区，都在黄河流域。这些王朝其王城周围千里的地域称为“王畿（jī）”。与王畿距离的远近，与中央朝廷对之的亲疏程度密

---

① 叶书宗、马洪林、朱敏彦：《长江文明史》，上海教育出版社 2001 年版，第 12 页。

切相关。愈近王畿者,则政治上愈受宠幸;反之,则备受冷落和歧视了。

《尚书》收录的夏代文献《益稷》中,提及以五种不同的颜料,做成五个等级服装的所谓"五服"的概念。周代的典籍《周礼·夏官·职方氏》中,更制为天下"九服"。所谓"服",即是以王城外五百里为一服。《国语·周语上》曾对之诠释说:"夫先王之制,邦内甸服,邦外侯服,侯、卫宾服,蛮、夷要服,戎、狄荒服。"意思是,先王的制度,王城四面五百里之内称为邦内,其外为邦外;邦内地区为甸服,甸服之外称为侯服,侯服的外卫地区称为宾服,蛮夷边远地区称为要服,戎狄荒野地区称为荒服。

在这里,无论是"五服",抑或是"九服",都被赋予了地缘政治的内容,不同颜色的服饰,直接构成了一种文化,具有表明中央朝廷对之亲疏程度的政治含义。

《国语·周语上》中提及的"蛮、夷要服"和"戎、狄荒服"所代表着的边远之民,《礼记·王制》中以中原文化的价值观念记载了他们"不可推移"的生活习性,这就是:"中国戎夷,五方之民,皆有性也,不可推移。东方曰夷,被发文身,有不火食者矣;南方曰蛮,雕题交趾,有不火食者矣;西方曰戎,被发衣皮,有不粒食者矣;北方曰狄,衣羽毛穴居,有不粒食者矣。"

由此来审视商周时期的长江下游及太湖流域,这里本就属于距王畿三千五百里至四千里的"蛮夷"或"戎狄"边远地区,属于离商周时期的政治中心较远的区域。

4. 勾吴国及其文化在"周室"与"蛮夷"之间的文化徘徊

如前文所述,商末诞生的吴文化属于长江文明的范畴。由于政治、经济、社会观念及地缘等诸多因素的交互作用,春秋时期黄河流域的中原诸国以其文化的优势意识,将长江流域的诸侯国一概定位在"蛮夷"的层面上了。

鲁成公七年(吴寿梦二年,前584)春天,吴国攻打夹在吴、鲁之间的郯国。郯国向吴国请求讲和,奉吴国的十九世吴王寿梦为盟主。对此,鲁国朝野莫不震惊异常。鲁国首相季文子大声疾呼:"中国不振旅,蛮夷入伐。"(《左传·成公七年》)这是吴入春秋后,史书记载的中原国家第一次称其为"蛮夷",同时也是中原文化称呼勾吴文化为"蛮夷"文化的最早记载,且是作为"中国"(中原国家)对立面而出现的"蛮夷"。作为中原文化代表性文化之一的鲁文化,其对吴文化的蔑视也由此可见。

由此可见,泰伯建立勾吴国后,虽说后世与周王室有了血缘上的联系,并使得勾吴国在周初时受封,但这并不能改变它是一个离王畿较远的诸侯国的事实，勾吴国依然被中原文化视为蛮夷地区。因此，春秋时期，在已然形成的中国古代区域文化体系中，吴文化表现出了与其他区域文化不同的个性特点：一方面它具有西周王室的血统；但另一方面又因地处僻远的长江流域——远离王畿的蛮荒之地而被称为“蛮夷”。

吴文化从诞生之日起，就同时与这两种文化有着极其密切的联系，即分别与中原文化有着王室的血缘联系及与长江文化有着地缘联系。而黄河文明和长江文明这两种文明形式的冲突与融汇，无疑使得勾吴国从一开始就处在这两种文明形式的冲突与融汇的交点上。

所有这些，构成了春秋时期吴文化的一个主要特点。也正是在这一特点的指导之下，吴国自觉或不自觉地开始了在“周室”文化与“蛮夷”文化之间徘徊。

吴国因地缘因素，正如前文楚国子西所说，是“弃在海滨，不与姬通”，从而被中原文化视为“蛮夷”。长期的文化封闭，使得吴国国君在中原文化面前极易产生文化的自卑心理。《吴越春秋·卷二》记载寿梦元年（前585）吴王寿梦出访中原诸国并与鲁成公会见时的情景，就充分表现了这一点：“鲁成公会于钟离，深问周公礼乐，成公悉为陈前王之礼乐。”在这种文化的比较面前，寿梦无限感慨地说：“孤在夷蛮，徒以椎髻为俗，岂有斯之服哉？”因叹而去，曰：“于乎哉！礼也。”这意思是说：“我住在夷蛮那个地方，只把扎发髻作为习俗，哪里有你们这种服装啊！”寿梦叹了口气，走了。走的时候还赞叹不已地说着：“唉呀呀，这种礼制啊！”

前文已述，正是在这次访问以后，吴国攻打郯国，鲁国首相季文子大骂吴国是“蛮夷”。其后，随着勾吴国的崛起和强盛，鲁国愈来愈感受到来自南方这个“蛮夷”之国的威胁。在上述吴鲁对抗十四年后的公元前570年，鲁襄公出访晋国。这位鲁国国君见了晋国国君，竟双膝一弯地行起了跪拜大礼。面对着鲁国国君所行的事天子之礼，晋国国君也不敢当了。而担任鲁方礼宾官的孟献子则解释说，我们鲁国地处东边，“密迩仇雠”——紧挨着仇敌。我们国君只能是唯君是望，指望靠着贵国国君了，因此，又岂敢不行跪拜大礼。其后，当二十五世吴王夫差推行北进战略与鲁哀公晤面于鲁国时，吴国已是西破强楚、南服越国，此时又走在向北发展、欲霸中原的道路上。在和中原国家发生军事冲突的同时，勾吴国又必然要与他们发生文化的冲突。

《左传·定公十年》记载中原文化的代表人物孔子说：“裔不谋夏，夷不

乱华。"这意思是,边远国家不能觊觎中原,夷人不能扰乱华夏。《孟子·滕文公上》中也说:"吾闻用夏变夷者,未闻变于夷者也。"意思是说,我只听说用华夏的方式来改变蛮夷地区,而从没听说用蛮夷的方式来改变华夏地区。孟子在这里所说的"夏变夷",其实质就是用黄河文明及其中原文化来代替长江文明以及改变"蛮夷文化"的所谓"教化"。因此,被看作是"蛮夷"的勾吴国,它的政治、军事及经济等实力的增强,非但不会引起中原国家对其文化上的尊重,而且恰恰相反,中原文化只会将北上争夺霸权的勾吴国视为是"裔谋夏"及"夷乱华"。

作为一种文化现象,春秋时文化相对落后而军事强盛的国家产生文化反弹意识者绝非只是勾吴国这一个。同样被中原国家视为"蛮夷"的楚国,在向中原挺进时,楚王则高喊着"我蛮夷也"(《史记·楚世家》)来对抗中原文化的歧视。

长期压抑下的文化自卑,在强大的军事力量的支撑之下,极易迅速地反弹、膨胀并转化为文化的逆反心理。由此来看,吴王夫差北进中原与鲁国国君会晤时,吴国所采用的"吴来征百牢"的文化挑战方式,表明在碰撞和对抗中,吴王夫差正是欲借"周礼尽在鲁矣"的鲁国来提升自己的政治、文化地位。

"吴来征百牢",是指吴国人来到鲁国,要求鲁国给予"百牢"级别的规格接待吴王夫差。所谓"百牢",就是用牛、猪、羊各一百头为飨宴品。以此推之,则"十牢"为牛、猪、羊各十头。唐代司马贞《司记索隐》对《史记·孔子世家》中"吴与鲁会缯,征百牢"句加注说:"百牢,牢具一百也。周礼上公九牢,侯伯七牢,子男五牢。今吴征百牢,夷不识礼故也。"

由上可知,在周礼规定的诸侯等级公、侯、伯、子、男中,鲁国是"公"的级别,而吴国只是"子"的级别。因此,按周礼规定的吴王"吴子"只能享受"五牢"的待遇。

吴国人要求"百牢"的待遇,既是一个外交纠纷,也是一种文化挑衅。在吴国强大的军事力量及不合礼制的超级别要求面前,鲁国人担心,如果不答应吴国人"征百牢"的要求,吴国人一定会恃强加害鲁国。于是,鲁国人作了文化的妥协,给予了吴王"百牢"级的接待规格。

吴鲁两国间的这段故事,文化内涵异常丰富。

首先,在"吴来征百牢"的背后,我们看到,在吴王夫差身上,吴国军事力量的强大却始终伴随着文化上的自卑情结。正是这种自卑使得吴国人踏进中原时，一直自感在周朝姬姓诸侯中低人一等。而前述周礼森严的等级，将“蛮夷”的地位定在了一个较低的级别上。吴王显然并不安于这一定位。军事力量的强大，使得吴王企图借助于军事力量来改变自己的文化地位，结果却往往招致中原文化更为强烈的排斥。

《谷梁传》中有段记载，对吴国入主中原以一种嘲讽、揶揄的口吻来表述：吴国是蛮夷一类的国家，剪短头发，在身上刺刻花纹，却想用鲁国的礼仪，仿效晋国的权威，而请求带上帽子、穿上礼服来遮蔽身体。接而下，该典籍又把吴王夫差和孔子拉在一起，杜撰了一段寓言化的情节：“吴王夫差曰：‘好冠来。’孔子曰：‘大矣哉，夫差未能言冠而欲冠也。’”（《谷梁传·哀公十三年》）这句话的意思是，吴王夫差说：“拿来漂亮的帽子。”孔子说：“太过分了，夫差不能阐说帽子的等级种类，却想戴帽子。”这里的“冠”，实际上指的是中原文化的“礼”。它借孔子之口，指斥吴国的过分——不懂得什么叫“礼”，却想要得到“礼”并充当一副知礼的样子呢！

《史记·鲁周公世家》记载上述吴国“征百牢于鲁”这一事件时说，鲁国首相季康子派子贡（孔子的学生，此时为鲁国的外交官员）去游说吴王夫差及吴国的太宰伯嚭，企图“以礼诎之”——以中原文化的礼制来使吴王屈服时，吴王夫差的回答很干脆：“我文身，不足责礼。”意思是我是个文身的蛮夷，你们不要用“礼”的那一套说教来责难我！吴王夫差此处的“我文身”和前述楚王的“我蛮夷”，表达的是同一种文化情感。为了拒绝中原文化的责难，夫差嘴上说“我文身，不足责礼”，但其内心深处，却是对与周王室的血统关系极其在意。这里的一个典型例子就是黄池盟会吴晋争夺霸权时，双方在军事实力的支撑下，以文化较量的形式来表现争夺。

黄池盟会上，吴晋双方在争先歃血时，各摆资格比起祖先在周王室中的地位来。“吴人曰：‘于周室，我为长。’晋人曰：‘于姬姓，我为伯。’”（《左传·哀公十三年》）这里吴人所说的“于周室，我为长”，则是明白无误地说，在周朝宗室中，我们吴国的祖先泰伯可是长房嫡子呢！而晋国人则是说，在姬姓诸侯中，我们晋国可是霸主。吴晋相争的结果是吴人占了上风，从而争得了霸主的地位。

上述吴晋两国的名分争夺实质上是一种文化的碰撞。吴晋两国在各自发展的道路上都形成了自己的历史地位，当这种历史地位成为霸权争夺的必要条件时，我们从“于周室，我为长”和“于姬姓，我为伯”中，既看到双方在历史上的血缘联系，更看到了上述文化论争的背后，已完全是基于各自国家

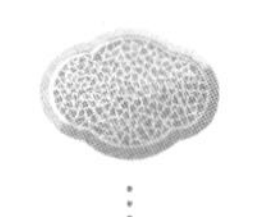

利益至上原则的霸权争夺了。然而,黄池盟会上吴晋两国的政治、军事较量的背后所涉及的文化碰撞,奇怪地变成一场关于祖先历史地位的文化论争。勾吴国始祖泰伯的嫡长子地位,使得"吴人"一上来就占着上风。黄池盟会上"吴人"所说的"于周室,我为长"这句话及其所涵盖的西周立国前的一段历史,前文已作了充分论述。

由此可见,勾吴国在周王室中嫡长子的血统地位与所处的长江下游"蛮夷"地区的地理位置,对吴国王室所产生的影响使他们不得不处于一个尴尬的文化境地:一方面他们自豪于"于周室,我为长"的血统地位;另一方面又不断承受着中原文化视之为"蛮夷"的文化歧视。这种双重却又矛盾的地位,使得勾吴国及其文化处在黄河文明与长江文明这两种文明形态、长江文化与中原文化这两种文化形态的冲突、碰撞和交流、融汇的交点上。

其次,上述所谓"百牢"级的接待规格,吴国在宋国时已经得手,而到了鲁国时,吴国人故伎重演,其主观上向中原文化挑战的意味已很明显,与中原文化较量的意识也已经很强烈了。这种寻衅般的文化挑战,中原文化无疑会视为"蛮夷"的"谋夏"与"乱华"。究其根本,它反映的是春秋时期的长江文明与黄河文明、长江中下游地区的"蛮夷"文化与中原文化的碰撞和冲突。

由此可见,春秋时期,在已然形成的中国古代区域文化体系中,吴文化表现出了与其他区域文化,诸如秦、楚、齐、晋等文化,所不同的个性特点。一方面它具有西周王室的姬姓血统;但另一方面又地处远离王畿、当时被称之为蛮荒之地的僻远的长江流域。这使得吴文化从诞生之日起,就分别与中原文化有着王室的血缘联系以及与长江文化有着地缘联系。这也使得吴文化从诞生之日起,就处在了中原文化与长江文化冲突与共融的交点上。

第二章　吴地经济与科技

吴地文化源远流长，在中华民族的发展史上占有极其重要的地位。吴地先人聚居在这片土地上，他们造船捕鱼游弋于江河之中，种植水稻，栽桑养蚕，铸就宝剑，制作陶器、玉器，饲养家畜，在此基础上发展起来的吴地经济与科技，成果辉煌。魏晋南北朝时期，由于北方战乱，大量北方人南迁，成为吴地经济向全国领先地位迈进的大转折时期，到了唐宋时期，经济中心进一步南移，自此吴地经济一直处于全国前列。吴地科技在天文、历法、数学、医学、地理、水利等方面都有不俗的表现，到明清两代，吴地已成为首都以外最重要的科技舞台。

第一节　吴地的农耕蚕桑

考古发现表明，早在新石器时代，吴地就有较为发达的稻作农业和养蚕业。随着朝代更替，吴地逐渐成为我国重要的农业、工商业地区。从宋代开始，民间就流传着“苏湖熟，天下足”的谚语。吴地是公认的“鱼米之乡，丝绸之府”，被誉为“上有天堂，下有苏杭”。

一、西周至春秋战国时期

西周至春秋战国时期，吴地的农业稳步发展。春秋时期，吴王阖闾为了壮大吴国，采用了伍子胥“实仓廪”的主张，为发展农业生产采取了一系列兴修水利、开垦荒地的措施，《吴越春秋》中记载，吴王夫差曾一次借给越国稻谷“万石”，此外史书中还有“民饱军勇”“仓廪以具”的记载，可见当时吴地农业生产的规模。从春秋晚期开始，奴隶逐渐转变为农民，劳动的积极性和主动性有了质的提高，同时，生产工具也不断改进，青铜农具与铁制农具配合着牛耕，使得吴地农民生产的主客观条件都得到提高，“农夫作耦，以刈

(yì)杀四方之蓬蒿”①,他们积极开辟农田,发展生产,形成了大面积的“瞜(liú)田”和“塘田”。瞜田,是在低山丘陵地方开辟、耕种的一种稻田。塘田,主要是平原低地开筑陂池、横塘纵浦以利灌溉的稻田。

吴地农田的开垦,与兴修水利、改进耕作技术联系紧密。吴地湖泊沼泽众多,经常发生水患,吴地历代主政者均致力于兴修水利。据《越绝书》记载,春申君封于江东后,积极治理水道,“无锡湖者,春申君治以为陂(bēi,池塘),凿语昭渎以东到大田。田名胥卑。凿胥卑下以南注大湖,以泻西野”②,水利的兴修使得当地的农业生产有了很好的保障,《越绝书》中记载:“吴两仓,春申君所造。西仓名曰均输,东仓周一里八步。”③古代的仓主要指粮仓,由此可知当时农业生产的发达程度。

当时的耕作方式,主要是“火耕水耨”,即“烧草下水种稻。草与稻并生,高七八寸,因悉芟(shān)去,复下水灌之,草死,独稻长,所谓火耕水耨”④。

《越绝书》记载:“桑里东,今舍西者,故吴所畜牛、羊、豖、鸡也,名为牛宫。”⑤“娄门外鸡陂墟,故吴王所畜鸡,使李保养之。去县二十里。”⑥“麋湖城者,阖庐所置麋也,去县五十里。”⑦“鸭城,在匠门外。吴王筑以养鸭。”⑧可见吴地的畜牧业、养殖业分门别类,相当兴旺。此外,由于吴地地处水乡泽国,渔业也有一定的发展,甚至还有人工养鱼的场所,在越来溪之西有“鱼城”,“吴王游姑苏,筑此城以养鱼”⑨。

春秋时期,蚕桑业已受到民众及统治阶层相当程度的重视,吴国王僚九年(前518),吴楚两国甚至还因边境女子争桑而产生过战争,《吕氏春秋》《史记》《吴郡志》对此均有记载。《史记·吴太伯世家》云:“初,楚边邑卑梁氏之处女与吴边邑之女争桑,二女家怒相灭,两国边邑长闻之,怒而相攻,灭吴之边邑。吴王怒,故遂伐楚,取两都而去。”⑩

---

① 左丘明:《国语》,时代文艺出版社2009年版,第388页。
② 袁康、吴平辑录:《越绝书》,上海古籍出版社1985年点校本,第15页。
③ 袁康、吴平辑录:《越绝书》,上海古籍出版社1985年点校本,第17页。
④ 班固撰,应劭注:《汉书》卷6,中华书局1962年版,第130页。
⑤ 袁康、吴平辑录:《越绝书》,上海古籍出版社1985年点校本,第19页。
⑥ 袁康、吴平辑录:《越绝书》,上海古籍出版社1985年点校本,第12页。
⑦ 袁康、吴平辑录:《越绝书》,上海古籍出版社1985年点校本,第13页。
⑧ 范成大著,陆振岳点校:《吴郡志》,江苏古籍出版社1986年版,第106页。
⑨ 范成大著,陆振岳点校:《吴郡志》,江苏古籍出版社1986年版,第106页。
⑩ 司马迁撰,郑强胜、季荣臣点校:《史记》,台海出版社1997年版,第439页。

二、秦汉六朝时期

秦汉以来，吴地农业生产得到了进一步开发。到了两汉时期，由于耕作工具和技术的改进以及水利的兴修，吴地已成为重要的农业生产区。

汉初，由于之前吴楚、吴齐、吴越、越楚、楚秦之间战争不断，使得吴地人烟稀少，因此东瓯国和东越国等地曾有不少百姓被先后迁往吴地，用以填补农业生产所需的劳动力缺口。同时，铁制农具也得到进一步推广，铁犁铧、铁镢、铁铲、铁锄、铁三齿耙、铁镰等均有出土。泗洪重岗汉画像石墓中的画像石上有一幅《农耕图》，图中"共有农夫五人。上面是牛耕，二犍牛抬扛，共拉一犁，前有一人用绳牵牛，后有一人扶犁，下面为播种，前一人左手挎笆斗，右手撒种，两人在后，用长柄耙子平整土地。五位农夫相互配合，使耕作、整地和播种等农活结合起来，形象地展现了汉代农业生产的图景"①。这表明用牛挽铁犁耕田等耕作技术已被广泛运用。

东汉末年，由于战乱，北方人民纷纷南迁，为吴地带来了相对先进的农具和技术；同时，东吴孙权为了争夺天下，在吴地大规模屯田，既有军屯又有民屯，使得耕作人口大量增加；此外，水利也得到进一步兴修，如赤乌八年(245)，校尉陈勋率屯田客及作士 3 万人修凿了从小其(今句容县东南二十里)到云阳西城(今句容南唐庄)的运河破岗渎。② 破岗渎不仅满足了湖熟等地的屯田用水需要，还成为六朝时建业物资补给的生命线。这些都促进了吴地农业生产的恢复与发展，至三国后期，吴地出现了"其四野则畛(zhěn)畷无数，膏腴兼倍。原隰(xí，新开垦的田)殊品，窊(wā，同"洼")隆异等。象耕鸟耘，此之自与。穱秀菰穗，于是乎在。煮海为盐，采山铸钱。国税再熟之稻，乡贡八蚕之绵"③的繁荣局面。

这一时期，吴地的蚕桑业也有了较快的发展。《三国志·吴书》中记载，赤乌三年(240)春正月，孙权颁布诏书禁止农桑时"以役事扰民"④，鼓励农桑。此外还建立了织络这一官营织造场。杨泉的《蚕赋》，对这一时期养蚕的情景作了详细的描述。吴地的刺绣工艺也逐渐兴起，丝绸甚至还通过海

---

① 尤振尧、周陆晓：《江苏泗洪重岗汉画像石墓》，《考古》1986 年第 11 期，第 614－622 页。

② 魏嵩山：《破岗渎和上容渎的兴废及其原因》，载《太湖水利史论文集》，河海大学出版社 1986 年版，第 93 页。

③ 萧统编，李善注：《文选》(上)，太白文艺出版社 2010 年版，第 139 页。

④ 陈寿：《三国志》，中州古籍出版社 1996 年版，第 504 页。

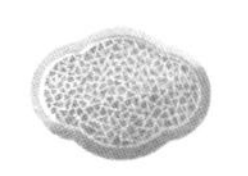

上“丝绸之路”远销罗马。

两晋时期，吴地农业的发展首先表现在兴修水利方面。如晋元帝大兴四年(321)，张闿出补晋陵(今常州)内史，“时所部四县并以旱失田，闿乃立曲阿(今丹阳)新丰塘，溉田八百余顷，每岁丰稔”①。此外，旱田、水田的耕作技术也取得进一步提高，如旱田耕作已注重学习北方精耕细作的“区田”法，即在山陵等地开发一小块田，然后在小面积土地上集中使用人力物力，浇水、施肥、精耕细作，力求高额丰产。水稻栽培技术也取得长足发展，西晋左思的《吴都赋》和前文所述的南朝梁萧统所编的《文选》中都写有“国税再熟之稻”，说明当时水稻种植技术的先进。

南朝期间，吴地的农田水利事业得到进一步发展。如南朝梁武帝时，在破岗渎之北开凿了上容渎，“在句容县东南五里。顶上分流，一源东南三十里，十六埭入延陵界；一源西南流二十五里，五埭注句容界。上容渎西流入江宁秦淮”②。齐人沈约这样描述吴地的丰饶：“扬部有全吴之沃，鱼盐杞梓之利，充仞八方，丝绵布帛之饶，覆衣天下……地广野丰，民勤本业，一岁或稔，则数郡忘饥。”③

吴地的蚕桑也成为文学作品描写的重要对象，南朝梁吴均的《续齐谐记》中有这样的描述：“吴县张成夜起，忽见一妇人，立于宅上南角，举手招成，成即就之。妇人曰：‘此地是君家蚕室，我即是此地之神。明年正月半，宜作白粥，泛膏于上，祭我也，必当令君蚕桑百倍。’言绝，失之。成如言，作膏粥，自此后，大得蚕。”④从中不难看出当时蚕桑业的兴盛。

三、隋唐宋时期

隋唐时期，吴地社会稳定，劳动人口剧增，水陆交通日益发达，南北大运河的开凿，更使得吴地经济文化蓬勃发展，中国的经济、文化中心逐渐南移，吴地的农业生产也迅速发展。

这一时期，吴地的农具及农业技术不断改进。农具分工细致，耘田、碎土、除草、收割等均有不同工具，如耙、锹、铲、镰等，农田耕作进入了精耕细

① 房玄龄等撰：《晋书》卷76，吉林人民出版社1995年版，第1208页。

② 许嵩：《建康实录》卷2，上海古籍出版社1987年版，第39页。

③ 沈约：《宋书》第5册卷54，中华书局1974年版，第1540页。

④ 段成式等撰，胥洪泉点校：《古今逸史精编 剑侠传等五种》，重庆出版社2000年版，第97页。

作的时代。晚唐陆龟蒙著有《耒耜(lěi sì)经》,其中记载了不少当时使用的农具。书中是这样介绍犁的:"冶金而为之者,曰犁镜,曰犁壁。斫(zhuó)木而为之者,曰犁底,曰压镵(chán),曰策额,曰犁箭,曰犁辕,曰犁梢,曰犁评,曰犁建,曰犁盘。木、金凡十有一事。"[1]从中可知,这种犁由11个部件构成,它结构完善,操作轻便灵活,吴地农民普遍用牛拉这种犁来耕田,成为当地农业发展的一个标志。

隋唐时期,特别是唐代,吴地的农田水利事业有了大规模的发展。据不完全统计,唐代后期全国十道共有水利工程101项,其中江南道居多,有49项。[2] 耕具及耕作技术的不断提高,以及水利的兴修,使得吴地的农业生产进一步提高,当时吴地的粮食和经济作物的产量在全国总产量中占有很高的比例。唐人权德舆曾经说:"江、淮田一善熟,则旁资数道,故天下大计,仰于东南。"[3]

隋唐时期,吴地蚕桑业兴盛,当时的诗文中有大量描写蚕桑业及丝织品的内容,如杜荀鹤的《送人游吴》:"君到姑苏见,人家尽枕河……夜市卖菱藕,春船载绮罗。"陆龟蒙也有"沟塍(chéng,田间的土埂子)堕微溜,桑柘(zhè)含疏烟。处处倚蚕箔,家家下鱼筌(quán)"这样的诗句,吴地人在太湖边上养蚕捕鱼的景象跃然纸上。吴地的丝织品,在当时已经成为贡品。其中苏州的缭绫能与蜀锦相媲美,白居易《缭绫》诗云:"缭绫缭绫何所似,不似罗绡与纨绮。"吴地还盛产柑橘,产量多、质量好,也是进贡佳品。此外,吴地的宜兴、湖州等地盛产茶叶。

五代时期,茶成为吴地重要的经济作物,有许多著名的产地。水果在吴地经济生活中也占有一定比重。吴地的水果,以苏州洞庭地区出产的橘子、枇杷等最为有名。总之,这一时期,吴地农业出现了以稻为主,麦、桑、麻、茶、水果等多种作物共同发展的新格局。吴地经济作物的发展,对农业经济的繁荣具有重要意义。

两宋时期,吴地经济有了新的发展。在唐代的基础上,吴地人民对农具如犁、秧马、耘荡、筒车等进行了进一步的改革,在节省人力的同时还提高了

---

① 范成大著,陆振岳点校:《吴郡志》卷2《风俗》,江苏古籍出版社1986年版,第10页。

② 江苏社会科学院《江苏史纲》课题组著:《江苏史纲 古代卷》,江苏古籍出版社1993年版,第393页。

③ 欧阳修、宋祁撰:《新唐书》卷165,《权德舆传》,中华书局1975年版,第5076页。

劳动生产率。而水轮的发明与运用则进一步提高了抗御旱灾的能力。对农地实行精耕细作是农业生产中的优良传统,两宋时期不仅很好地继承了这一传统,还加以发展。如注重选种,在宋代,苏州地区稻的名种最多:昆山县有33个品种,常熟有40多个品种。[①] 吴中的"稻有早晚,其名品甚繁,农民随其力之所及,择其土之所宜,以次种焉。惟号'箭子'者为最,岁供京师"[②]。同时,水利建设成效明显。经过三国至隋唐五代700余年的开发,以及宋代的进一步治理(如范仲淹主持开浚了吴淞江等,并在沿江诸浦设置闸门,大规模地治理太湖水患),吴地的平原大多已经成为良田沃野。在此背景下,太湖流域的苏州、湖州、常州等地农业收成大增。范仲淹在上仁宗皇帝的《答手诏条陈十事》中说:"臣知苏州日,点检簿书,一州之田,系出税者三万四千顷。中稔之利,每亩得米二石至三石,计出米七百余万石。"[③]所以当时流传"苏湖熟,天下足"或"苏常熟,天下足"的谚语。南宋时,随着全国政治中心的南移,吴地的农业经济得到了进一步的发展。

唐宋时期,吴地麦的种植数量进一步扩大。北宋朱长文在《吴郡图经续记》中记载:"吴中地沃物夥(huǒ)……其稼,则刈麦种禾,一岁再熟。"[④]此外,茶叶、蚕桑、果品、竹木等经济作物也都有了很大的发展。

宋代,吴地已成功培育叶大肥厚的"湖桑",并逐渐成为我国最有影响的蚕桑业中心。其中吴地的吴县(今苏州)有"茧簿山立,缫车之声连甍(méng,屋脊)相闻"[⑤]的说法。而著名的宋锦也产生于南宋时期的苏州。当时包括苏州在内的"两浙路"所缴纳的丝织品占全国四分之一以上[⑥],可见当时吴地蚕桑业和丝织业的繁盛。

---

① 陈书禄主编:《江苏文化概观》,南京师范大学出版社1998年版,第42页。

② 朱长文:《吴郡图经续记》卷上,江苏古籍出版社1999年版,第9页。

③ 范仲淹著,李勇先、王蓉贵点校:《范仲淹全集》,四川大学出版社2002年版,第534页。

④ 朱长文:《吴郡图经续记》,江苏古籍出版社1999年版,第9页。

⑤ 李觏:《李觏集》卷16《富国策第三》,中华书局1981年版,第137页。

⑥ 潘力行、邹志一主编:《吴地文化一万年》,中华书局1994年版,第318页。

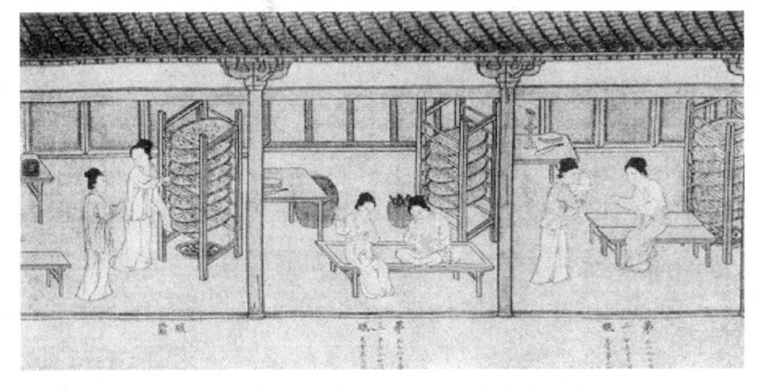

南宋·《蚕织图》，黑龙江省博物馆收藏

四、元明清时期

元初，由于多年战乱、生产凋敝，统治者十分重视农业生产，采取了一系列措施，如鼓励开垦荒地、减免租税、兴修水利等来恢复和发展农业。成书于至元十年（1273）的《农桑辑要》，是由当时的司农司编纂的综合性农书，用以指导农业生产。书中记述了农桑的起源以及如何耕垦、选种、播种，并详细介绍了怎样栽桑、养蚕，还专门介绍了木棉栽培法。在此背景下，战后吴地的农业生产恢复良好，至元二十年（1283），“内地百姓流移江南避赋役者，已十五万户”①。元代对水利兴修也十分重视，“元立国近百年，几乎年年疏浚太湖下游河道……在大德元年（1297）和大德八年（1304）分别由浙江行省平章彻里和都水监丞任仁发主持的两次工程效率较好”②。在此背景之下，吴地成为全国最为重要的粮食生产基地。

明清时期，吴地农业稳步发展，水利工程也得到进一步完善。明宣德五年（1430），工部右侍郎周忱被朝廷派到江南总督税粮，他见到芙蓉湖经常发生水患，于是“按照北宋单锷《吴中水利书》主张，立足三吴全局，实行通盘治理。首先‘修鲁阳五堰，筑上下两坝’以障上游来水，同时‘穿百渎于震泽，以导下流’，再‘筑围成圩’。经过综合治理，终于‘使浩淼之区，变而为膏沃之壤，岁辄大稔’”。③ 这一时期，吴地仍然是全国最重要的财赋供给地。顾炎武曾说：“天下租税之重，至浙西而极。浙西之重，苏、松、常、嘉、湖五府为甚。”④税粮负担

① 宋濂等撰：《元史》卷173，中华书局1976年版，第4040页。
② 王培华：《元朝水利机构的建置及其成就评价》，《史学集刊》2001年第1期，第32页。
③ 江苏省武进县县志编纂委员会编：《武进县志》，上海人民出版社1988年版，第915页。
④ 顾炎武：《官田始末考》卷上，广文书局1976年版，第2页。

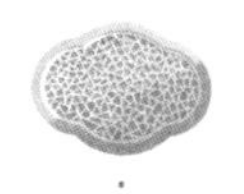

之重，也反映出吴地农业生产水平之高。

明代王鏊《姑苏志》记载："元末，苏州二县四州栽桑二十七万株。兵余无几。"①蚕桑业在前朝受到严重的破坏，明代对这一情况十分重视，为了促进吴地蚕桑业的发展，还在苏州建造了织造局。文徵明在《重修苏州织染局记》中写道："苏郡织染之设，肇创于洪武，鼎新于洪熙，载于郡志，虽简略未详，而碑文所记，历历可考。京师惟尚衣监所司其事，然织染惟建局于苏、杭者？夫大江之南，苏、杭之财赋甲他郡，水壤清嘉，造色鲜美；矧（shěn，况且）蚕桑繁盛，因产丝纩，迄今更盛。"②吴地除了种桑养蚕之外，棉花种植也非常普遍。明中叶以后，吴地的太仓、昆山、常熟等地都成为著名的产棉区，松江地区更是全国棉纺织业中心。明崇祯年间《松江府志・风俗》记载"纺织不止乡落，虽城中亦然。里媪晨抱绵纱入市，易木棉花以归，机杼轧轧，有通宵不寐者"③，可见当时棉花交易之活跃。

苏州织造府（清・王翚《康熙南巡图》局部，加拿大 Alberta 大学收藏）

清代，由于养蚕比种植其他农作物赚钱，"米贱丝贵时，则蚕一筐即可当一亩之息矣"④。栽桑和种稻的收入相差如此之大，于是大片农田都栽上了桑树。许多农家将栽桑养蚕作为谋生的主要手段，有一首《蚕妇词》曰："东家西家罢来往，晴日深窗风雨响。二眠蚕起食叶多，陌头桑树空枝柯。新妇守箔女执筐，头发不梳一月忙。三姑祭后今年好，满簇如云茧成早。檐前缫车急作丝，又是夏税相催时。"⑤此诗形象地记录了吴地妇女养蚕织丝的场景。鸦片战争以后，洋商也来抢购丝绵，这些都促进了吴地蚕桑业的繁荣。

---

① 王鏊等纂：《姑苏志》，台湾学生书局 1986 年影印本，第 215 页。
② 苏州历史博物馆：《明清苏州工商业碑刻集》，江苏人民出版社 1981 年版，第 1 页。
③ 方越贡修，陈继儒纂：《（崇祯）松江府志》卷 7《风俗》，书目文献出版社 1991 年版，第 181 页。
④ 张履祥辑补：《沈氏农书》卷 2，中华书局 1956 年版，第 28 页。
⑤ 陈沚斋选注：《高启诗选》，广东人民出版社 1985 年版，第 13 页。

第二节 吴地的工商业

吴地的商业文化是吴文化的重要组成部分。早在新石器时代,吴地就已出现了产品交换,到了春秋战国时期,吴地的商业已经得到缓慢的发展,其后,经过魏晋六朝、隋唐宋元的大规模发展,至明清而达到空前繁荣。其中,魏晋南北朝时期是吴地经济从相对落后状态迈向领先地位的转折时期。自唐宋时期全国经济重心南移后,吴地的工商业发展一直位于前列。

一、先秦时期的吴地工商业

先秦是吴地工商业的发生期。商业是以货币为媒介进行交换从而实现商品的流通的经济活动。从北阴阳营遗址出土的一些非本地所产的饰物原料可知,早在新石器时代,吴地就已经出现了产品交换。此外,良渚文化遗址中出土了不少竹、草编织物,丝、麻制品,和陶器、玉器等,这都为我们展现了吴地工商业的初始形态。

春秋中期以后,随着吴国的日益强大,吴地商业便已有了初步的发展。在吴国都城中已经有了“市”,《越绝书》中记载伍子胥“乞食于吴市”,而《国语·吴语》中也有“市无赤米”的记载,从中可知,此时的吴“市”具有一定的交换产品的市场功能。《韩非子·说林》中有这样的记载:“鲁人身善织屦(jù,古时用麻、葛等制成的鞋),妻善织缟,而欲徙于越。或谓之曰:‘子必穷矣。’鲁人曰:‘何也?’曰:‘屦为履之也,而越人跣行;缟为冠之也,而越人被发。以子之所长,游于不用之国,欲使无穷,其可得乎?’”[①]说的是有擅长做鞋帽的鲁人想迁去越国被人劝阻的事。吴越紧邻,这从一个侧面反映出吴地商业存在的事实。随着商品交换发展到一定阶段,吴国开始出现货币,但并不统一,海贝、帛、玉等均有作为货币在吴地使用的记载。

① 韩非著,秦惠彬点校:《韩非子》,辽宁教育出版社 1997 年版,第 65 页。

战国时期吴国大翼船(模型)

吴地水网密布，江河纵横，促成了吴地造船业的发展，并使造船业达到了相当高的水平，自古便有“以船为车，以楫为马”之语。此外，吴地的金属冶炼业也闻名于世，宁镇地区在商朝就有铜矿、锡矿开采的记载，《周礼·考工记》中云“吴粤之金锡，此材之美者也”[①]。吴国的青铜剑享有盛名，被中原人视为“宝之至”。

二、秦汉至宋元时期的吴地工商业

这一阶段，吴地的工商业得到了显著的发展。从考古发现可知，当时吴地市场上出售的商品有酒、肉类、纺织品、漆器、铁器、铜器等。秦汉时期，吴地的造船业、冶铸业、煮盐业、制瓷业等都得到了进一步发展。

西汉吴王刘濞在吴地“招致天下亡命者盗铸钱，煮海水为盐，以故无赋，国用富饶”[②]，吴国的铸币遍布天下，成为经济实力最为雄厚的诸侯国。《史记》记载：“夫吴自阖庐、春申、王濞(bì)三人招致天下之喜游子弟，东有海盐之饶，章山之铜，三江、五湖之利，亦江东一都会也。”[③]

东汉后期，由于战乱，北方社会经济遭到极大破坏，而吴地的工商业却相对呈现出迅速发展的势头。到孙吴时期，吴地的葛、麻布、丝织业已极为发达，甚至还远销日本、罗马等国。从考古发现可知吴地的制瓷业也得到了很好的发展。“青瓷器的烧造是这一时期手工业的重大贡献，从吴地发现的窑址、窑具和生产的成品看，青瓷烧造已成专业，水平和规模在全国处于领先地位。”[④]苏州平门孙吴时代墓葬出土的青瓷制品，就是很好的例证。孙吴

---

① 吕友仁:《周礼译注》，中州古籍出版社 2004 年版，第 543 页。

② 司马迁撰，郑强胜、季荣臣点校:《史记》，台海出版社 1997 年版，第 794 页。

③ 司马迁撰，郑强胜、季荣臣点校:《史记》，台海出版社 1997 年版，第 910 页。

④ 孙维新、朱旭等编著:《经典中国》，上海译文出版社 2004 年版，第 16—17 页。

时期的造船业也受到了充分的重视并得到新的发展，政府还配备了专门负责造船的官吏——典船都尉。随着工商业的发展，吴地出现了许多富商大贾，他们拥有“商船千艘，腐谷万庾（yǔ，露天的谷仓）”①。

魏晋南北朝时期，由于战乱，北方人口大量南迁，为吴地带来了不少先进的生产技术，吴地的工商业在此时出现了一个发展高潮，这也是吴地经济从相对落后状态迈向领先地位的转折时期。《隋书·地理志》中说道：“京口（即镇江）东通吴、会，南接江、湖，西连都邑，亦一都会也……宣城、毗陵、吴郡、会稽、余杭、东阳，其俗亦同。然数郡川泽沃衍，有海陆之饶，珍异所聚，故商贾并凑。”②从中不难看出吴地商业的兴旺景象。

“置市贸易是六朝商业交易的主要市场，在商品都会与交通要道都设有市，长江下游的建康、山阴市都是著名的商业市场……随着商业的发展，农村的集市贸易也相继出现。南朝时期出现的草市，即是农村的交易市场。”③城市与农村均有市场，标志着六朝商业的发展。此时，吴地与越南、柬埔寨、日本、高丽、百济等海外国家与地区的商业往来，史书中也均有记载。

隋唐时期，运河的开通沟通了黄河、淮河、长江、钱塘江四个水系，方便了南北的往来，运河流经的润、常、苏诸州因此成为重要的都会，它对吴地工商业的影响产生了巨大的影响。白居易在诗中是这样描写苏州的：“甲郡标天下，环封极海滨。”“人稠过扬府，坊闹半长安。”不难看出苏州城内人口众多，商业发达。此时的苏州已成为中央赋税的重要来源。白居易在《苏州刺史谢上表》中称：“况当今国用，多出江南；江南诸州，苏最为大。兵数不少，税额至多。”④

唐代以前城市实行坊市制度，划分住宅区和商业区，规定交易必须在相应的时间以及市内进行，这使得商品交换在时间和空间上受到很大的限制。由于不能适应商品经济的发展，这种制度在唐代中期开始逐渐被抛弃。在六朝时已初步发展的草市，在此时更为壮大。此外，吴地城乡还出现了大量的夜市，如杜荀鹤在其《送人游吴》诗中对苏州水乡的夜市情景作了生动的描绘：“君到姑苏见，人家尽枕河。古宫闲地少，水港小桥多。夜市卖菱藕，

---

① 葛洪：《抱朴子》，上海书店出版社 1986 年版，第 160 页。

② 魏征等：《隋书》卷 31，吉林人民出版社 1995 年版，第 570 页。

③ 江苏省六朝史研究会，江苏省社科院历史所编：《古代长江下游的经济开发》，三秦出版社 1989 年版，第 251 页。

④ 白居易：《白居易集》（全 4 册），中华书局 1979 年版，第 1434 页。

春船载绮罗。”草市与夜市的兴起，是吴地工商业发展的又一表现。

这一时期，吴地的经济作物也发展较快，产量得到了提高，并且种类繁多，如蚕桑、茶叶、果树等，从一个方面带动了吴地工商业的发展。杜牧曾说：“茶熟之际，四远商人，皆将锦绣缯缬（zēng xié，丝织品）、金钗银钏，入山交易。”[1]大量的茶叶通过水陆多种交通周转，“舟车相继，所在山积”[2]。此外，常州的造纸业、宜兴的瓷器业也很发达，闻名于世。

五代至宋时期，吴地战乱较少，吴地的工商业得以相对稳定地发展，苏州、南京、扬州、镇江等大城市商业持续繁荣，相较于隋唐时期，无论是广度还是深度都得到了进一步拓展。吴地的“蚕一年八育”，蚕桑业日益繁盛，带动了纺织业的发展以及织造工艺的进步，如宋代吴地苏州的宋锦和南京的云锦均处于全国领先地位，吴地的丝绸贸易也随之繁盛。

宋代手工业的成就非凡，崇宁元年（1102），朝廷在苏州设“造作局”，专门制造牙、角、犀、玉、金银、竹藤、裱糊、雕刻等物。随着手工业的发展，市场的分工也越来越细致。从《宋平江城坊考》中所列的纸廊巷、豆粉巷、米巷、药市街、金银巷、哀绣坊、醋库巷、石匠巷、乐鼓巷、砖巷、绣线巷、幛子巷等街巷名称可看出宋代苏州城内工商业市场分工的情况。手工业的繁荣带动了商业的兴盛，而商业活动的频繁也促进了手工业的进一步发展。

宋元时期，由于吴地所处地理位置优越以及造船业先进，海外贸易空前发达。《吴郡图经续记》载曰：“舟航往来，北自京国，南达海徼……故珍货远物毕集于吴之市。”[3]各地的丝绸、瓷器和农副产品等都汇集到苏州，通过浏河远销到日本和南洋诸国；日本的家具、漆器，朝鲜的折扇，南洋的玳瑁、珠宝也涌进苏州市场。苏州在北宋末年就已经成为外贸商港，成为全国闻名的繁华都市。

元朝至正二年（1342），朝廷在太仓境内设立了市舶分司，负责海舶、外贸等管理工作。吴地丰富的手工业品以及粮食、果品可以通过海路北上，太仓的刘家港是当时重要的海运港口，号称“六国码头”。元初，吴地的蚕丝业稳步发展，同时植棉和棉纺织业也较为兴盛。成宗元贞年间（1295—1297），黄道婆从崖州将先进的棉纺织工具和生产技术带回松江地区。她还改进了

---

① 杜牧：《樊川文集》，上海古籍出版社1978年版，第168页。

② 封演：《封氏闻见记》，中华书局1985年版，第71页。

③ 朱长文：《吴郡图经续记》，江苏古籍出版社1999年版，第10页。

织造机具和提花技术,使当时的棉纺织技术和效率得到了有效的提高,棉纺织业迅速发展,并逐渐向吴地其他地区传播。

综上可见,吴地工商业由点到面铺开,由城市向农村伸展,由区域内部交流到国内贸易以及海外贸易发展,无不体现了吴地工商业发展的历史轨迹。这就为明清时期吴地工商业的繁荣奠定了基础。

三、明清时期的吴地工商业

明清时期是吴地工商业的繁荣期。明初,政府采取了一系列措施恢复和发展生产。随着吴地的农产品大量进入市场获利,农业的生产结构也随之发生改变,如由于蚕桑业利润丰厚,农家有了“多种田不如多治地”①的考量。经济作物在吴地被广泛种植,如桑树、棉花、茶叶、蔬果、花卉、油料作物等。在此基础上,吴地工商业日益繁荣,刺绣、雕刻、制瓷、造船、造纸、酿酒、冶金等手工业技艺精湛,行业众多,均在全国享有盛誉。清代,吴地经济发展迅速,吴地是朝廷的赋税重地。林则徐曾说:“天下漕赋四百万,吴居其半,京师官糈军饷皆取给焉。”②

明代吴地的丝织业依然处于全国领先水平。在明代设置的官营织染局中,苏州的规模最大。万历时“苏民素无积聚,多以丝织为生,东北半城,大约机户所居”③。苏州的东北半城,已然成为丝织业的专门区,而且“丝织生产工具和生产技术都有显著提高,生产过程中的分工也日益细密。织绸用的‘花楼机’构造比过去更为复杂,万历时出现一种改良的织绸机。明末,苏州市场上作为商品贩卖的已有绫、绢、罗、纱、绸和布等六种织机,每种织机的构造各不相同,织出的产品巧变百出。生产过程中已分别有车工、纱工、缎工、织工等区别”④。在此背景下,苏州成为吴地的丝织业中心及产品集散地,绸缎庄字号林立,“日出万绸,衣被天下”⑤。产品远销东洋、西洋甚至欧洲各地。

---

① 张履祥辑补:《沈氏农书》2卷,中华书局1956年版,第27页。

② 《林则徐全集》编辑委员会编:《林则徐全集》第5册《文录卷》,海峡文艺出版社2002年版,第2787页。

③ 朱国桢辑:《皇明大事记》卷44,第31页。

④ 段本洛:《论明清苏州丝织手工业》,《苏州大学学报》1985年第4期,第1—9页。

⑤ 苏州市平江区地方志编纂委员会编:《平江区志》上,上海社会科学院出版社2006年版,第4页。

明清时期，吴地的棉纺织业也有了很大的提高，常熟、太仓等地就是比较发达的植棉区，三梭布、斜纹布、紫花布、药斑布、绒布、纳布等都是当时的棉纺织名品。

明清时期的苏州是吴地的商业中心之一，也是长江中下游地区的航运中心。各地商贾纷纷在此建立会馆，见之于现存明清碑刻的会馆，计有28个。如三山会馆碑载闽籍在苏商号有110家，全晋会馆碑载有晋籍银钱业户81家，东齐会馆碑载有登、莱籍商号290家。[①] 外地商人带来了四面八方的货物，同吴地本身的丝绸、果品、手工业制品等汇集起来，随后将它们销往各处，如“闽广外洋的果糖番货，由海道经吴淞江抵于娄门、葑门，再转由运河、长江分流去北方、内陆、川鄂。内地的北货和江南的丝绸、百货、手工制作的奇巧各物，汇集于此，舶海南去，甚或远载去朝鲜、日本、交趾（越南）、南洋”[②]。由于运河是各地货物中转的主要渠道，因此，在运河沿线形成了各类商品的专业市场，如无锡、浒墅关、枫桥、平望、新市、塘栖等，其中枫桥为储积米豆贩贸的汇集地，各地每年来苏州采购粮米近千万石，其米市中的斗斛，被公认作计量标准而称“枫斛”。

浒墅关（清·王翚《康熙南巡图》局部，加拿大 Alberta 大学收藏）

明朝中后期，随着工商业的发展，苏州丝织业中出现了资本主义生产关系的萌芽。在苏州，有不少从事丝织业的“机户”，其中一些机户逐步发家致富。张瀚在《松窗梦语》中说：“余尝总览市利，大都东南之利，莫大于罗绮绢纻，而三吴为最。即余先世，亦以机杼起，而今三吴之以机杼致富者尤众。”[③]他们不断扩大生产规模，开设“机房”，开始付工资雇佣其他劳动力从事生

① 苏州市地方志编纂委员会：《苏州市志》第1册，江苏人民出版社1995年版，第2页。

② 吴万铭主编：《娄葑镇志》，方志出版社2001年版，第152页。

③ 张瀚：《松窗梦语》卷4《商贾纪》，中华书局1985年版，第85页。

产。这种“机户出资，机工出力”的机房的出现，表明在吴地的丝织行业中出现了雇佣关系，资本主义的萌芽已经开始孕育。到了清朝乾隆、嘉庆时期，资本主义的萌芽已从丝织业发展到棉纺织业、印刷等行业。然而，这些新的经济因素，依然处于萌芽状态，发展比较缓慢。

四、近代吴地经济社会的转型

吴地经济繁盛，明清时期的苏州已成为长江中下游地区的航运中心和金融中心。然而，鸦片战争之后，一切都随之改变。中国社会逐渐演变为半殖民地半封建社会，美丽富庶、文化昌盛的苏浙一带，便渐渐失去了往日的繁华。作为苏州外港的上海，在清政府被迫签订的《南京条约》中，被列为五个通商口岸之一，在多事之秋中迎来了别样的发展契机。“1842 年开埠之前，上海是长江三角洲城镇群体的组成部分，是苏州的外港，其经济很大程度上从属于苏锡常地区。开埠之后，上海成了国际通商口岸……由过去的从属地位转而成为主导地位，成为长江三角洲经济区的中心城市。”[①]

此后，太平天国战乱更是对吴地造成了巨大冲击，此时吴地人口锐减，举目荒凉。大批江浙地区的士绅携家眷、资产进入上海租界地区躲避战乱[②]，一开始“中国人准居租界者甚鲜，迨后为经商而来者日众，更值洪、杨之乱，避难入租界者更众”[③]。上海日益繁荣安乐，成为欧美国家在华活动的中心城市。原先经由苏州集散的大宗货物，纷纷改由上海销往各地。苏州作为吴地中心城市的地位无可奈何地被逐渐取代。

随之而来的是价廉物美的外国商品大量涌入，自给自足的小农产品受到猛烈冲击。虽然吴地一些传统的手工业，因为其特殊的工艺和产品特色，外国商品难以取代，得以保存和发展下来，甚至更加繁荣——如吴江盛泽的丝织品不仅在国内销售，还出口高丽、暹罗、印度及欧美各国；还有常熟的草

---

① 程潞：《上海经济地理》，新华出版社 1988 年版，第 311 页。

② 据《1910 年公共租界工部局年度报告》显示，苏、浙、粤三省移民总数占绝对优势，其中江苏人增长最快，在 1885 至 1910 的 25 年时间里，增长了 4.5 倍，浙江人增长 3 倍。报告中 1885 年公共租界的中国居民总人口为 10.9306 万人，其中江苏人 3.9604 万，浙江人 4.1304 万。到 1910 年，公共租界的中国居民总人口为 41.3313 万，其中江苏人 18.0331 万，浙江人 16.8761 万。详可参见乐正：《近代上海人社会心态》，上海人民出版社 1991 年版，第 171 页。

③ 胡祥翰编：《上海小志》卷 1《上海开港事略》，转引自戴鞍钢、黄苇主编：《中国地方志经济资料汇编》，汉语大词典出版社 1999 年版，第 844 页。

籽、吴县金山的石材、浒墅关的草席等,也有所发展——但总的来说,吴地工商业遭受了严重的破坏。兴盛一时的棉纺织业便于此时遭受冲击。早在1846年,包世臣就惊呼:“松、太利在棉花梭布,较稻田倍蓰(xǐ,数倍),虽暴横尚可支持,近日洋布大行,价才当梭布三分之一。吾村专以纺织为业,近闻已无纱可纺,宋、太布市,消解大半。去年棉花客大都折本,则木棉亦不可恃,若再照旧开折,必无瓦全之理。”自从洋布盛行,“而土布之销数日绌,小民生计维艰”①,吴地经济逐渐凋敝。

面对如此剧变,吴地的资产阶级改良主义思想家,如王韬、薛福成、马建忠等人,大声呼吁,倡导近代企业、抵制外货。在此背景下,一批新型的近代工业得以建立,吴地的民族工业得到了一定的发展,如面粉、碾米、榨油等行业,大都开始引进西方先进的技术和设备进行生产,吴地民族工业和民族资本家的出现使得吴地工商业得到再次发展。

第三节　吴地的科技

吴地科技有着光辉灿烂的历史,春秋战国时期吴国的冶铸、造船业闻名于世。秦汉时期,天文、染织、冶金、医疗等方面不断发展。魏晋南北朝以后,随着吴地经济地位的提升,吴地科技也越发繁盛,各朝各代涌现出一大批在天文、数学、物理、地学、医药与建筑等方面有突出贡献的杰出的科技人才,如沈括、祖冲之、徐光启、徐霞客、叶天士、蒯祥等。明末清初时期,随着西学东渐,吴地迎来了科学技术发展的又一次高潮。到了晚清,吴地学者融入振兴中华的时代潮流,他们大力推动科技在吴地的发展,指出“象纬、舆图、测量、光学、化学、电学、医学、兵法、矿务、制造、炼金类皆有用之学,有裨于人,有益于世。富国强兵即基于此学者”②,为近代科学在中国的传播做出了重大的贡献。

一、先秦时期的吴地科技

春秋战国时期,吴地在天文历法、医药、造船、冶铸技术等方面,都有不

---

① 朱寿明:《东华续录》(光绪)卷149,第7页。

② 王西清、卢梯青辑:《西学大成》,醉六堂光绪二十一年,序第2页。

俗的表现。据考古发现，自旧石器时代起，吴地就有原始人类繁衍生息，他们对日月星辰的感知形成经验，用于确定方向和时间，成为最原始的天文历法。星象家巫咸就是常熟人，他是商代名臣、先秦三大星象家之一，他所总结的星表中有 44 座 144 颗星，他的名字屡见于典籍。当时，天文历法已被用于营建宫室，如吴国伍子胥受吴王委派营建都城时，“相土尝水，象天法地，造筑大城”，“陆门八，以象天八风；水门八，以法地八聪”①。

在医药方面，各诸侯国均有不少专业医生，分科治病，而且医学技术处于不断交流的状态。如《庄子》中提到过一种防止皮肤冻裂的药：“宋人有善为不龟手之药者，世世以洴澼（píng pì，漂洗）絖（kuàng，丝绵）为事。客闻之，请买其方百金。聚族而谋曰：‘我世世为洴澼絖，不过数金。今一朝而鬻（yù，卖）技百金，请与之。’客得之，以说吴王。越有难，吴王使之将。冬，与越人水战，大败越人，裂地而封之。”②这药方就是从宋国传到吴地的。

而吴地冶铸技术此时已名闻遐迩。春秋战国时期，诸侯之间战争频仍，武器装备显得分外重要，吴王甚至以重金鼓励工匠制作武器，这也在一个方面极大地促进了吴地冶铸业技术的提高。吴地生产的各类兵器，被称为“吴戈”“吴钩”“吴甲”“吴干”等。文学作品中对此有大量的记载，如《战国策·赵策》中详细描写了吴国宝剑的锋利：“夫吴干之剑，肉试则断牛马，金试则截盘匜。”③吴国冶铸能手首推干将、莫邪夫妇，《吴越春秋·阖闾内传》用大量笔墨记载了他们冶钢铸剑的壮观场面，天下名剑“干将”和“莫邪”，便是他们的杰作。地下的考古发现，也用实物证实了当时吴地冶铸技术的高超，如在分布于宁镇山脉的湖熟文化遗址中，发现了铜质兵器以及铜刀、铜镞、铜斧等生产工具。这是吴地与殷商同时的早期青铜文化，《周礼·考工记》中也有“吴粤之金锡，此材之美者也”④之句，记载了这一带铜矿、锡矿的开采状况。

吴地号称水乡泽国，区域内江河纵横，这样的地理环境，使得吴地的生活与船紧密联系。木桨已多次在河姆渡、钱山漾等史前遗址中出土，这明确表明吴地的先人已掌握了一定的造船技术。吴国的造船业一度处于领先地位，能制造楼船、戈船、方舟等各类船只。吴王还在船上建造宫室，《越绝书》

---

① 赵晔：《吴越春秋》，江苏古籍出版社 1986 年点校本，第 24—25 页。

② 庄周著，王岩峻、吉云译注：《庄子》，山西古籍出版社 2003 年版，第 9 页。

③ 刘向：《战国策》，齐鲁书社 2000 年版，第 89 页。

④ 吕友仁：《周礼译注》，中州古籍出版社 2004 年版，第 543 页。

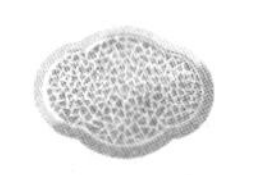

中记载:“欐(lì)溪城者,阖庐所置船宫也。阖庐所造。”[①]船也被用于军事斗争,成为吴国谋求霸业的重要工具。据《左传》记载,吴国徐承曾带率水师,远航千里攻齐。战船的规模在《越绝书·逸文》中也有详细记载:“伍子胥《水战兵法内经》曰:大翼一艘,广一丈五尺二寸,长十丈。容战士二十六人,棹五十人,舳舻三人,操长钩矛斧者四,吏仆射长各一人,凡九十一人……中翼一艘,广一丈三尺五寸,长九丈六尺。小翼一艘,广一丈二尺,长九丈。”[②]可见当时吴地造船业的兴盛。

二、秦汉至南北朝时期的吴地科技

秦汉至南北朝时期,吴地出现了一批朴素唯物主义者,如东汉王充著《论衡》,“冀悟迷惑之心,使知虚实之分”,三国时吴国的杨泉著有《物理论》,梁朝范缜著有《神灭论》,他们的著作不但是我国哲学史上的杰作,而且也是古代科技史上的重要文献,对当时及后世的科技发展产生了深远的影响。

魏晋南北朝时,北方人民为了躲避战乱,纷纷南迁,吴地的经济文化地位不断上升,科学技术也有了显著发展。在天文历法、数学、冶铸、造船、化学、医学等方面,都取得了辉煌的成就,并出现了祖冲之等杰出的科学家。

在天文、历法方面,六朝时期留下了大量记录观察天象的文字材料,如对日食、月食、太阳黑子、极光、流星、彗星等都有观察。东晋的虞喜通过观测恒星发现了岁差,祖冲之将岁差引入历法,创制了《大明历》,使得历法精度更高。

数学在六朝时期也有了长足的发展。如赵君卿著有《勾股圆方图》,陆绩、王蕃、何承天等人对圆周率的计算也有很多尝试。祖冲之、祖暅父子可以说是六朝时期最著名的数学家,他们合著的《缀术》,被唐朝列为10部算经之一,成为唐代国子监算学教科书。

这一阶段吴地的冶铸业也不断发展,考古出土的铁剑、铜镜等均展示了当时高超的冶铸水平。《三国志·吴书》记载丹阳“山出铜铁,自铸甲兵,俗好武习战”[③]。此外,还出现了找矿的专业书籍,如梁朝的《地镜图》是根据地表植物的指示寻找矿产的经验总结。陶弘景在《本草经集注》中记载了灌钢

---

① 袁康、吴平辑录,俞纪东译注:《越绝书全译》,贵州人民出版社1996年版,第13页。

② 袁康、吴平辑录,俞纪东译注:《越绝书全译》,贵州人民出版社1996年版,,第56页。

③ 陈寿撰:《三国志》,中州古籍出版社1996年版,第639页。

法这一古代炼钢技术史上了不起的成就："钢铁，是杂炼生鏮，作刀、鎌者"①，钢铁的使用大大增加了工具的性能。而吴地的造船业也进一步发展，吴地的船队经常远涉江海，驶达辽东、日本、我国台湾、高丽、东南亚等地。

这一时期炼丹盛行，由此产生了相关的化学知识，东汉诞生于吴地的魏伯阳，著有《周易参同契》，这是现知最早的系统论述炼丹原理和方法的著作，其中记录了不少化学反应，如"河上姹女，灵而最神，得火则飞，不见埃尘，鬼隐龙匿，莫知所存。将欲制之，黄芽为根"②句中"姹女"是道教外丹的术语，意思是指汞，而"黄芽"则为铅丹，描述了易发挥的汞在高温作用下与铅丹能生成不易挥发的氧化汞，从而被"制服"。

六朝时期是吴地医学和药物学发展的重要阶段，出现了一批著名的医学家。刘宋时"太医令秦承祖奏置医学，以广教授"③，官府开办医学教育，比之师徒相授、父子相传，在培养规模和对象范围等方面具有明显的优越性。当时社会各个阶层都有医家，甚至帝王也参与了医书编纂，如宋武帝刘裕著有《杂戎狄方》，梁武帝萧衍著有《所服杂药方》。

著名的医药著作主要有：秦承祖的《偃侧杂针灸经》，葛洪的《肘后方》，刘涓子的《痈疽方》，陶弘景的《本草经集注》，徐之才的《雷公药对》，龚庆宣的《刘涓子鬼遗方》，雷学支的《炮炙论》，等等。这些医书不仅描述病情，还给出治疗方法，不仅记录药物，还论述中药加工的方法等。

三、唐宋元明时期的吴地科技

在唐宋元明时期，吴地科技进一步发展，造船、导航在全国处于领先地位，著名的郑和下西洋就以吴地太仓的刘家港作为始发地。此外，在天文、冶炼、数学、地理、造纸术、医学等方面也都有重要的成就，其代表人物如北宋的科学家沈括，明代地理学家徐霞客等。到了明末清初，随着西学东渐，吴地迎来了科学技术发展的又一次高潮。

最能反映宋代吴地天文学和星图绘制技术水平的，是著名的苏州石刻《天文图》，也被称为《星图》。碑高 8 尺，上半部为星象图，下半部为文字说明。图上绘刻有天体、地体、北极、南极、赤道、日、黄道、月、白道、银河、经

---

① 陶弘景：《本草经集注》，人民卫生出版社 1994 年版，第 153 页。

② 魏伯阳著，仇沧柱集注：《古本周易参同契集注》，中医古籍出版社 1990 年版，第 373 页。

③ 张九龄等著，袁文兴、潘寅生主编：《唐六典全译》，甘肃人民出版社 1997 年版，第 430 页。

星、纬星、十二次、十二分野。据统计有1434颗星。文字共41行2140字，记述了当时天文学的知识。南宋光宗绍熙元年(1190)由通晓天文地理的黄裳根据北宋神宗元丰年间(1078—1085)的观测结果绘制，并撰文说明，理宗淳祐七年(1247)由刻碑人王致远请苏州石工依图刻石成碑。另一幅重要的星图为常熟的天文图，图碑刻于明朝正德元年(1506)，“碑高2米，宽1米，厚24.5厘米……是仿照苏州天文图刻制的，但按照《宋史·天文志》，并参考甘石巫氏《星经》和《新仪象法要》，订正了苏州图的缺乱和错误，是苏州宋刻天文图的校正与补充”①。但在精度方面稍差一些。

吴地工商业的发展使得实用数学有了很大发展。如元末松江陶宗仪的《南村辍耕录》卷29中就有珠算的记载。明代著名的数学家程大位，从小就喜爱数学，随父在长江中下游经商的过程中，深感筹算方法的不便，决心撰写一部实用的数学书。于是他搜寻古书，访问名师，在吸取各地计算经验的基础上写成《直指算法统宗》，于明万历二十一年(1593)刊行。此书以珠算为主要的计算工具，列有595个应用题的数字计算，完成了由筹算到珠算的彻底转变，是古代数学的经典著作。

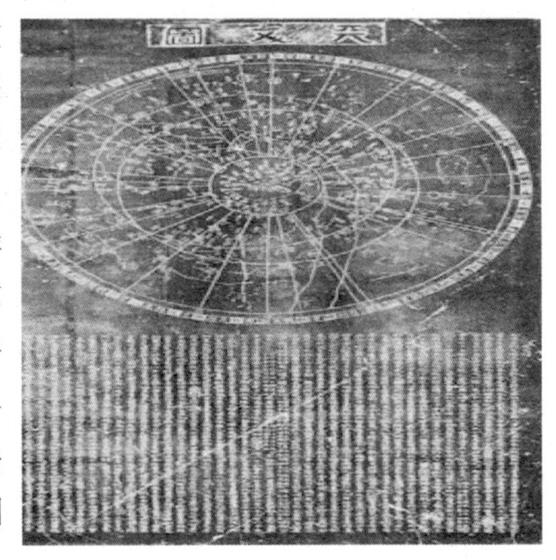

宋·天文图碑，苏州博物馆收藏

这一时期，火药和造纸术被广泛运用。火药在宋代开始盛行，到了明代更是被用于制造各种火器，明嘉靖年武进人唐顺之在其《武编》一书中对火器有详细的记录，如“水底雷，以大将军为之。埋伏于各港口，遇贼船相近，则动其机，铳发于水底，使贼船莫测，舟楫破，而贼无所逃矣。用大木箱，油灰沾缝，内宿火，上用绳绊，下用三铁锚坠之”②。唐代以后吴地印刷业发展迅速，明代胡应麟在《少室山房笔丛》卷四中记载雕版印刷“肇自隋时，行于

① 江苏省地方志编纂委员会编著:《江苏省志84 文物志》，江苏古籍出版社1998年版，第372—373页。

② 唐顺之:《武编》，解放军出版社1989年版，第727页。

唐世，扩于五代，精于宋人”[①]。随着宋室南渡，北方的著名刻书店也随之南迁，吴地的印刷业自此更加兴旺。明代吴地的南京和苏州已经成为重要的刻书中心。明末常熟毛晋的“汲古阁”“藏书积84000余册，多宋元刻本……自明万历至清初40余年间，汲古阁刻书达600余种”[②]，是吴地私人刻书业兴盛的缩影。

北宋卓越的科学家沈括，曾寄住苏州，入籍吴县。《宋史·沈括传》中记载他“博学善文，于天文、方志、律历、音乐、医药、卜算无所不通，皆有所论著”[③]，晚年定居镇江的梦溪园，写成《梦溪笔谈》二十六卷，《补笔谈》三卷，《续笔谈》一卷，共列有条文609条，其中科技方面的条目占1/3以上，包括数学、天文历法、物理、化学、生物、地理、农业、水利、建筑、冶金、医药学、工程技术、文学、史学、音乐和美术等十多个科技领域，记载了他的见闻以及心得和研究成果，内容十分丰富，是中国科学史上的重要著作。

明代江阴的地理学家徐霞客，先后游历了大半个中国，并写有大量的日记来记录他的旅途经历以及考察情况和心得体会，后人将这些材料整理成地理名著《徐霞客游记》，这是地理学和文学中的不朽篇章。书中对地理、水文、地质、植物等现象，均作了详细记录。此书最早记述了岩溶地貌并详细考证了其成因，并且还纠正了“岷山导江”的误解，指出金沙江是长江的上游，等等。此外，宋代《平江图》(1229)及宋代《地理图》(1247)以及宋代《吴中水利书》的问世，也显示这一时期地理学的发展水平。

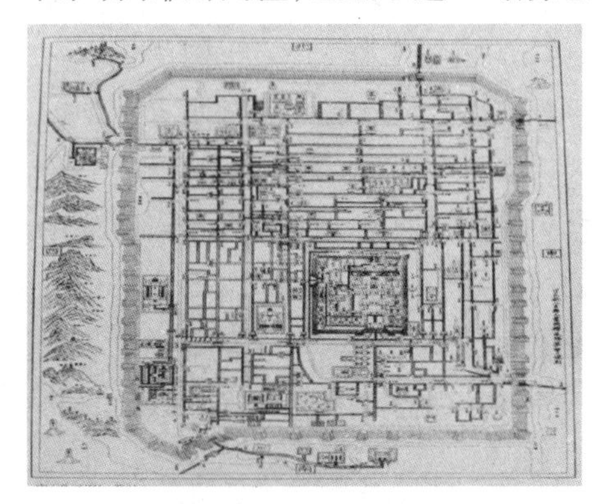

宋·平江图拓片，原碑藏苏州碑刻博物馆

宋·地理图碑，苏州博物馆收藏

① 胡应麟：《少室山房笔丛》，中华书局1958年版，第60页。
② 周治华主编：《苏州全国之最》，江苏科学技术出版社1994年版，第340页。
③ 沈括：《梦溪笔谈说解》，江苏大学出版社2008年版，第307页。

这一时期著名的建筑大师有无锡的石匠陆祥和吴县木匠蒯(kuǎi)祥等,沈德符在《万历野获编》中记载:“宣德初,有石匠陆祥者,直隶无锡人,以郑王之国,选工副以出,后升营缮所丞。擢工部主事,以至工部左侍郎……正统间,有木匠蒯祥者,直隶吴县人,亦起营缮所丞,历工部左侍郎,食正二品俸……二人皆吴人为尤异。”①蒯祥在明永乐十五年(1417)应召进京,享誉中外的紫禁城就出自他的规划和设计。吴县胥口香山世代相传他的建筑技术,该地工匠团体被称为“香山帮”,至今称雄于古建筑界。

伴随着传教士的传教活动,西方的数学、天文、地理等知识也一并传入中国,西方数学方面的著作,主要有《几何原本》《同文算指》和《天学会通》等。在天文学方面,利玛窦带进了古希腊托勒密的九重天地心说,他还将带进中国的世界地图进行了修订并出版。

四、清代的吴地科技

清代,随着西学东渐的深入,大量西方的数学、天文著作被翻译出版,吴地形成了中西科技交相辉映的盛况。

在数学方面,中国传统的数学研究得到发展,清初毛晋“汲古阁”收得《算经十书》,昆山徐乾学得《四元玉鉴》,阮元从《永乐大典》中辑出杨辉的著作,苏州元和县沈钦裴研究了《海岛算经》,还注解了《四元玉鉴》。李锐的《开方说》是我国方程理论中的重要著作,他对《测圆海经》与《九章算术》都作了注解,还在阮元的主持下负责《畴人传》的编写工作,介绍我国历代天文学家、数学家的生平、主要成就。这一时期还出现了介绍与研究西方数学的热潮,如梅文鼎著有《梅氏历算全书》,“专言西洋历学,有笔算、筹算、三角线、割圆八线诸法,最见其奇。割圆八线特为历家捷径。回回西洋诸历议论彬如可观。又有月日食算,定用分、食愁方位,实前世未发,其超轶他书也可知也。且夫十二宫众星名释形象之类,足以识天球图像”②。康熙帝也下令编有《数理精蕴》,这是一部融中西数学于一体,内容丰富的“初等数学百科全书”。

在天文学方面,清初吴江王锡阐兼采中西之法,并参以己意,撰写了《晓

---

① 沈德符:《万历野获编》卷19,中华书局1959年版,第484—485页。

② 李迪、郭世荣编著:《清代著名天文数学家梅文鼎》,上海科学技术文献出版社1988年版,第227页。

庵新法》六卷，其中第六卷是全书的精华所在，包括日食、月食的推法，以及金星凌日、五星凌犯的计算方法。实学思想家黄宗羲也有《新推交食法》《授时法假如》《西洋法假如》《回回法假如》等著作，惠士奇著有《交食举隅》，孙星衍著有《史记天官书考证》，冯桂芬编制的《咸丰元年中星表》列出了100颗星的赤经和赤纬，在融入世界天文学的同时，也成为最后一份传统星表。

据记载，眼镜在元代已经传入我国，但价格不是普通百姓所能承受的。明末苏州的光学仪器制造家孙云球，在吸收西方光学知识的基础上加以创新，他以"西洋镜制扩昏眼、近光、童光等镜，为七十二种，又有远镜、端容镜、摄光镜、夕阳镜、显微镜、万花镜各种"①，并根据制作眼镜的实践和研究经验，创作了《镜史》，"令市坊依法制造，(眼镜)遂盛行于世"②。苏州在清代成为全国的光学中心。据《桐桥倚棹录》卷11记载，苏州地区盛产各类光学玩具如"万花筒、六角西洋镜、天目镜"③。吴地的钟表制作也很发达，现在故宫博物院内还收藏着康熙以前的苏制自鸣钟。清代徐朝俊在《高厚蒙求》中写有《自鸣钟表图说》，详细介绍了钟表的结构、零件以及保养与修理的方法，是现可见最早完整介绍钟表结构的专著。

在地理方面也有不少点校及著作，如全祖望校《水经注》，毕沅校《山海经》与《晋书·地理志》。洪亮吉著有《补三国疆域志》与《十六国疆域志》，李兆洛著有《历代地理韵编》，徐朝俊《高厚蒙求》中亦有《海域大观》，等等。④

在医学界，清代吴地名医众多，并互相交流。可称为我国最早医学杂志的《吴医汇讲》，连续印行了11年(1792—1803)，其中保存了大量有关医学的珍贵材料，如叶天士的《温热论》等。明李时珍的《本草纲目》问世百余年后，清代钱塘赵学敏著有《本草纲目拾遗》，此书不仅纠正了《本草纲目》的误记和疏漏，而且对中华药学再一次进行了总结。

五、清末民初吴地近代科技的诞生

这一时期，不少有识之士意识到所处社会的危机，鸦片战争的炮声更是

---

① 顾禄：《桐桥倚桌录》，上海古籍出版社1980年版，第156页。

② 《苏州郊区志》编纂委员会：《苏州郊区志》，上海社会科学院出版社2003年版，第772页。

③ 顾禄：《桐桥倚桌录》，上海古籍出版社1980年版，第156页。

④ 王友三主编：《吴文化史丛》下，江苏人民出版社1996年版，第141页。

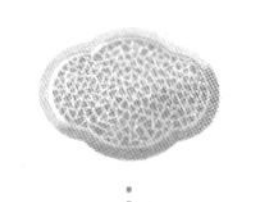

震碎了天朝大国的美梦,他们发出了"师夷长技以制夷"的呼声,希望通过学习西方的技术,来培养科技人才,以图强求存。在此背景下,吴地的近代科技得以诞生。

为了学习西方知识,此时出现了一个翻译西方科技书籍的高潮。译著类书籍大量涌现,如王韬、艾约瑟译的《格致新学提纲》(1853),张福僖与艾约瑟合作译著的《光学》(1853),李善兰、艾约瑟的《重学》(1859),李善兰与伟烈亚力合作翻译的《代数学》(1859)、《谈天》(1859),李善兰与韦廉臣合作译著的《植物学》(1858)等。冯桂芬觉得此时的翻译力度与规模还不够,于是他在1861年提出"如算学、重学、光学、化学等,皆得格物至理……今欲采西学,宜于广东、上海设一翻译公所"[①]。江南制造局翻译馆应运而生,这是近代中国第一个由政府创办的翻译西书机构。它翻译了大量的科技著作,影响深远。

在翻译国外书籍的同时,中国还出现了留学高潮。张之洞在《劝学篇》里大声疾呼要派遣学生留学,他还认为"至游学之国,西洋不如东洋:一、路近费省,可多遣;一、去华近,易考察;一、东文近于中文,易通晓;一、西学甚繁,凡西学不切要者,东人已删节而酌改之"[②]。随着清廷停止科举以及庚款留美的实施,中国出现了留学高潮,大批学生远赴海外,向名师学习各类知识,特别是理工科技术,他们学成归国后进一步促进了中国近代科技的发展。

李鸿章认为:"国家诸费皆可省,惟养兵设防,练习枪炮,制造兵轮船之费,万不可省。"[③]他在同治元年(1862)目睹了洋炸弹的威力后,于1863年设立松江洋炮局,花费万金购买机械,立志仿造国外利器。其中,江南制造总局成为晚清规模最大的兵工厂。

时人已清楚认识到"我国比年鉴于世界大势,渐知实业为富强之本,朝野上下,汲汲以此为务。于是政府立农工商部,编纂商律,立奖励实业宠以爵衔之制,而人民亦群起而应之"[④]。光绪二十二年(1896)初,张之洞奏派陆润庠、张謇、丁立瀛等分别在苏州、南通、镇江成立商务局,陆润庠在苏州筹

---

① 冯桂芬、马建忠著,郑大华点校:《采西学议 冯桂芬马建忠集》,辽宁人民出版社1994年版,第82—83页。

② 陈山榜:《张之洞劝学篇评注》,大连出版社1990年版,第99页。

③ 李鸿章:《李鸿章全集》,时代文艺出版社1998年版,第874—875页。

④ 汪敬虞:《中国近代工业史资料》第2辑下册,第726页。

建苏经丝厂、苏纶纱厂。苏纶纱厂于光绪二十三年(1897)年夏天建成开工,引进了英国道勃生制造的全套纺纱设备,是江苏省第一个使用动力机械的缫丝工厂。苏纶纱厂中18200只纺锤全部开足,“每日做工20小时,每礼拜停工,每年可出棉纱线一万四千捆”,商标为“天宫”。[①] 此外,造纸、棉纺织、面粉、火柴、肥皂、卷烟等均成为投资对象,各类工厂纷纷建立,各自成为实业救国大潮中的一员。

① 山谷:《世纪晚风》,岳麓书社2000年版,第163页。

第三章 吴地教育

第一节 吴地教育

一、吴地教育发展历史

（一）隋唐之前吴地教育兴起

吴地的教育历史源远流长。早在春秋时期，言偃便远赴鲁国向孔子求学，首开东南向学之风。言偃，字子游，吴国人，列于孔门文学之科，他勤奋好学，深得孔子的赞赏，被列为孔子学生中的“七十二贤”之一。言偃完成学业后，到鲁国的武城当了县宰，此后言偃返回了江南故乡，继续宣扬孔子学说。言偃的言传身教对南方文化的发展以及社会风气的转变都起到了积极的作用，因此，吴地人尊称他为“南方夫子”。言偃去世后，葬于常熟虞山，现今还存有言子墓道。春秋时期，活跃于吴地的另一位学者是孔子的另一门人澹（tán）台灭明，字子羽，鲁国武城人。后在南方长江一带传授儒家教义，有弟子三百人，在当时影响很大。现在苏州市吴中区有澹台湖，便是后人对他的纪念。

沧浪亭五百名贤祠内的言偃像

秦定鼎中原后，统一了六国文字，这使文化的交流和传播更为顺畅，也为吴地文化教育的发展奠定了基础。汉代吴地出现了一位著名学者朱买臣（？—前115，字翁子，吴县人），他不畏贫寒，勤奋读书，汉武帝时，经严助推荐，给武帝说《春秋》《楚辞》，为武帝所赏识，拜为中大夫。今苏州穹窿山和常熟留有朱买臣读书台，给后人以深刻的启示。

苏州穹窿山上的朱买臣读书台(1)

苏州穹窿山上的朱买臣读书台(2)

东汉时吴地教育开始得到发展，民间也开始出现一些讲学之所，但相对北方而言，吴地文化教育事业的发展仍远远落后。东汉文学家、书法家蔡邕（字伯喈[jiē]）“亡命江海，远迹吴会。往来依太山羊氏，积十二年，在吴”。现在常州溧阳还留有蔡伯喈读书台，南京也有蔡伯喈读书堂。汉末三国至魏晋南北朝时，江南经济开始起步。三国时期，吴国于大帝黄龙二年（230）即“诏立都讲祭酒，以教学诸子”，这是江南吴地国学之始。景帝孙休也相当重视学校建设，他按照旧制设置了学宫，其地位相当于魏、蜀两国的太学，立五经博士，选拔将吏子弟入学。吴在州一级亦设有地方官学，如孙瑜为奋武将军领丹阳守时，对笃学好古的儒学家马普厚礼相待，并使二府将吏子弟数百名就学于马普门下，“遂立学官，临飨讲肄”。这一时期吴地以大族家庭教育为主的私家教育也较为兴盛，一些世家大族家学发达，教育严格，因而人才辈出，如东吴名将陆逊所在的陆氏家族就很典型。

魏晋南北朝时期，作为都城的建康（今南京）成为吴地的经济文化中心，教育事业也得到了发展。东晋建武元年（317），朝廷在此开设了太学，以儒学为主要教学内容。六朝时期，吴文化逐渐由崇尚武勇向崇尚文化的方向转化。南朝宋武帝和文帝都较为重视教育的发展，宋文帝于元嘉十五年（438）在京都设立了四所类似于专科学校的学馆，征庐山处士雷次宗在京师北郊鸡笼山开设儒学馆，授业解惑。次年又命何尚之、何承天、谢玄立分别设立玄学、史学、文学三馆，各聚门徒就业，这是我国分科教学的开始，对其后的教育形式产生了深远的影响。南朝齐高帝和齐武帝对儒学也颇为关

注。建元四年(482),齐高帝萧道成下诏立国子学。齐武帝于永明三年(485),下诏恢复国子监,并建立国子学堂宇。南朝齐朝,对法律教育开始重视起来,这在当时是很有进步意义的。齐亡后,梁武帝萧衍"少而笃学,洞达儒玄"(《梁书·武帝纪》),比较重视文化教育,其在位期间,吴地的教育蓬勃发展。陈文帝天嘉初年(560),下诏设立国子学和太学。陈高宗也十分注重教育的发展,于太建三年(571)秋八月"皇太子亲释奠于太学,二傅、祭酒以下赉帛各有差"。

(二)唐宋时期吴地教育兴盛

在国家经济、文化繁荣的条件下,隋唐时期的教育事业获得空前的发展。一方面,隋代设立科举制度,唐代继承并加以发展,从而吸收了更多出身下层的知识分子参与政权,巩固政治统治;另一方面,广设学校以培养各阶层的子弟,为当时的政权服务。学制系统更为完备,教学内容更为充实,专业和学科教育的发展居于当时世界的领先地位。封建官学制度至唐代日臻完善,分中央官学和地方官学两级,地方上设有州学、县学、医学、玄学等,学校制度也较为周详。随着社会的安定,吴地崇文兴教风气进一步兴盛,地方官吏和名儒多有兴教向学之人。

唐代,高祖于武德二年(619)"令国子学立周公、孔子庙,四时致祭,仍博求其后"(《旧唐书·高祖纪》)。到太宗贞观二年(628),"停以周公为先圣,始立孔子庙堂于国学,以宣父为先圣,颜子为先师",同时大诏天下儒士以为学官。随着崇儒路线的确立,儒家经典也备受重视。同时,崇儒路线也表现在荐举上。当时执教于京师国学的,一般都是当代的儒学大师,其中有很多吴地人,如吴郡人陆德明,是贞观初年的国子博士。吴郡人朱子奢,唐武德四年(621)始担任国子助教,贞观年间又成为弘文馆学士,官拜谏议大夫。

五代时期,南京继续作为国都,南唐在御街之东、秦淮河滨设国子监。国子监应用的教材仍是儒家经典。

自唐以后,吴地的社会风气由原先的尚武转化为尚文重教,最迟不晚于宋代,吴地文化的基本风貌和主要特征已经完全被崇尚文化所取代。北宋时期,吴地兴学之风兴盛,庆历三年(1043),参知政事范仲淹向宋仁宗提出变革维新的"庆历新政",其中就包括革除科举弊端、州县立学等兴学措施。在此影响下,吴地官学迅速发展起来,带动了吴地教育的勃兴。这一时期南京、镇江、常州、苏州等地均设有府学,其中最著名的是范仲淹创建的苏州府学。吴地的地方官学建设也相当成功,据《江南通志》卷八十八记载,清代以前,江苏共有府州、县官学74处,其中府州学8处,县学66处,府县和两县共学的12处。苏州府学由范仲淹于景祐二年(1035)创建,迄今已有近980年历史。范仲淹出任苏州知州的次年,在南园遗址上,设学立庙,形成了庙学合一(即文庙、府学合一)的格局。为发展苏州府学,范仲淹聘请了当时著名教育家胡瑗为教授,胡瑗教学细致认真,并因材施教,根据学生的性格、气质与志趣,来确定教学计划。教学方法上推崇既"穷经以博古",又"治事以通今"的"苏湖教学法"。因为办学有方,苏州府学一时名闻天下,成为各地州学、县学效仿的对象,有"江南学府之冠"的赞誉。

(三)明清时期吴地教育繁盛

明代初年,统治者十分重视学校教育,朱元璋在至正二十五年(1365)就设立了国子学,洪武二年(1369),改国子学为国子监,亦称京都国子监,并亲自管理南京国子监。明成祖朱棣于永乐元年(1403)增设北京国子监,从此有南监和北监之分,但北监的规模不及南监。南京国子监厘定了详细的校规,建立起了一整套缜密而完备的体制,在一段时间内办得很有成效。明代还在两京设立宗学,入学的学生仅限于世子、将军、中尉及年未及冠的宗室子弟。吴地的社学在朝廷的推动下,较为发达。明初社学主要是由地方官吏兴办的,社学招收民间15岁以下的幼童入学,"讲习冠婚丧祭之礼"(《明史·选举志》)。到明中叶以后,社学逐渐废弛。后至清初,社学被义学等形式所取代。

清代的官学遵循旧制,分中央官学和地方官学,地方官学于府、州、县、卫置儒学。地方学校只是科举考试的预备场所。清代地方学校还有社学和义学。因清朝政府提倡,义学开始在全国广为设置,在吴地也出现了众多义学,如在乾隆八年(1743),苏州知府雅尔哈善建阊门、胥门、盘门、齐门、娄门、葑门等六处义学,同治七年(1868),江苏巡抚丁日昌又在木渎、横泾、黄埭、周庄等地建立义塾。

(四)吴地新式教育出现和发展

到19世纪中叶后,长达10多年的太平天国运动沉重地打击了吴地社会教育秩序,江南各府、县官学几乎全部被摧毁,以府州、县官学为中心,以书院、义学与社学为辅的江苏传统教育体系开始走下坡路,吴地教育也进入革故鼎新的阶段。

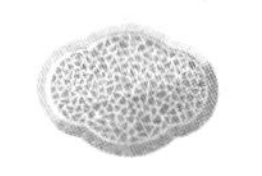

语言学堂、与军事相关的学堂是吴地较早设立的新式学校。19 世纪 60 年代，清政府分别在北京、上海和广州设立了三所语言学校，上海外国语言文字学馆（又称广方言馆）就是其中的一所，这也是近代吴地第一所新式学校。

出于强军御侮的需要，清政府也极为重视军事学堂的建设。1874 年，清政府在上海江南制造局内设立了操炮学堂，这是我国近代最早的军事工程学堂。1890 年，清政府在南京设立江南水师学堂，校址位于南京仪凤门内。1896 年 2 月，两江总督张之洞在南京仪凤门内创设江南陆师学堂。洋务派所创建的这些学堂打破了传统僵化的教育内容和模式，引进了西方先进科技知识和教育方式，培养了国家急需的军事、外语、工程等方面的人才，它们的出现，使得吴地的教育开始了近代化的发展历程。

随着西学影响的日渐扩大，苏南的一些书院在讲授经史辞章之余，也逐渐开始兼授自然科学。光绪十四年（1888），布政使黄彭年在苏州沧浪亭可园创办学古堂，课程虽以经学为主，但也兼授算学。创建于 1882 年的江阴南菁书院，在西学影响下，也开始以书院原有的沙田试办农场，“参以泰西化学之用”，栽种五谷果蔬棉麻，并逐渐增开天算、格致等学。[①] 这一时期，松江致用书院，上海育材学堂，常州致用精舍，常熟、昭文二县游文书院，无锡、金匮二县东林书院，俟实学堂，亦开始“分课经策，兼及泰西各学”。[②] 据学者统计，在甲午战争之前，全国新式学堂大约为 30 所，其中江苏就有 6 所，而这 6 所几乎都集中在上海、南京等苏南地区。甲午战争后，这一时期既是新旧教育的嬗变及转折时期，也是吴地传统教育走向崩溃、新式教育初步建立的关键阶段。在此期间，各式学堂如雨后春笋一般纷纷出现，由于吴地传统的向学之风以及地方督抚和士绅的热心支持，吴地的新学教育改革卓有成效，开始形成了以义务教育为基础，以师范学堂为先导，中学学堂、专门学堂、实业学堂三足鼎立的格局，和直隶、湖南等地区同处全国领先地位。1896 年 2 月，张之洞为培养人才，奏设江南储才学堂，分立交涉、农政、工艺、商务四门。1898 年，江南储才学堂改为江南高等学堂，成为一所综合性的高等职业技术学校，开江苏近代高等教育之先河。

---

① 朱有瓛:《中国近代学制史料》第 1 辑下，华东师范大学出版社 1983 年版，第 526 页。

② 璩鑫圭、唐良炎:《中国近代教育史资料汇编 学制演变》，上海教育出版社 1991 年版，第 62 页。

1901 年 9 月,清政府谕令“各省所有书院,于省城均改设大学,各府及直隶州均改设中学堂,各州县均改设小学堂”。由此,全国掀起了一个书院改学堂的热潮。在维新思想的推动下,吴地新式学堂如雨后春笋,大量涌现出来,吴地小学教育得到了一定的发展。盛宣怀奏办的南洋公学外院是我国最早的公办新式小学。1902 年,常州云溪义塾改办育志小学堂,致用精舍改办武阳公立小学堂(今局前街小学)。1903 年,武阳公立小学堂还设立了师范班。在中学教育方面,1903 年,江宁改文正书院为江宁府学堂(后易名江宁府中学堂),这是南京最早的一所官办中学堂。1903 年,时任江苏巡抚的端方奏请将沧浪亭北的正谊书院改为江苏省中学堂,这是苏州最早的一所公立中学,辛亥革命后停办。在高等教育和实业教育方面,吴地的发展也较为领先。1902 年,两江总督刘坤一在南京建立新式的师范学堂,为教育发展培养人才。同年,继任两江总督的张之洞奏设三江师范学堂于江宁(今南京)北极阁,招收江苏、安徽和江西三省的学生。三江师范学堂是中国近代最早设立的师范学校之一,也是当时江苏规模最大的学校。由于学校规制完备,教学成绩卓著,学校规模日益扩大,成为江南各高等学堂之冠。这一时期苏州新式教育的发展中最为重要的是东吴大学的创办。东吴大学办学要求比较严格,法律、生物、化学等系都较有名,其中尤以法学著称,在民国时期有“北朝阳(朝阳大学),南东吴”之盛誉。同一时期,苏州的女子教育发展也很快,有兰陵女学、景海女塾(1917 年改为景海女子师范学校)等。在实业教育方面,1907 年,苏州知府何刚德在城区盘门内小仓口创办苏州府官立农业学校。同年,苏路公司在苏州盘门内新桥巷创办江苏省铁路学堂,分建筑、营业、测绘三科。清末吴地的实业教育,无论是学校数量还是学生数目,都居于全国前列。

二、吴地府学

(一) 府学概述

我国古代的官学,大致可分为中央官学和地方官学。地方官学设于府、州、县、卫,府称府学,州为州学,县有县学,卫设卫学。唐、宋两代均在府州与县两级行政机构分别设府学与县学,它们都是学习儒学的地方官学。元代的路与府、州、县也都设这类学校。明代科举制度愈加严密,进校就读是科举生员必经之路,成为定制。明代中央设国子监,地方则设有府、州、县学

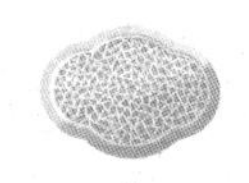

和社学，三级三类。洪武二年（1369），明太祖朱元璋诏令全国各地建学，并明订规制，要求学生研习儒学，兼学礼、射、书、数等，这些内容就构成了明代官学教育的主体。清代的地方官学设置大体沿用明制。顺治元年（1644），清政府令原明朝地方学校的学生继续在学读书。统一全国后，清政府基本沿用明朝制定的地方官学制度。清代官办的地方学校系统仍主要由府学、州学和县学构成。清代府学的基本教学内容为“四书”“五经”和理学著作，以及策、论等文体的写作。此外，我国古代的府学还大都是祭祀圣人孔子的场所，其制始于唐代。公元630年，唐太宗诏令全国，要求在所有府学、县学内都建立孔庙，从此，全国府学大都由孔庙（文庙）和明伦堂两个主要部分组成，成为有庙有学、庙学合一的建筑群体。

吴地官学出现较早，因南京为六朝建都之所，各朝国学都建于此。但魏晋南北朝以前，吴地经济落后，人烟稀少，除南京的各朝国学外，吴地地方官学鲜有设置。唐宋以后，中国的社会重心逐渐南移，吴地社会经济开始起步，人口日渐增多，政治、经济地位均得到大幅度的提升，各地府学也开始兴办起来。

（二）苏州府学

苏州府学历史悠久。早在唐宝应年间（762—763），苏州节镇李栖筠便创建“学庐”，虽规模简陋，却是吴地最早的官办地方学府之一，距今有1250多年的历史。北宋景祐元年（1034），北宋著名的政治家、文学家范仲淹遭贬回到家乡苏州担任郡守。为了发展当地的文化教育事业，范仲淹大力提倡办学校、兴教育，他应地方士绅朱公绰等的请求，奏请设立苏州府学。为发展苏州府学和吴地教育，范仲淹聘请了当时的大教育家胡瑗（字安定）担任府学的主讲，并特地让自己的儿子范纯祐、范纯仁入学，拜胡瑗为师，同时也为其他学生做榜样。胡瑗注重考察，他根据“以类群居，相与讲习”的施教原则，按学生不同的个性、兴趣、爱好，分“经义”“治（政）事”二斋进行讲学，规定一人各治一事，这种分斋教学的方法开后代高等教育分系分科办学之先河。胡瑗提倡教师言传身教，主张以丰富的教学内容、新颖的教学方法来教授学生，感染学生。他还为苏州府学拟定了严格的学规，使得苏州府学成为当时各地学校的楷模。苏州府学由此人才辈出，其中较为著名者有滕甫、钱藻、范纯祐等，多能继承胡瑗衣钵。

清光绪三十年（1904），当时的江苏巡抚端方以这里为基础创办了江苏师范学堂，这是全国最早的新式学校之一，改变了中国传统的教育教学模式，以现代西方自然科学为教育内容，对新文化的传播起到了重要作用。1911 年辛亥革命后，又改为省立第一师范学校。到 1927 年，与诸校合并为苏州中学，苏州文庙再次焕发光彩。

苏州文庙

（三）常州府学

常州是吴地最早设立府学之地。常州府学最早建于唐朝肃宗年间（756—761），时称州学，学址位于常州夫子庙西。创办者为时任常州刺史李栖筠。李栖筠提倡“以文化人”，重视教育的作用。唐大历年间（766—780），学校又经扩建，此时的常州府学舍宇连片、林木苍郁，学生众多。在唐末的社会动荡中，常州府学受到了极大的破坏，至五代时毁于兵燹。北宋时期，赵宋统治者施行“兴文抑武”的基本国策，对教育更为重视。北宋太平兴国四年（979），常州郡守石雄积极筹措资金，在郡治西南重建府学，并于翌年获朝廷赐学田五顷。嘉祐六年（1061），郡守陈襄对常州府学进行了扩建，一时规模具备。大观三年（1109），天下学子会试于汴京，常州一地得中进士达 53 人之多，一时名扬天下。南宋建炎四年（1130），常州府学再次毁于兵火，仅存大成殿。常州府学由宋至清屡毁屡建，其址大致未变。清乾隆年间（1736—1795），常州一府八县共同出资，将府学修缮一新，并立碑于府学前，以示纪念。咸丰十年（1860），常州府学再次毁于兵火，光绪元年（1875）知府谭钧培重建。

常州府学由初建至今已有 1250 余年的历史。在其办学史上人才辈出，培育出了唐荊川、赵翼、洪亮吉、孙慎行等一大批杰出人才。光绪三十一年（1905），清政府下令废除科举，兴办学堂。至此，在常州教育史上产生过巨大影响的常州府学正式退出历史舞台。1924 年私立常州中学在其旧址上创办，成为今常州市二中的前身。

常州荆川公园内的唐荆川墓园

常州荆川公园内的唐荆川塑像

（四）南京府学

南京最早的府学出现于宋代。北宋天圣七年（1029），宰辅张士逊主政江宁（今南京），择城西北冶城故基（今朝天宫）设立府学，置教授一员。南宋建炎三年（1129），江宁府改称建康府。绍兴九年（1139），江东安抚使兼建康知府叶梦得在府学旧基上复建新屋，恢复府学。建康府学是当时江南重要的教育场所之一。

元代时，南京的府学继续得到发展。至元十二年（1275），原建康府学改为集庆路学。1365 年，朱元璋改原集庆路学为国子学，作为全国最高学府。为恢复和发展地方教育，洪武二年（1369），明太祖朱元璋下诏兴学，要求"天下郡县，并建学校，延师儒，招生徒，讲道论德"，洪武十四年（1381），明政府于南京鸡笼山下新建国子学，次年改名为国子监，1383 年，将夫子庙的原国子学重新恢复为应天府学，并将江宁、上元两县县学并入，规模在元代基础上愈加扩大。顺治九年（1652），清政府将原位于鸡笼山下的明国子监重新修葺，改为江宁府学。而原明代的应天府学（即今夫子庙）遂改为上元、江宁两县县学。清末科举制度废止后，两处府学均被废置。

（五）镇江府学

镇江府学始建立于北宋年间。北宋太平兴国八年（983），名士柳开出任润州（今镇江）郡守，他倡议在润州郡治所的丹徒县州衙东南朱方门内创设儒学，以儒家学说教育镇江子弟，这是镇江最早建立的官学。宋徽宗政和三年（1113），润州升为镇江府，镇江名称始于此时。由此，原州学改称镇江府学。南宋绍兴九年（1139），镇江府学遭火灾，大部分建筑被毁。绍兴十一年（1141），朱熹的老师刘子羽出任镇江府太守兼沿江安抚使，在他的主持并捐资下，重新修复了府学。至元代时，镇江府学复加修葺，已形成一定规模。明景泰三年（1452），时任镇江知府张岩另择城内日精山附近之地重新建造，此处府学越明入清，屡有增建，其址直至清末未再有变动。

三、吴地书院

（一）书院教育概述

在中国古代教育史上，书院教育是一种有着重要地位的教育形式。它始于唐代，兴盛于宋代，是以传承学术传统、研究探讨学术、培育人才为主要目的，以讲学、祭祀、藏书兼有刻书为主要形式的教育场所。以唐代为开端，至清朝光绪二十七年（1901）被废止，书院共历960余年。其影响遍及国内，蔚为一时风气。书院以其弘扬儒学传统、讲会论辩、祭祀先贤、收藏典籍等特点，培育了众多优秀的人才，成为中国官学的有效补充，同时也独具特色，对中国教育的发展起着不可低估的重要作用。

书院之名最早出现在唐代，据史籍记载，开元五年（717），唐政府组织文人于乾元殿校理经籍，将乾元殿更名为丽正修书院，开元十三年（725）改名集贤殿书院，这是中国官府书院之始。真正具有讲学性质的书院开始于南唐升元四年（940）所建的庐山国学。这一学术机构的出现，对中国文化和教育的发展产生了重要的影响。

宋初，官学一度停滞，而由于国家初步统一和安定，读书人又产生了强烈的进士愿望，希望通过读书和科举获得功名。书院在这样的历史契机下兴盛起来，形成我国书院教育发展史上的第一个高潮，出现了著名的“宋初四大书院”——白鹿洞书院、岳麓书院、睢阳（应天府）书院、石鼓书院，现在我们也常常将茅山书院和嵩阳书院并列其中，称为“宋初六大书院”。此后因北宋朝廷重视官学的发展，官学兴起，书院一度沉寂下去。到了南宋时期，因朱熹等理学代表人物恢复了一些书院的教学活动，并亲自讲课，指导生徒，使得书院又有了迅速的发展。到了元朝，政府对书院采取了保护、提倡的政策，拨学田给书院，确保书院的办学经费，使书院得到了快速的发展，同时也加强了管理上的控制。在这样的条件下，一方面，书院在数量上剧增，遍及于全国许多地区；但另一方面，由于政府任命书院的掌教，控制书院招收学生范围和考试情况，并对书院的学生的去向加以管辖，因此书院官学化的倾向越来越严重，许多书院甚至已经完全被纳入了地方官学系统，变成了科举的附庸，完全为了应举而设立，背离了书院的创办初衷。明代初年，政府重视官学，提倡科举选士，书院极其不发达。到了明中叶，科举腐败日

益严重，一些理学家为革除社会弊端，创办书院讲学，吴地书院在这样的社会背景下逐渐兴盛，其中王守仁、湛若水两位理学大师的讲学起到了非常重要的推动作用。到了清朝初年，书院在沉寂一段时间之后便有了迅猛发展。到雍正十一年（1733）以后，各省相继建立书院。但此时书院实际上已成为官学的一种形式，到乾隆二年（1737）“书院即古侯国之学也”。因此，清代书院官立，书院与科举联系亦更加密切。多数书院重心已转向科考，远离了弘扬儒家学术的传统。少数书院在乾嘉以后受到汉学兴起的影响，以“朴学”教授学生。如著名学者阮元在浙江办设诂经精舍，不设八股文，而以经史为主，并及小学、天文、地理、算法等科，为书院开创了一种新的学风。此外还有以诗词文章为重点的书院，如沈归愚主讲的紫阳书院，颇提倡辞章之学。姚鼐主讲的钟山书院，提倡桐城派古文，等等。清末，改书院为学堂，所有书院改为大、中、小学堂。1905 年，当科举被宣布废除后，在中国教育史上延续近千年的书院完成了自己的历史使命。

（二）苏州著名书院

和靖书院是吴地较早的书院之一，创建人是提举曹豳，院址在苏州虎丘云岩寺西庵。早在南宋绍兴年间，和靖先生尹焞曾在虎丘西庵读书，将其书斋题名为“三畏”。嘉定七年（1214），知府陈芾在此建祠纪念。两年后孟猷在通幽轩南端加以改建，即该院前身。南宋端平年间（1234—1236），曹豳奏请朝廷将此祠改为书院，并以“和靖”名之，还另建三省、务本、朋来、时习四所书斋，作为师生讲习之处，后历任提举都曾加以扩建。元代延祐元年（1314），书院迁至长洲县东乌鹊桥北常平提举司旧址。明代嘉靖二年（1523），因虎丘西庵遗址已经湮没，并且还远在郊外，于是知府胡缵宗在龙兴寺废基上修复书院，仍名之“和靖书院”，以纪念和靖先生尹焞。

紫阳书院创建于康熙五十二年（1713），地址在苏州府学内尊经阁后，由巡抚都御史张伯行建。当时，康熙皇帝倡导宋代的朱熹之学，钦定《紫阳全书》，用以“教天下万世，其论遂归一”。因朱熹号紫阳，故而取名为紫阳书院。紫阳书院提出“学者之所以为学，与教者之所以为教，当以紫阳为宗”，也就是要学习朱子的性理之学，强化道德修养，探求儒家义理，学习辞章知识，经过“迪文章而申道义”的教学，使学员“发真性于辞章之内，敦风气于藻采之中”,从而达到提高士子的文化素质、维系风教人心之目的。[①]

紫阳书院、南京钟山书院和杭州敷文书院合称为“江南三大书院”。该书院以紫阳之学为宗旨,传授朱子之道。雍正三年(1725),江苏布政使鄂尔泰扩建校舍,增屋数十间,“士风一时振起”。紫阳书院招收苏州等7郡的优秀学子,曾得到朝廷的关注。创办之日,康熙皇帝即亲自书写“学道还淳”额以赐。乾隆皇帝六次南巡到苏州,每次都到紫阳书院题字作诗,以示嘉勉,乾隆十六年(1751),皇帝亲笔题匾“白鹿遗规”。同治十三年(1874),皇帝又亲书“通经致用”以赐。清道光时,紫阳书院学生一度高达一千三四百人,规模在当时是相当大的。在其190余年的办学历史中,先后共有掌院27人,其中有状元2人、榜眼1人、会元1人、进士23人,多为饱学之士。该书院的规章制度、课程设置也较为详尽,注重精研古学,强调实事求是。光绪二十八年(1902)清政府将书院改为校士馆。3年后废除科举制度,书院也即停办。

苏州可园内的正谊书院旧址

(三) 南京著名书院

据史料记载,茅山书院是南京地区最早的书院,也是吴地最早的书院。茅山书院在距今句容市城东南25公里处的茅山地区,历史上曾隶属江宁府。书院约创办于1010年,当时生徒众多,学业兴盛,为北宋初期全国著名的六大书院之一。北宋庆历年间(1041—1048),茅山书院废弃,后几经修复、移址,延至南宋,终不再续。

明道书院建于南宋淳祐元年(1241),因其奉祀北宋理学家明道先生程颢而名。明道书院为官立书院,资金充裕,除自有田产外,建康府每月还有下拨经费。书院聘请名儒主讲,教学严格。书院订有《明道书院规程》,对书院招生、教学、祭祀、考试、考勤、惩罚乃至学生的言行举止等各方面均有规定。明道书院以理学为主要教学内容,从游者甚众。宝祐元年(1253),理宗

① 戈春源:《清代苏州的紫阳书院》,《苏州铁道师院学报(社会科学版)》,1993年第2期,第52—53页。

皇帝钦赐“明道书院”匾额以示嘉许。因其严格有序,明道书院还被后人称为规制最完备的南宋书院。①

南京钟山书院是清雍正二年(1724)由两江总督查弼纳创建的。创办之初得到了雍正皇帝的高度重视,雍正曾经亲书“敦崇实学”的匾额赐给书院。不久又亲赐白银千两,加以整修。钟山书院规模宏大,据载有门两重、堂二进、楼二层,两厢学生宿舍多达百余间。钟山书院藏书丰富,治学严谨,得到了历任两江总督的垂青,乾隆皇帝游江南时,也曾亲赐武英殿刻印本十三经、二十一史各一部。钟山书院历任山长有杨绳武、夏之容、卢文弨、钱大昕、姚鼐、胡培翚、陶澍、唐鉴、李联琇、梁鼎芬、缪荃孙等,他们大多是饱学之士,在他们的带动和影响下,南京也成为清代江南地区的文化中心之一。钟山书院曾一度停办。道光九年(1829)重建,但不久太平天国运动爆发,在太平天国后期的天京保卫战中,钟山书院被彻底焚毁。清政府收复南京后,曾国藩重新修建钟山书院。1905年科举制度废除,钟山书院改为江南高等学堂,延续近200年的钟山书院到此不复存在。

(四)常州著名书院

常州最早的书院是北宋崇宁年间(1102—1106)的城东书屋,由受学于杨龟山的周恭先所创。起初规模较小,后学生渐多,难以容纳,于是另建城西书屋。著名学者杨龟山曾在此讲学。元初改名为龟山书院,明成化年间,又更名为道南书院,此后一直沿用此名。宋朝常州兴建的书院,还有东坡书屋和城南书院,均建于南宋期间。

龙城书院于明隆庆六年(1572)由常州知府创建,原有房舍200余间,田产1000余亩,为常州最为著名的书院之一。明万历初年(1573),龙城书院曾被迫停办,在龙城书院旧址建先贤祠讲学,以避书院之名,此后几经兴废。乾隆十九年(1754),知府宋楚望将先贤祠重新改称龙城书院。光绪末年,这里又改为武阳公立小学堂(今局前街小学)。

(五)东林书院及其他

东林书院是无锡著名的一所书院,创建于北宋政和元年(1111),位于今天无锡市老城区东门内,当时理学家程颢、程颐嫡传弟子杨时(龟山)长期讲学其间,是宋明时期江南理学的传播中心。明代万历三十二年(1604),原吏

---

① 邓洪波:《中国书院史》,东方出版中心2004年版,第30页。

部文选司郎中无锡人顾宪成与高攀龙等人因在朝中言事被罢免官职后，回到家乡研究传统文化。因讲学需要，他们共同倡议在杨时讲学原址修复书院，得到了当地官府和乡民的大力支持，并由顾宪成、顾允成、高攀龙、安希范、刘元珍、叶茂才等人共同捐资，重新建成了东林书院。东林书院的讲学内容，除了《大学》《论语》《中庸》等主要内容外，还涉及其他多种知识。东林书院的教学强调立志做人，十分重视选拔和培养道德品质高尚的学子；书院也注重研究现实社会，提倡实际学问。这使东林书院成为当时江南传播理学、讲学论典的重要场所。明后期，东林书院名声极大，一度成为左右全国舆论的中心。从北宋到明代，东林书院一直是全国重要的学术领地与思想文化中心之一。顾宪成等人聚众讲学，影响极大，同时他们具有高度的社会责任感，讲习之余，经常议论时政，自称"东林人"。明朝天启年间，以魏忠贤为首的宦官阉党把持朝政，窃国弄权，残酷迫害东林党人，并将东林书院夷为一片瓦砾。明思宗朱由检即位后，朝廷修复东林书院，一度中断的东林讲学重又恢复。清代东林书院得到了继续发展，顺治、康熙、乾隆年间书院都得到过全面整修。1947 年，因东林书院年久失修，当地的一些名人士绅募捐集资，又进行了整修，今天东林书院保存较为完整的建筑大多是此次修复的。新中国成立后，1957 年，东林书院被列为江苏省级文物保护单位。1994 年，先后被命名为无锡市爱国主义教育基地、江苏省爱国主义教育基地，历经沧桑的东林书院继续发挥着教育后人的功能。

四、教育兴盛与吴地社会生活

（一）吴地教育兴盛的原因

第一，吴地优越的自然条件为教育的发展奠定了物质基础。吴地地处长江三角洲，土地肥沃，气候湿润，历来物产丰富，经济发达，有着高度的农业文明，商业、手工业也很发达。在发展经济的长期过程中，吴地人民形成了勤劳勇敢、勇于创新、思路开阔、机敏善思的优秀品质。

第二，吴地文化的包容性为教育的繁荣奠定了精神基础。吴地便捷的水路交通促进了吴地与北方等文化形态的交融，形成了吴文化开放的文化特点。吴地人民在吸收中原文化、齐鲁文化、楚文化等文化形态的优秀成分的基础上，不断将它们与江南当地文化融合，使吴文化不断得到更新与充实。唐宋以后，社会的安定，既为吴地人创造了安心读书的良好环境，又吸

引了大量外地的士大夫、文人墨客寓居于此，其中有许多满腹经纶之士，他们带来了先进的文化，使得吴地最终成为人才的聚集地，形成了高度发达的社会文化。

第三，吴地崇文重教的优良传统确保了教育的飞跃发展。崇文重教的优良传统使吴人对读书求知、开发智能有着比较自觉而较高的要求，培育了他们求精求新、敢为人先的创新意识和精神追求。吴地人民很早就懂得兴学重教的作用，苏州历代官吏名儒对文化教育普遍重视，他们视兴学为己任，为办学尽心尽力，社会贤达慷慨捐资赠田兴办学校在吴地蔚然成风。这使得吴地不仅创办了具有一定规模且在全国产生一定影响的府学、县学，而且还创办了遍及乡村且为数众多的义塾、社学、书院等办学机构。这些办学机构的开设为吴地教育的发展做出了卓越贡献。

（二）吴地教育与社会文化

吴地区域文化的中心城市——苏州，是一个文化之城。素有天堂美誉的姑苏城，从人们的日常娱乐生活和吴地文人笔下的作品中，无不透露出吴地深厚的文化底蕴和文化氛围。

自唐以后，吴地经济逐步繁荣，而与享乐、生活休闲等有关的吴地精致的娱乐文化，如戏曲、园林等更得到了蓬勃的发展。明清两代苏南地区集中了许多士大夫和商贾，这也促进了娱乐业文化成分的提高和吴地众多剧作家与表演名家的诞生。明清以后，吴地崇尚高雅的昆曲艺术，每逢中秋，苏州城就有在虎丘举行唱曲比赛的风习，一时万人空巷。很多文人墨客和官僚家中都有家班，昆曲婉转细腻、柔曼悠远的艺术特色也吸引了众多的普通百姓。而在吴地，昆剧名家辈出，名作如林。据粗略统计，苏州（包括其下辖的常熟、昆山、太仓、吴江、吴县、长洲）的剧作家占全部剧作家的三分之二，作品约占全部作品的五分之三。清代以后，无锡、常州一带产生了锡剧，深受百姓的喜爱。同时，苏州的评弹艺术也得到了发展，逐渐被誉为中国最美的声音，她以吴侬软语说唱出各类古今趣事，深受吴地人民的喜爱。而这些艺术形式丰富了吴人的精神生活，也为吴地文人的创作积累了众多素材，对吴地艺术的发展起了推动作用。在通俗文学方面，城市休闲娱乐生活在作品中不断得到体现。在科举道路上不断遭遇坎坷的冯梦龙将大量精力投向了市井文化，收集了那些到明代已散佚的宋元话本以及在民间流传的歌谣、笑话、戏曲等，为中国文学史保留了大量通俗文学材料。

（三）吴地——院士之乡

在中国古代，吴地历代人才济济，有着优秀的教育传统，在古代教育史上有“状元之乡”的美誉。吴地教育发展到当今，在全国依旧有着重要的地位和影响力，吴地又是名副其实的“院士之乡”。自1955年新中国诞生首批院士以来，中国科学院院士和中国工程院院士一直是我国科学界各学科领域的领军人物。据2008中国院士调查报告，城市院士排行榜（按出生地区）显示，在苏州出生的两院院士有70人，其数量是继上海市、北京市后的全国第三。苏州是名副其实的“院士之乡”。苏州籍院士各领风骚，各展风采，成为中国乃至全世界科技领域一道亮丽的风景线。苏州籍的两院院士为苏州的城市建设、城市经济发展、文化建设等献计献策，做出了显著贡献。在吴地的无锡市出生的两院院士达到了65名，在常州出生的达到了40名，在南京出生的达到了39名，在镇江出生的达到了16名，吴地是院士的高产地区。吴地的中国工程院院士和科学院院士在科学领域取得了举世瞩目的成就。在当代苏州籍的院士当中，有被称为“中国居里夫人”的吴健雄，世界建筑大师贝聿铭，“核弹之父”王淦昌，“水利宗师”张光斗，大庆油田功臣李德生，“杂交玉米之父”李竞雄，“半导体奠基人”王守武、王守觉，中国高科技“863计划”首倡者周千峙，环境保护三女唐孝炎、钱易、徐晓白，激光核聚变专家范滇元，超音速歼8飞机首功之臣顾诵芬，人类生命奥秘的探索者顾健人，海洋微体古生物专家汪品先，医学昆虫、蚊类专家陆宝麟，等等。

第二节　吴地科考

一、科考制度发展沿革

（一）隋唐时期科考制度肇创

科举制度是中国封建社会通过考试选拔官员的一种基本制度。科举，就是由国家设立科目，定期举行统一考试，通过这一方式来选拔官吏，这种做法，也叫“开科取士”。它创始于隋朝，确立于唐朝，完备于宋朝，兴盛于明、清两朝，废除于清朝末年，历时1300余年，对中国封建社会的历史发展产生了广泛而深远的影响。科举制度是中国封建社会实行的一种比较客观合

理的人才选拔制度，是下层寒族知识分子进入统治阶层的主要途径。科举制度在世界上首创通过公开考试选择官吏的人事制度，对于近代西方文官制度的形成也有一定的影响。在东亚，朝鲜、越南都曾仿效和借鉴中国，实行科举制。

隋王朝在重新建立起统一的中央集权制国家后，为加强皇权和满足庶族参政的需求，隋统治者废除九品中正制，创造了通过统一考试选取官吏的制度，来集中选士，以期团结广大庶族。隋文帝开皇七年(587)，隋政府开始以分科举士取代九品官人法，初时只设“志行修谨”“清平干济”两科。隋炀帝大业二年(606)始置进士科，这是科举制度创立的开始。科举制度是隋王朝在政治上所施行的一项重大的改革措施，其用意在于选拔精干人才，轻“门第”，重“才学”，以期“任人唯贤”。这是中国古代选拔人才制度发展史上的一次重大变革和创新，是中国古代社会的一大进步。唐政府继承和发展了隋朝的科举制度。在唐太宗、高宗年间(627—683)，科举制度不断完善，已逐步形成了一套较为完整的考试和选拔制度。

(二) 宋元明清科考制度完善

宋代的科举制度基本上沿用唐代，但结合了当时的实际情况，在前代的基础上有进一步的发展。宋代重文轻武，重视通过科举选拔人才。宋代在大力提倡科举取士的过程中，也十分重视科举考试制度的完善，为一般士庶子弟创造更加公平的机会和更合理的条件，如不准朝廷官员推荐考生应试，限制知贡举(即主考官)的权力，限制大官僚及世家子弟的应试特权，等等。这些措施调动了庶族参加科举考试的积极性，换取了他们对中央集权和统治特权的支持，及时选拔了大批人才。宋代科举的兴盛也使民间向学之风渐起，推动了教育向平民阶层的普及。宋代还确立了殿试制度。宋太祖开宝六年(973)，有落第考生告发考官录取不公，太祖亲自在讲武殿命题复试。此后，殿试成为定制。

科举制度到了明、清两代已相当完备。明沿唐、宋旧制而有所增益发展，清代又承明代制度，但两代不尽相同。明代确立了“八股取士”的考试制度，专取四书及《易经》《尚书》《诗经》《春秋》《礼记》五经命题试士。在八股取士制度下，大多士子志在功名利禄，而不是探求学理，久而久之，导致整个社会的政风、文风、学风、士习日益败坏。

(三) 清末时科考制度废止

晚清时期，科举制度逐步暴露其弊端，成为一种僵化的学习和育人模式，特别是随着西方自然科学知识的兴起，科举制度成为严重阻碍新知识传播、束缚知识分子思想和智慧的枷锁。甲午战争之后，改革以至废除科举的呼声日渐高涨。严复就此曾尖锐指出："虽然学堂立矣，办之数年，又未见其效也！则哗然谓科举犹在，在此为梗。"①在地方兴办学务的过程中，一些地方大吏也逐渐认识到废除科举的必要性。光绪三十一年(1905)八月，直隶总督袁世凯、两江总督端方发电邀请张之洞等地方督抚，联名奏请停办科举，广兴学堂。在内外压力下，清政府被迫做出"自丙午科为始，所有乡会试一律停止，各省岁科考试，亦即停止"②的决定。科举制度的废除，打破了中国传统的教育价值取向，逐步确立了新的教育形式和教育内容。这在中国教育发展史上具有划时代的意义，扫除了中国教育走向现代化最严重的障碍。从此"学堂日兴，其留学欧美者所在兴起，全国风气为之一变"。

二、吴地科考

(一) 吴地科考发展概述

自隋唐时期科举制度建立以来，吴地在科考史上有着不可替代的地位。有唐一朝，吴地归氏家族36年间，出了5位状元，享有"天下状元第一家"的美誉。自明朝开始，吴地教育繁盛，吴地的科考状元开始在全国范围内崭露头角，其数量之多一直在全国名列前茅。据有关资料统计，明朝自太祖洪武四年(1371)至思宗崇祯十六年(1643)的前后272年间，全国共录取文状元90名，吴地有14名之多，而单单苏州一府就产生状元8名，约占全国状元总数的9%。清代的吴地状元则更多。自清顺治三年(1646)开科取士，至光绪三十年(1904)其间258年，全国共录取文状元114名，其中江苏49名，且绝大部分集中在江南的吴地。单单苏州一地(按现苏州市辖区，历史上有吴县、长洲、元和、常熟、昭文、昆山、新阳、吴江、震泽、太仓、镇洋等县)在清代就共出状元26名之多，比排在第二位的浙江清代状元总数多6名，占全国状元总数的22.81%，占江苏全省状元总数的53.06%，无论是平均数还是绝对数，均为全国第一，是名副其实的"状元之乡"！明人徐有贞在《苏郡儒学兴修记》中，对苏州的人文之盛也大为夸耀，说道："吾苏也，郡甲天下之郡，学甲天下之学，人才甲天下之人才，伟哉！其有文献之足征也。"(见表3-1)

---

① 严复：《论教育与国家之关系》，《东方杂志》，1907年第3期，第20—24页。

② 印鸾章：《清鉴纲目》，岳麓书社1987年版，第645—646页。

在吴地科考发展历史上，出现了蝉联状元，如明代弘治六年(1493)癸丑科状元和弘治九年(1496)丙辰科状元(明清两代每三年举行一次)，分别为昆山籍毛澄、朱希周蝉联。吴地科考史上还出现了很多父子状元，如唐代长洲归仁泽与归黯，叔侄状元如清代常熟翁同龢与翁曾源，兄弟状元，三鼎甲，等等。并且吴地状元中，会元状元连元多，如清代连中解元、会元、状元“三元”的第一人——钱棨就是苏州人，苏州人民还竖立了三元坊以示纪念。

表3-1　苏州历代科考状元名录

朝代	状元名录	科考时间	籍贯
唐代	归仁绍	僖宗咸通十年(869)己丑	吴(今苏州)
	归仁泽	僖宗咸通十五年(874)甲午	吴(今苏州)
	归　黯	昭宗景福元年(892)壬子	苏州
	归　佾	昭宗光化四年(901)辛酉	苏州
	归　係	哀帝天佑二年(905)乙丑	苏州
宋代	黄　由	孝宗淳熙八年(1181)辛丑	平江长洲
	卫　泾	孝宗淳熙十一年(1184)甲辰	平江昆山
	阮登炳	度宗咸淳元年(1265)乙丑	平江(今苏州)
明代	施　槃	英宗正统四年(1439)己未	南直隶长洲(即苏州)
	吴　宽	宪宗成化八年(1472)壬辰	南直隶长洲(即苏州)
	毛　澄	孝宗弘治六年(1493)癸丑	南直隶昆山
	朱希周	孝宗弘治九年(1496)丙辰	南直隶昆山
	顾鼎臣	孝宗弘治十八年(1505)乙丑	南直隶昆山
	沈　坤	世宗嘉靖二十年(1541)辛丑	南直隶昆山
	申时行	世宗嘉靖四十一年(1562)壬戌	南直隶吴县
	文震孟	熹宗天启二年(1622)壬戌	南直隶长洲(即苏州)
清代	孙承恩	世祖顺治十五年(1658)戊戌	江苏常熟
	徐元文	世祖顺治十六年(1659)己亥	江苏昆山
	缪　彤	圣祖康熙六年(1667)丁未	江苏长洲
	韩　菼	圣祖康熙十二年(1673)癸丑	江苏长洲
	彭定求	圣祖康熙十五年(1676)丙辰	江苏长洲
	归允肃	圣祖康熙十八年(1679)己未	江苏常熟
	陆肯堂	圣祖康熙二十四年(1685)乙丑	江苏长洲

续表

朝代	状元名录	科考时间	籍贯
	汪　绎	圣祖康熙三十九年(1700)庚辰	江苏常熟
	王世琛	圣祖康熙五十一年(1712)壬辰	江苏长洲
	徐陶璋	圣祖康熙五十四年(1715)乙未	江苏昆山
	汪应铨	圣祖康熙五十七年(1718)戊戌	江苏常熟
	彭启丰	世宗雍正五年(1727)丁未	江苏长洲
	毕　沅	高宗乾隆二十五年(1760)庚辰	江苏镇洋(即太仓)
	张书勋	高宗乾隆三十一年(1766)丙戌	江苏吴县
	陈初哲	高宗乾隆三十四年(1769)己丑	江苏元和
	钱　棨	高宗乾隆四十六年(1781)辛丑	江苏长洲
	石韫玉	高宗乾隆五十五年(1790)庚戌	江苏吴县
	潘世恩	高宗乾隆五十八年(1793)癸丑	江苏吴县
	吴廷琛	仁宗嘉庆七年(1802)壬戌	江苏元和
	吴信中	仁宗嘉庆十三年(1808)戊辰	江苏吴县
	吴钟骏	宣宗道光十二年(1832)壬辰	江苏吴县
	陆增祥	宣宗道光三十年(1850)庚戌	江苏太仓
	翁同龢	文宗咸丰六年(1856)丙辰	江苏常熟
	翁曾源	穆宗同治二年(1863)癸亥	江苏常熟
	洪　钧	穆宗同治七年(1868)戊辰	江苏吴县
	陆润祥	穆宗同治十三年(1874)甲戌	江苏元和

（二）吴地科考兴盛的原因

吴地之所以能出现如此壮观的人才繁盛景象，与吴地优越的自然环境、崇文的社会风气和发达的社会经济等是密不可分的。综观吴地自然物质、人文背景，我们发现吴地科考状元兴盛有着以下原因：

首先，吴地有尚礼重文的传统，高度重视教育的作用。魏晋以后，吴地人民就懂得兴学重教的作用。苏州历代官吏名儒，对文化教育也普遍重视。据记载，元代至正九年(1349)，吴县、长洲两县有社学130余所，到了明代洪武八年(1375)，两县社学增至737所。苏州地区不仅在学校数量上，而且在办学条件、办学质量上也远远超过其他地区。高度发达的教育体系使吴地的整体文化水平得到了很大的提高，因而才能够人才辈出，创造出中国科举

史上一段又一段的佳话。

其次,吴地大家族非常重视家庭教育。自唐以降,吴地诸多名门贵族十分重视家庭教育对人才的培养,父子、兄弟等互相勉励,形成家庭互学共进的氛围,如唐代的归氏家族、清代吴县潘世恩家族、常熟的翁氏家族等。在吴地大家族的家庭教育中,母亲常担当着严师贤母的角色,如清代昆山徐氏"同胞三鼎甲"的母亲顾氏,是顾炎武的妹妹,"训子极严"。状元毕沅自小就由母亲张藻教育,学习《诗经》等,后来母亲送他师从沈德潜和惠栋。正是这样严格的家庭教育才塑造了这么多的吴地状元。

(三) 江南贡院

贡院是我国古代科举考试的场所。位于南京的江南贡院始建于南宋孝宗乾道四年(1168),时称"建康贡院",规模较小,仅供府学、县学考试之用。后毁于战火,1263 年重建。明代朱元璋建都南京后,乡试和会试都集中于此,定名贡院。永乐年间,明政府迁都北京,但南京仍为陪都,苏、皖两省乡试仍都在此举行。江南贡院在明代屡有增扩,规模宏大,与北京的贡院并称"南闱""北闱"。清代初期,今江苏、安徽二省合称为江南省,二省学子都在这里参加乡试,故贡院一直沿用"江南贡院"之名。经过明清两代的不断扩建,到了清光绪年间,江南贡院的规模已经十分庞大。占地约三十万平方米,方圆十几里,仅供考生考试的号舍就达 20644 间,是中国古代最大的科举考场。

明、清时期江南贡院周围十分繁华。每临开考,苏、皖两省万名举子云集南京。大比之年,南京夫子庙前,贡院周围,摊贩林立,热闹异常,是江南著名的繁华胜地。江南贡院四周有两层围墙,上面布满荆棘,故世人又称贡院为"棘闱"。大门前有广场,广场东西为辕门两座,主牌坊正中匾额书有"贡院"二字,"明经取士""为国求贤"分题于两座石坊之上。大门分为三重,一曰头门,二曰仪门,三曰龙门,门上书有"变化鱼龙地""飞翔鸾凤天"等对联,意思是如果考中,即可平步青云。径直为"至公堂",中悬"天开文运"匾。在龙门与至公堂之间是"明远楼",可看到贡院全貌。考试时考官站在楼上就可监察考场情况。明远楼的四周为考生应试的号舍。

江南贡院在中国科举史上占有重要地位,是吴地科举考试的重要见证。仅清代,经过江南乡试后考中状元的就有 58 名,其中江苏籍 49 名、安徽籍 9 名,占全国状元总数的 51.78%。江南第一风流才子唐伯虎,著名的小说家吴敬梓、吴承恩，扬州八怪之一郑板桥，大实业家张謇，“五四”运动的先驱陈独秀等一大批历史名人，都出自江南贡院，晚清赫赫有名的四大名臣林则徐、曾国藩、李鸿章、左宗棠，也都曾就任江南贡院的考官。清朝末年科举制度废除之后，江南贡院失去了往日的风采。1989年，我国唯一一座以反映中国科举历史为主要内容的专业博物馆——江南贡院历史陈列馆在其原址上诞生。

南京秦淮河畔的江南贡院外景

三、吴地科考状元名家

（一）吴地科考名家

1. 昆山“同胞三鼎甲”徐氏

明末清初昆山著名思想家顾炎武的妹妹顾氏，非常聪明干练，教子甚严，丈夫游学在外，她督促3个儿子徐乾学、徐秉义、徐元文刻苦攻读，“课诵恒之午夜不辍”，后来徐氏三兄弟以“同胞三鼎甲”名震全国，徐元文摘得状元桂冠，徐乾学、徐秉义都是一甲第三名探花。

2. 常熟翁氏家族

常熟翁氏家族是有着深厚文化品位的书香门第，人才辈出，家世显赫，以翁同龢最为知名，其长兄翁同书和三兄翁同爵都官至巡抚。翁同龢的侄子翁曾源于同治二年（1863）荣登癸亥科状元，另一侄子翁曾桂官至浙江布政使，侄孙翁斌孙官至直隶提法史。翁氏一家，父子入阁拜相，同为帝师；叔侄联魁，状元及第；三子公卿，四世翰苑。如此功名福泽，在晚清汉族的大家族中实属凤毛麟角。

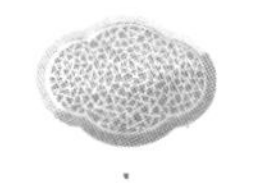

（二）吴地状元名家

1. 天下状元第一家——归氏家族

吴地状元中，同门状元是突出的人文景观。唐代吴郡长洲的归氏家族便是出现这种景观的名盛一时的望族。归氏家族是吴地的名门望族，也是书香世家，在唐懿宗咸通十年（869）至唐哀帝天祐二年（905）短短的36年内，出现了“五子登科”及“祖孙、父子、兄弟五状元”的盛事，为时人和后人所赞誉，赢得了“天下状元第一家”的美誉。

归氏家族从归崇敬起开始在朝廷有重要地位。归崇敬，字正礼，历任左拾遗、史馆修撰、集贤殿校理等职务，以兵部尚书致仕，封余姚郡公。著有《归崇敬集》20卷，传于世，谥号“宣”。归崇敬之子归登，字冲之，也位高权重，历任右拾遗、皇子侍读、工部侍郎等，官至工部尚书，67岁时赠太子少师，谥号“宪”。归登之子归融，字章之，唐宪宗元和时进士及第，历任左拾遗、翰林学士、户部侍郎等，官至兵部尚书。归融共有五子，其中三名进士，两名状元，“五子登科”，可谓卓越。长子归仁晦，唐仁宗开成三年戊午科进士；二子归仁翰，是唐宣宗大中十一年丁丑科进士及第，又是三十名进士第一；三子归仁宪，为唐宣宗大中年间进士；四子归仁绍和五子归仁泽，分别于869年和874年夺取状元桂冠。892年，距离归仁泽中状元仅18年，其子归黯成为中唐景福元年壬子科状元。归黯之弟归蔼，字文彦，乃唐景福二年癸丑科进士，历任侍御史、尚书右丞等。归黯之子归佾和归係又相隔4年都中了状元。

2. 刚正不阿文震孟

文震孟（1574—1636），字文起，别号湛持，谥文肃。长洲（今苏州）人。文家乃书香门第，文震孟的曾祖文徵明，词、书、画俱佳，闻名天下。文震孟年少时便刻苦好学，擅长诗文，精于《春秋》，为人刚正，品行高洁。年少时便以文才、品行闻名海内，但时运不佳，年近五十始成进士，天启二年（1622）壬戌科殿试，以一甲一名状元及第。中状元后即授翰林院修撰，后官至礼部左侍郎，兼东阁大学士。曾为熹宗、思宗二帝讲筵，讲学态度认真严谨。文震孟为人刚直清正，品行端正，“以经论气节，领袖东林”，疾恶如仇，敢于弹劾，直言不讳，也因此得罪了权臣魏忠贤、王永光、温体仁等，连遭廷杖和贬职，甚至被革职。文震孟继承家学，书法也非常出色，“书迹遍天下”，苏州很多明代末年兴建的宅第园林都有他的墨迹，苏州博物馆还藏有他的行草七言诗轴和鼎阳行书寿诗册。

3. 两朝帝师翁同龢

翁同龢(1830—1904),号叔平、瓶生,晚号松禅老人,苏州府常熟县人。其父翁心存历任礼部、工部尚书,是咸丰帝的宰相,也是同治帝的师傅。翁同龢受父兄的熏陶,读书刻苦勤奋,有"才学第一流"之誉。咸丰六年(1856),在廷试中以一甲一名状元及第。

翁同龢官历刑部、工部、户部尚书,协办大学士,总理各国事务大臣,是同治、光绪两朝帝师。同治四年(1865),担当起教育同治皇帝的重任,光绪元年(1875),又担任起光绪帝的老师,其教学耐心、细致,是光绪帝最尊敬的老师,也是最受宠幸的大臣。翁同龢为官廉正,认真执法,有强烈的爱国精神,任军机大臣时期,很不满李鸿章等人的守旧做法,主张阻止法军和日军的侵犯。中日议和之时,尽心尽力,不顾个人得失安危,向皇帝力陈,反对割让台湾,与主和派相抗争。翁同龢也是清末著名的政治家,康有为称他为"中国维新第一导师",他支持康有为和梁启超,并亲手拟就光绪帝于1898年4月23日宣布变法的诏书。在顽固守旧派的反对下,变法失败,慈禧迫使光绪帝撤去翁同龢协办大学士、户部尚书的职务,将其遣回老家,永不叙用。光绪三十年(1904),病逝于故居。1914年,已退位的宣统帝补赐其"文恭"的谥号。翁同龢学识渊博,多才多艺,诗文颇具法度,书法可谓"同光间书家第一"。亦擅绘画,随意点染,古趣盎然。著作有《瓶庐诗稿》八卷、《瓶庐文钞》三十卷、《翁文恭日记》四十册等。现在常熟虞山下有翁同龢故居,又称状元坊。故居内较为完好地保存了翁氏家族的原貌,这是对翁氏家族的繁盛及其文化精神的认同。

第三节　吴地刻书与藏书

一、吴地刻书及特点

（一）吴地刻书历史

吴地是中国刻书业最早的发祥地之一,明清时期成为我国刻书的中心地区之一,在中国雕版印刷史上占有重要地位。

1. 唐五代时期

据《中国版画史界》载,早在唐代大和九年(835)前后,苏州北部一带民

间就开始制作雕版日历，拿到市场上出售。至唐代中叶，有刻印时人诗作的，著名诗人元稹为白居易所作《白氏长庆集》序载："扬越间多作摹勒乐天及予杂诗，卖于市肆之中。"从中可知，当时江浙地区随着刻书业的产生而出现了书商和书肆。

五代后唐长兴三年至后周广顺三年（932—953），宰相冯道发起在国子监雕印儒家经典《九经》的活动，这是官府刻书的开始。吴越国忠懿王钱弘俶三次印造《一切心如来秘密全身舍利宝箧印陀罗尼经》等经书，所刻书线条明朗美观、印纸洁白、墨色精良、字迹清晰悦目，其刊刻工艺精良，可见吴地刻书业已有相当大的发展。

2. 两宋时期

宋代是中国雕版印刷的鼎盛时期，苏州在宋代属两浙西路平江府（苏州军），有"金朴满"之称，成为刻书业兴盛之地，所刻以佛经为主，兼及唐宋诗文集等，世称"姑苏本"或"苏州本"者，享有盛誉。1978 年在苏州瑞光塔第三层塔心穴藏内发现"真珠舍利宝幢"，护轮用纸是北宋咸平四年（1001）十一月苏州军州所刻《大随求陁罗尼》（经）一卷，上面刻有知苏州军州事张去华、长洲县王允巳、吴县班绚两县令等地方官员的衔名款识，现藏苏州博物馆，这是现存北宋时期苏州雕版印刷最早的实物。南宋时期的江南是中国政治、经济和文化中心，刻书业得到进一步发展，刻书范围进一步扩大，有文人的诗文集、字书、佛经和地方志等。

江南东路建康府（江宁府）地处长江下游，水陆交通方便，为军事重镇。宋室南渡后，陈亮等建议把政府由临安迁往建康，以便收复北方失地，建康府也就成为南宋时期又一刻书中心地，刻书有 66 种，书版约 2 万块，《景定建康志》著录所藏书版有 68 种之多。绍兴十八年（1148）建康府所刊后蜀赵崇祚辑《花间集》十卷等书就以雕印技术水平高而著称。上述宋刻书籍流传至今的不多，均为稀世珍宝。

3. 元代

元代刻本现存数量超过宋刻本，但总体而言刻书不多，官、私所刻可考者仅 300 余种。据记载，元代平江路刻书 30 种，其中经部 4 种、史部 7 种、子部 11 种（含佛经 7 种）、集部 8 种。至正二十五年（1365）平江路儒学刊《战国策校注》十卷为注《战国策》的最善本。建康路刻书 25 种，其中经部 2 种、史部 17 种、子部 3 种、集部 3 种，18 种书见诸《至正金陵新志》，为至正前所刊。此外，常州路和扬州路各刻书 4 种。

4. 明代

明代刻书业蓬勃发展，官、私刻书数量之大，品种之多，远超宋、元两代。全国的刻书中心和聚书之地有南京、苏州、杭州、北京、闽北、徽州等地。明建都南京53年，这使得南京成为全国的政治、经济和文化中心，也成为中国最主要的出版中心。明前期刻本也以官刻为代表，明初南京集中了元都北京的文献，又从全国各地调集了大批文献，特别是南京国子监将杭州及江南各地的宋元书版集中起来继续印刷出版，号称“南监本”，刻书共约300种。皇朝政府内府、国子监和六部等中央机构均编刻书籍，凡重要的书籍，均在南京编刊。这一时期的刻本，继承元浙刻本风格，字大行疏，常加圈点，版心刻双鱼尾、大黑口，后世称“黑口白棉纸明初本”。南京刻书除注重正史外，还刊刻了大量的戏剧、小说，其中戏剧多选择故事性强、情节曲折、读者喜闻乐见的剧目，对一些难懂的曲文加上注释或音释，并在剧本中插入图画，以解释和补充说明曲文的情节内容，这些都成为明初南京刻书的特色。明中期刻本以苏州及邻近州县的私家刻书为代表。明代苏州官刻在万历初之前的刻本已达177种，列州级政府刻书之首。这一时期的刻书由于大量翻刻、仿刻宋元本，出现了方整规范、起落顿挫有棱角的仿宋字体，成为著名的“嘉靖本”特征，对各地官刻、私刻和坊刻本产生了重要的影响。

苏州刻书以注重质量为特色，其中，官刻多为地方文献，而私家刻书注重刊刻学术价值较高的书籍，又大多注重选择善本，精加校勘，刻书质量称善的校刻精善本比比皆是。坊刻大多以供应普通民众日常所需的实用书为主，一些书坊将编辑、出版、发行合为一体，根据市场需要出版民众急需的书籍，不仅增强了书坊本身的竞争力，也促进了出版业的发展。

5. 清代至民国时期

清代是中国封建社会图书出版事业的发展盛期，官刻、私刻和坊刻书籍规模空前，刻书内容无所不包，中国现存古籍大部分为清刻本。清前期刻本以官刻为代表，多在宫廷内府，刻本字体有硬体、软体两种，软体字刻本点画柔美、写刻精雅。至康熙时，内府外设扬州诗局，所刻《全唐诗》《历代诗余》《渊鉴类函》等刻印精妙，为世人所称道。清后期官刻多在地方，同治二年(1863)曾国藩首创金陵书局于南京，为他省所仿效，金陵书局刻有《前四史》《文选》等“书局本”，影响极大。

清代南京、杭州的书坊已趋向衰落，而苏州、扬州的书坊仍盛，苏州书坊仍有约50家，其中苏州席氏扫叶山房刻书达数百种之多。清中期及以后刻

本以乾嘉学者的校刻本为代表,乾隆学者长于考证经史、精通小学、注重校勘、热心辑佚,使这一时期的刻本以校刻精审著称;而刻本除方体字刻本外,影摹宋元善本的精刻本也大量出现,被人誉为“清朝宋本”。

民国时期,大量具有学术价值的稿本、善本被传刻,吴地学者辑刊书籍影响甚大的甚多,如瞿启甲辑刊的“铁琴铜剑楼”一批影印本,赵诒琛辑《峭帆楼丛书》《又满楼丛书》《对树书屋丛刻》等,陶湘辑《托跋廛丛刻》《百川书屋丛书》《嘉咏轩丛书》等,董康辑刊的《诵芬室丛刊》等。

(二) 吴地刻书特点

吴地刻书与藏书互为促进,互相因果。苏州地区历代以藏书与刻书著称者不胜枚举,其中很多文士既是藏书家、又是刻书大家,其所藏图书典籍及本人著述刊刻流布,成为推动版刻事业发展的一个重要因素;而刻书事业的发展,又为藏书创造了有利条件。

1. 刻书以精美著称

明代刻书就地方而言,苏、浙、皖、闽是刻书中心,并且,苏州作为全国刻书中心这一状况一直持续到清代前期,成为全国刻书最多最好的地区之一。明代时期,苏州地区经济繁荣发达,出现了一大批技术精巧的刻工。正德、嘉靖年间,在文人藏书家的倡导下,吴人竭力摹仿宋版、保持宋版原貌,精刻精印几乎可以乱真。

2. 刻书名家众多

从明代起,苏州地区涌现了大批优秀的藏书家、刻书家。蒋吟秋《吴中藏书先哲考略》列举明代苏州地区的刻书家就有 52 人,著名者如陆元大、黄省曾、王延哲、顾春等。到了清代,苏州成为刻书最多、最好的地区之一,出现了众多校勘名家,如何义门、黄丕烈、顾广圻、惠周惕、汪士钟、顾沅、潘祖荫、叶昌炽等。蒋吟秋《吴中藏书先哲考略》列举明代苏州地区的校勘名家有 45 人。

3. 校刻精审,开翻刻、影刻宋本之先河

苏州许多藏书家和刻书家受汉学之风影响,用心于考据、辑佚、校勘之学,刻书极为严谨认真,注重精审精校。如明代常熟藏书家赵琦美为了校勘北魏杨炫之所撰《洛阳伽蓝记》一书,不计开销,不辞劳苦,广搜异本,经过八年的精心刻苦校勘,改正错误共计 500 多处,将质量较差的本子琢磨成善本。清代著名藏书家顾广圻代其兄顾之逵校刻的《烈女传》,是依宋本重雕,另附考证一卷,刻印极精,世不多见。

明代正德嘉靖年间(1506—1566),兴起了翻刻、影刻宋本之风气,这一风气的兴盛源于苏州、吴县等地的一批藏书家、刻书家。正德年间(1506—1522)陆元大复刻宋建康郡斋本《花间集》《李太白集》。吴元恭太素馆仿刻宋本《尔雅经注》,被清阮元誉为"经注本之最善者"。翻刻、影刻宋元善本保存了古籍原貌,便利了学者研读,推动了学术发展。

(三)吴地刻书大家

1. 毛晋

毛晋是明代中晚期最负盛名的藏书家和私刻家的代表,他一生致力于雕印事业,积极从事校刻,成就突出。为了提高刻书质量,他延请名士校勘,并设有雕印作坊,还雇了一批技术水平高超的缮写、刻板、印刷等工人,这保证了他刻书的高质量。毛晋汲古阁自明万历(1573—1620)至清初顺治(1644—1662)年间,前后40余年共刻板十余万块,刻书五六百种(部)、上万卷,经史子集无不涵括,其中集部刻书部卷最为丰富,除刻诗、词、赋、歌、文集等外,尚大量新刻前代少刻、未刻的小说、戏曲等,数量、内容均超于经、史、子部。叶德辉的《书林清话》在总结毛晋汲古阁刻书之富时云:"毛氏刻书至今尚遍天下,亦可见当时刊布之多,印行之广……一时载籍之盛,近古未有也。"同时,毛晋汲古阁刻书极其严谨,在版式方面还具有独到的特色,即板框不高不宽,一般高五寸七至八分,宽四寸二至三分,行格绝大多数为半页8—9行,每行17—19字。边栏亦大多为左右双边,上下单边,版心无鱼尾,一般只刻一横线,线上刻有书名,中刻卷页数,下刻有"汲古阁"或"绿君亭"书堂名。为严格区分宋元精刻本与己刻本之不同,毛晋尚采用不同印式、书堂名称及版心中书名刻置之位置加以区别。[①] 并且,毛晋刻书底本多依宋版,校刻精审,力避讹误。毛氏的精刻对整理和保存古籍以及传播与发展文化做出了巨大的贡献。

2. 黄丕烈

黄丕烈,吴县人,是清代乾嘉年间著名的藏书家、刻书家。他精心校勘了数十种重要和罕见的古籍,用传统的校勘方法,在大量明清抄刻本上保留了宋元版本的面貌。他亲自主持刊刻了近30种珍贵图书,其刻本少数为用

① 唐有勤:《明季著名刻书家毛晋刻书述略》,《南充师院学报》1988年第1期,第113—119页。

宋体字上版，多影刻本或写刻本，刻印雅致，校勘精良，书法优美，纸墨俱佳，被公认为善本。

二、吴地藏书及特点

（一）吴地藏书历史

吴地藏家多为藏书世家，数代递承，增益聚多。如毛晋汲古阁历经数代，其父清"储书数万卷，甲于东南，是以子晋举而刊刻之"。子襄、褒、衮、表、扆（yǐ），襄、扆先卒，余三人都以藏书称。常熟赵用贤以藏书闻名，其子琦美继承父业，成就超过他的父亲。瞿氏铁琴铜剑楼历经瞿绍基、镛、秉渊和秉濬（jùn）、启甲、济苍、旭初、凤起三兄弟五代，成为晚清中国四大藏书楼之一。翁氏藏书，也经历翁咸封、心存，同书、同爵、同龢兄弟以及曾源、斌孙数代相继收藏，后归诸公藏。苏州文徵明、彭年，吴县王鏊、袁褧（jiǒng）、顾德育、潘祖荫，无锡尤袤，昆山叶盛，太仓王世贞，等等，都是藏书世家。有趣的是除父子、叔侄、兄弟、同族藏书家外，还有钱谦益、柳如是，张金吾、季景和，张蓉镜、姚畹贞等夫妻藏书家，尤其是宋代赵明诚、李清照夫妇，"每获一书，同其校勘"（李清照《金石录后序》），传为美谈。族姓、家庭内部如此文化传统和家学渊源，使藏书纵向传递。而族姓外部异姓间也有种种关系，如联姻，张金吾妹昭容是陈揆（kuí）之妻，张、陈成为藏书"二友"，孙胤（yìn）伽是秦四麟婿，两家藏书互相联系；如师承，常熟顾湘师从太仓季锡畴，两家都是著名藏书家；又如结友，黄丕烈与陈鳣、吴骞订交，每得秘本，互相传示探讨，相互交换借钞，黄氏还与周锡赞、顾逵、袁廷梼（tāo）结为"藏书四友"，并请画家绘了《藏书四友图》；再如同乡（邑），这种互相的交流联系更多，如张金吾、陈揆有藏书联系，金吾乐与人共，同邑"有叩必应"，陈揆藏书尽散后相当一部分为翁同龢所得。上述种种关系，使藏书横向联络，藏家相互影响。纵横交叉的传书网，使藏书风气愈演愈盛，遗风余绪至今不绝如缕。

（二）吴地藏书特点

1. 数量多、质量高

据范凤书统计，历代藏书家 5045 人，其中浙江 1139 人多为杭州周边地区的，江苏 998 人多为苏州常熟地区的。梁战和郭朴一合编的《历代藏书家辞典》（陕西人民出版社 1991 年版），共收藏书家 4437 人，其中吴地及边缘区域藏书家竟占百分之八十以上，足见吴地藏书家数量之多。

吴地藏书家收藏图书多，且质量高。吴地藏书家好宋元刻本和抄本，如明末钱谦益绛云楼藏书多为宋元刻本，可与皇家内府藏书相比，足见藏书质量之高、数量之多。古人私家藏书必自撰目录，而“兼言版本，其例创于宋尤袤《遂初堂书目》”，以后各家书目均沿此传统，而至明毛扆的《汲古阁珍藏秘本书目》，则详尽地注明宋本、元本、旧抄、影宋、校宋本等，被誉为开珍重宋元版风气之先。在中国藏书史上，晚清全国四大藏书楼中，江苏常熟瞿氏的铁琴铜剑楼排在首位。吴地藏书家争相购求得宋元椠（qiàn）本及抄本，只因其收藏质量高、价值大。

2. 历史长

早在先秦，言偃（前506—前443）是中国南方最早的私人藏书家和文献传播者。据丁申《武林藏书录》载，吴郡钱塘人范平、褚陶为西晋时大藏书家。丹阳句容（今江苏镇江句容市）人葛洪为晋惠帝时藏书家，所著《抱朴子内篇》引书282种，所藏多道教经典。《吴兴藏书录》载，吴兴沈约家藏书十二万卷，超过《隋书・经籍志》载宋、齐、梁三代官藏图书七万卷之数。南齐吴郡人陆澄（425—494），家富书籍，藏至万余卷，终日手不释卷，人称“书橱”。兰陵（常州西北）萧统、萧绎是南朝梁时著名学者，萧统有文选楼，萧绎自著《金缕子》称自聚书以来四十多年得八万卷书。隋唐五代可考的一百余位藏书家中也有苏州、江宁、扬州及吴越地区的藏书家，如苏州刺史韦应物、晚年居松江甫里的诗人陆龟蒙、中军节度使钱文奉、扬州大都督府长史李袭誉等。宋代藏书四万卷以上近四百位藏书家中，吴地藏书家如长洲叶梦得、无锡尤袤等均在藏书和目录学上著称。明清以后，吴地逐渐成为中国的私家藏书中心。

3. 影响大

明末清初常熟毛晋是中国古代藏书数量最大的私人藏书刻书家。毛氏汲古阁书坊刻书数量多、质量高，人称“天下之购善本者，必望走隐湖毛氏”“毛氏之书走天下”，可见影响之大。明末清初钱曾撰《读书敏求记》，是中国第一部研究版本目录的专著。清常熟藏书家孙庆增撰《藏书纪要》，全面地总结了中国封建社会私人藏书的技术经验，把私人藏书目录的编纂与目录体系的完善从理论上进行了高度的概括和详尽的阐述，被誉为中国全面论述藏书技术的第一本专著。清苏州藏书家叶昌炽撰《藏书纪事诗》，是中国第一部治藏书家历史的专书，其出版标志着中国历史藏书学研究的开始。

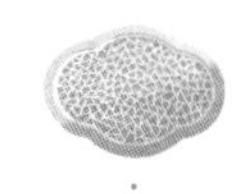

（三）吴地藏书大家

1. 钱谦益及其绛云楼藏书

常熟绛云楼为钱谦益（1582—1664）的藏书楼。钱谦益，字受之，号牧斋，又号蒙叟、东涧遗老等。明末清初常熟人。万历三十八年（1610）探花，授翰林院编修，官至礼部侍郎。入清，任礼部右侍郎。交游极广，好收藏图书，常不惜重金购求古书，曾得刘凤、钱允治、杨仪、赵用贤四家遗书，何焯（zhuō）记其藏书3900余部，多宋、元本和孤本。当时大江南北藏书之富推绛云楼为第一，钱氏成为虞山藏书流派的代表，所藏书必取宋元版，不收近人所刻及抄本。其藏书为读书，于书无所不读，每种书能说出旧版、新版及其差别，与原书丝毫不错。利用藏书，曾撰《明史》250卷及《讳史》《列朝诗集》《明诗选》《明五七言律诗选》《笺注杜工部集》等。所藏多经校读，所撰藏书题跋甚多。其藏书处先后有崇祯三年（1630）常熟西门外锦峰之麓所购拂水山庄，崇祯十三年（1640）移居城北椐树弄口之半野堂，崇祯十六年（1643）所购绛云楼，顺治十一年（1650）于常熟白茆顾氏别业所筑芙蓉庄，又名红豆山庄、碧梧红豆庄。顺治七年（1650）绛云楼失火，所积图书毁灭殆尽，遗书尽数赠给族曾孙钱曾。

钱谦益编有《绛云楼书目》，收录图书近3000种，其中宋元本约50种，宋本约36种。另有叶德辉辑《绛云楼书目补遗》，仅存抄本，原藏上海郁松年宜稼堂，后转入丁日昌持静斋，叶德辉刊入《观古堂书目丛刊》，补遗正文不细分类目，每书著录书名、卷数、作者，间或补充说明版本流传情况，解释书中之内容，简评书之得失，简介著者生平，等等。钱谦益撰《绛云楼题跋》，今人潘景郑辑集265篇，钱氏题跋或臧否人物，或评论得失，或纠谬正误，学术价值很高。

2. 毛晋及其汲古阁藏书

汲古阁为毛晋（1599—1659）的藏书楼。毛晋，原名凤苞，字子久，明末清初常熟人，诸生，游钱谦益门。汲古阁为毛晋藏书、读书、校书之处，另有绿君亭等室名，以汲古阁最为著名。郑德懋《汲古阁主人小传》称，毛晋藏书有84000册，藏书来源为购买、自抄和赠送。所藏宋刻本有《群经音辨》《册府元龟》《孔子家语》《骆宾王集》《韩昌黎外集》《花间集》等。毛晋藏书乐于开放，吴伟业称赞他“君获奇书好示人，鸡林巨贾争摹印”。毛晋所抄所刻之书风行天下，藏书多有题跋，所藏书并有“汲古阁”“汲古主人”等数十个钤记。毛晋子毛扆编有《汲古阁珍藏秘本书目》，共收录图书 481 种，略依四部著录，经史不分，集部为一大类，子部分若干小类，其中经史书 139 种，子书 202 种，集部书 124 种，附续书目 16 种。每种书除著录书名、卷册数外，注记版本情况特别详细，为突出宋元版本，书名前均冠以版刻时代，注记抄本特点、版本文字内容特点、纸张，附注插图、题记，标有价格，成为一部完整意义的善本书目。

3. 常熟翁氏藏书

翁同龢（1830—1904）所藏典籍多珍秘，书画、经籍、金石拓片搜罗极精，郑振铎称其"没有一部不是难得之物"，当时与德州徐氏、湘潭袁氏等被称为清末九大藏书家之一。翁同龢归里后，其侄孙翁斌孙于第二年便将翁同龢存在宣武门外南横街京寓的典籍字画手稿等，一部分移存天津，一部分运回常熟，伴随翁同龢度过晚年。藏书后来传到翁之廉，最后归翁兴庆所有。1950 年，翁之熹将翁氏遗书 3379 册捐献给北京图书馆，另一批遗书 7924 册捐献给南京图书馆，2000 年，翁兴庆将所藏百年遗书 542 册 80 种转让给上海图书馆。翁同龢的藏书印有"常熟同龢藏本"虎形印，"叔平得金石文字""国卿图书""均斋秘笈""文端文勤两世手泽同龢敬守"等朱方，以及"翁同龢校定经籍记""常熟翁氏一经堂藏书"白方，等等。翁同龢撰有《翁同龢书跋》，其题跋常常借所题写的图书抒发自己的理想抱负和对时事的感慨，同时对图书的收藏经过也有具体的叙述，成为后人了解翁同龢人生态度和藏书观念的重要史料。翁同龢书跋记录图书的内容、价值、流传概况以及版本鉴定，从中可以获得可靠的证据和进一步考索的重要线索。翁同龢经历丰富，见识广博，在其书跋中留下了不可多得的史料。翁同龢书法不拘一格，称为乾隆后第一人，其书跋真迹也具有极高的艺术价值。

4. 常熟瞿氏铁琴铜剑楼

人们将江苏常熟瞿氏铁琴铜剑楼、山东聊城杨氏海源阁、浙江钱塘丁氏八千卷楼、浙江归安陆氏皕宋楼合称为清代后期四大著名藏书楼，又有"南瞿北杨"的美称，而瞿氏铁琴铜剑楼是国内唯一的楼与书均保存至新中国成立后的藏书楼。

瞿氏藏书始于瞿绍基（1772—1836），绍基字荫棠，江苏常熟人，以贡生选授县学教谕，旋即隐居昭文县罟里村，致力于藏书。历十年，积十万余卷，多宋元善本。继又得同邑陈氏稽瑞楼、张氏爱日精庐散出诸书，藏书之名更著。瞿绍基之子瞿镛（1794—1846），字子雍，继承先志，搜求益勤，曾据所藏

编为《铁琴铜剑楼藏书目录》。咸丰十年(1860)战乱,瞿镛之子瞿秉渊(1821—1887)、秉濬(1828—1877)携书外出避难,辗转分藏,颇多损失。其后经历多年访求补购,又延请管礼耕、王颂蔚、叶昌炽等学者校补重订藏书目,于光绪二十

铁琴铜剑楼

四年印成《铁琴铜剑楼藏书目录》24卷,收书1300余种。清代以后,因战事频仍,秉濬之子启甲(1873—1940)等曾将藏书运至上海。瞿氏藏书累经散佚,新中国成立后,其所余部分,皆入藏北京图书馆等。瞿氏自瞿绍基至瞿启甲之子瞿凤起(1908—1987)兄弟,五世藏书,艰辛护书,新中国成立后又献书归公,事迹感人。

第四章 吴地文学

自古以来，吴地的灵秀山水和清嘉风物孕育出众多蜚声中外的文坛名家，也吸引了历代骚人墨客寄寓吴地。他们的名篇佳作生动地反映了吴山吴水和吴人气质，特色鲜明，在中国文学史上占有重要地位。本章的“吴地”主要涵盖南京、镇江、苏州、无锡、常州地区，其文学内容极为丰富，不仅包括众多的文学名家，而且包括各种文学体裁与形式。限于篇幅，本章只能撮其精要，点面结合地勾勒出吴地文学的大致轮廓。

第一节 汉魏六朝吴地文学

一、概述

清人沈德潜选编的《古诗源》中有一首《吴夫差时童谣》曰：“梧宫秋，吴王愁。”[①]这首吴地民谣距今已近2500年，虽然只有六个字，却用比兴手法表现了吴国危机四伏、吴王悲哀愁惨的状态，从中可以看到吴地文学所表现出来的注重抒发情感的特色。

汉朝盛行辞赋创作。吴地辞赋家较为著名的有严忌、严助[②]父子（一说叔侄）以及朱买臣，均为会稽吴（今苏州）人。严忌（约前180—前105）很有学问，当时人称“严夫子”。作有辞赋24篇，现仅存《哀时命》一篇，以抒情见长。全辞哀叹屈原性格忠贞却不遇明主的可悲命运，也借此悲叹自己生不逢时。严助（？—前122）是汉武帝最宠幸的文学侍从之一，西汉辞赋家，作赋35篇，可惜没有留传下来。朱买臣（约前174—前115）由严助推荐，得以

---

① 沈德潜：《古诗源》，哈尔滨出版社2011年版，第20页。

② 二人原本姓庄，因避汉明帝刘庄之讳而改姓严。

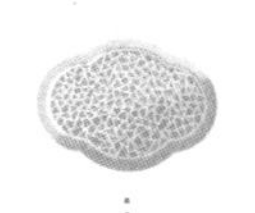

晋见汉武帝,因博学多才得到皇帝赏识,成为汉武帝的文学侍从,后为会稽太守。他作赋3篇,今已失传。总的说来,汉代吴地文学尚处于草创萌发阶段。

吴文学的兴盛是在三国东吴覆灭之后开始的。所谓国家不幸诗家幸,经历了国破家亡、山河易主的剧痛之后,吴地文人在进行深刻反省的同时,感情世界也受到前所未有的激荡,文学成为他们思想寄托和情感宣泄的主要载体。这是吴地文学崛起的重要契机。西晋时期吴地著名的诗人有陆机、陆云、张翰等。

鲁迅曾评说,魏晋南北朝是中国文学史上首次出现的一个"文学的自觉时代"(《魏晋风度及文章与药及酒之关系》)。这一自觉,是以人的生命和思想的觉醒为底蕴的。动乱的社会现实,使人受到严重的压抑,对人形成严重的摧残,又反过来促使人们认真严肃地反思生命的价值,由此带来自我意识的觉醒。个体生命与思想的觉醒,带来了文学创作的自觉。文学走出了作为传统经学附庸的境地,而转向了独立发展的广阔空间。作为一种区域性文学,吴地文学形成了"重理主情"的鲜明特色。既重析理,又善抒情;既注重文学理论的创新创建,又执着于审美情感的艺术实践。

六朝文论,成就卓越。《文赋》《文心雕龙》《诗品》等专著相继诞生,总结前人的创作经验,探讨文学的内部规律,文艺理论取得了前所未有的进展。陆机的《文赋》是一部用赋体来论文学的开创之作,文中高度概括了建安以来诗歌向抒情化、形式美方向发展的艺术规律,从而率先提出"诗缘情而绮靡",这是魏晋时代文学自觉的重要表现。刘勰的《文心雕龙》是我国现存最早的一部系统的文学研究专著,被誉为开创我国文学批评新纪元的文学理论宏著。南朝梁代钟嵘的《诗品》是继刘勰的《文心雕龙》之后,中国文学理论批评史上的又一部重要著作,其作为中国第一部诗歌评论专著,品评了汉魏以来五言诗的优劣,对后代诗歌批评影响甚大。诗歌的声律理论也源于此时吴地。其中,沈约的《四声谱》最为完整,该书首创"四声八病"之说。这个学说追求诗歌语言的音乐性,是我国音韵学上的一个重要发展,具有开创性。这一时期,梁朝萧统、萧纲、萧绎重视文学的特性和美质,对文坛颇有影响。昭明太子萧统还组织编纂了一部《文选》,世称《昭明文选》,这是我国现存最早的一部古代诗文总集。

伴随着文学观念的更新,这一时期的吴地文学创作呈现出十分繁荣的景象,文学艺术的外在美得到空前的强调。陆机的诗歌追求辞藻华美,讲究对仗工整,在艺术表现上开创了吴地文学清丽精美的文风。宋齐时代的山水诗是南朝诗歌的一个重要开创,谢灵运和谢朓便是山水诗的倡导者,而当时的文化中心建康(南京)便成为山水文学的发祥地。谢灵运(385—433)是吴地文坛上的一颗巨星,他是东晋名将谢玄之孙,因政治上不得意而将情感寄托于模山范水之中,成为开创山水诗派的第一人。其山水诗,观察自然景物十分仔细,再加上艺术修养高,描绘山水细腻而形象,给人以清新可爱之感。其代表作《登池上楼》中"池塘生春草,园柳变鸣禽"被广为传诵。谢朓(464—499),字玄晖,与谢灵运同祖,史称谢灵运和谢朓为"大小谢"。谢朓诗歌的特色是秀丽清新,更富有音韵美。其名作《晚登三山还望京邑》中"余霞散成绮,澄江静如练"成为千古名句。当时文坛领袖沈约评说"二百年来无此诗也",梁武帝更说:"不读谢诗三日,便觉口臭。"李白对谢朓的诗歌也是无比钦佩:"蓬莱文章建安骨,中间小谢又清发。"

吴地文学在南朝相对稳定的社会环境中得到了迅速发展,一跃成为中国文学发展的主流。

二、名家名作

(一)陆机:"太康之英"开创新风

晋武帝太康时代,西晋社会出现了短暂的繁荣景象。而太康文学的兴盛,与吴地作家跃上文坛崭露头角密切相关。特别是其中的陆机,被誉为"太康之英",是我国文学史上一位开创文学新风气的重要文学家。

陆机(261—303),字士衡,吴郡华亭人。出身于东吴显贵家庭,祖父陆逊为丞相,父亲陆抗为大司马,都是东吴名将,为孙吴政权建立了不朽的功勋。生活在这样的家庭里,对于陆机来说,不但是无比荣耀,而且直接激励了他追求功名、光宗耀祖的热情。然而,他的人生之路十分坎坷。20 岁时,吴国灭亡,两位哥哥均被杀害,年轻的陆机遭遇了国破家亡的厄运,心中的悲痛不言而喻。在这种情况下,他不得不改变原来的生活方式,与弟弟陆云"退居旧里,闭门勤学",回到华亭故乡,埋头苦读十年。陆机年少时便天才秀逸,文章冠世,而这十年乡居,通过博览群书,刻苦钻研,他的文学才能得到深入挖掘,他的一部分作品比如《吴趋行》等大约就写于这一时期。

"吴趋行"是乐府杂曲歌辞,是吴人用来歌颂吴地的。"吴趋"是古代苏州六十坊之一,在阊门内。陆机的这首歌行描述了吴郡建筑雄伟,物产丰

富，风俗淳厚，人才荟萃，寄寓了对乡邦文化的自豪感。诗中写道："吴趋自有始，请从阊门起。阊门何峨峨，飞阁跨通波。"阊门，在苏州城内，相传古代阊门城楼始建于春秋吴王阖闾时，巍峨雄伟，飞翼凌波，成为吴郡的重要标志，所以歌唱苏州从阊门开始。诗中追慕吴地先贤"泰伯导仁风，仲雍扬其波"，还写到"属城咸有士，吴邑最为多"，意思是说吴地人才荟萃。这首诗是对吴郡风物和悠久历史的赞歌，也寄托了诗人追慕家乡先贤的深厚情感。

晋武帝太康末年，陆机兄弟应召奔赴洛阳寻求功名，拜谒了地位显赫的文坛领袖张华。张华素来看重陆机的声名，十分欣赏他的才华。在张华的引荐下，陆机弟兄结识了不少当朝的达官贵人，也有机会显示自己的机敏和才能。后来陆机任过太子洗马、著作郎、中书郎、平原内史等职，世称"陆平原"。他出身将门，一心希望继承父祖之业，能够在政治上有所作为，可惜不久便跌入深不可测的政治陷阱。西晋惠帝时宗室相争，天下动荡，陆机的朋友曾劝他引退，但他没有听从，结果被人陷害，成为"八王之乱"的牺牲品，遇害时年仅43岁。

陆机才冠当世，富于创变，有"陆才如海"（钟嵘《诗品》）之美誉，诗、文、辞赋均有成就，而且其作品多、影响大。所著《文赋》是我国文论史上第一篇系统的创作论。从其形式看，以赋体写论文，可谓前无古人；而从内容上看，也有着理论上的开创性意义，它沿着曹丕《典论·论文》的方向，着重探讨文学的内部规律，第一次全面而系统地研究了文学创作的基本理论，后来两晋南北朝的文学理论批评是按《文赋》的路径继续发展的。《文赋》的中心是论述以构思为主的文学创作过程，如想象、灵感和文学语言的创造性等问题。尤其重要的是，他特别重视文学作品尤其是诗歌创作的感情因素与艺术美感，提出"诗缘情而绮靡"的主张，这是具有开创性的观点。所谓"缘情"是指诗歌是由作家的感情抒发而产生的，情动于中才发而为诗；所谓"绮靡"是指诗歌要注重修辞，语言要绮丽华美。这与传统的儒家"诗言志"理论有着很大区别。"诗言志"的实质是把诗歌当作政治教化的工具，文学的感情要素和艺术特征没有得到足够的重视。而陆机的"诗缘情而绮靡"第一次从文学本体的角度，探索和发掘诗歌的艺术特征，明确指出诗歌是一种抒情文体（诗因情而生），是用生动优美的语言形式来抒发个体内心感情的一种文体。"诗缘情而绮靡"是陆机在《文赋》中最有创意的观点，在诗歌表现什么、如何表现的问题上，第一次摆脱儒家传统文学观的束缚，具有开一代风气的重要意义。

陆机不仅在理论上首次提出“缘情绮靡”的诗歌创作理念，而且在诗歌创作实践中以这一准则抒发了个人丰富的内心情感，其作品注重修辞，讲究对偶，语言华美典雅，将诗歌进一步推向文人化，引导了华丽雅致的诗风。其诗歌现存104首，多于同时作家，代表作有《赴洛道中作》二首和《猛虎行》《君子行》等。《赴洛道中作》其一诗曰：

总辔登长路，鸣咽辞密亲。
借问子何之，世网婴我身。
永叹遵北渚，遗思结南津。
行行遂已远，野途旷无人。
山泽纷纡馀，林薄杳阡眠。
虎啸深谷底，鸡鸣高树巅。
哀风中夜流，孤兽更我前。
悲情触物感，沉思郁缠绵。
伫立望故乡，顾影凄自怜。

太康末年(289)，陆机、陆云兄弟奉诏北上洛阳。诗人怀着国破家亡的痛苦和生离死别的悲哀步入赴洛道中，诗人的悲情贯穿全诗。从挥泪告别亲人开始，写“世网婴身”的无奈，写旅途中所见所闻的凄凉和山林中所遇的险恶，写自己惆怅迷惘的心境，在对故乡的眷恋和对未来的忧虑中，融入了深沉的孤独感和漂泊感。不同于建安时代那种“周公吐哺，天下归心”的豪情壮志，陆机所缘之情，是独具个性的忧生悲情。其传神之作，是诗人真情的倾诉，透露出一种忧生之叹、悲情之美。

（二）张翰：“莼鲈之思”达士楷模

张翰，生卒年不详，字季鹰，吴郡吴（今苏州）人，西晋著名的文学家。现苏州沧浪亭五百名贤祠内，有张翰石刻画像一幅，画像上方刻有传赞四句：“秋风京洛，驰想莼鲈，首丘一赋，达士楷模。”这16个字言简意赅，勾勒出张翰这位吴中先贤的性情特色。

史书记载，张翰博学多才，善作诗赋，提笔立就，文思泉涌。年轻时有强烈的社会责任感，期望有所作为。因此，他来到京城洛阳做官，希望有机会施展才华，建功立业。当时掌握朝廷实权的齐王司马冏倒也慧眼识珠，任命

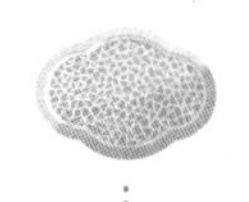

他为大司马东曹椽。在京城任职期间,张翰敏锐地发现,这是一个动荡不安的社会。西晋惠帝朝正经历着“八王之乱”,皇权篡夺激烈。当时执政的齐王司马冏因讨伐篡位的司马伦有功,得到官加九锡的最高待遇。虽然司马冏势力如日中天,张翰却产生了一种大祸临头的危机感,他从齐王独揽朝政、日益骄横的所作所为中预测到了司马冏必败的结局。《晋书》记载:“翰因见秋风起,乃思吴中菰菜、莼羹、鲈鱼脍。”此时正值秋天,张翰看到秋风起,草木黄而落雁南归,一股思乡之情油然而生,尤其思念起吴中特产、味道特别鲜美的菰菜、莼羹、鲈鱼脍,于是诗笔一挥,写下了著名的《思吴江歌》:

秋风起兮佳景时,吴江水兮鲈鱼肥。
三千里兮家未归,恨难得兮仰天悲。

自古秋风最易触动人们的乡关之思。此时,吴江水光潋滟,正是鲈鱼肥美的收获季节吧,而诗人却离乡千里思归不得,身陷尔虞我诈的名利场中不得自由与安宁,这样的人生又有什么价值和意义呢?诗人想到这里,不禁引发心中的“恨”(遗憾)与“悲”。表面上看,此恨此悲是因“莼鲈之思”而起,但如果联系写作此诗的政治处境和动荡局势,其所含的对政治的失望、欲避祸而全身之意也就很明显了。其实,张翰本性放纵不羁,任心自适,见世道纷乱不堪,早生归退之意。《世说新语·识鉴》记载,张翰曾对同乡好友顾荣说:“天下纷纷,祸难未已,夫有四海之名者,求退良难。吾本山林间人,无望于时。”意思是说,如今天下动荡不安,祸难变故连绵不断。一般四海之内有名望的人,很难从名利场中脱身而退。我本来就是山林中人,对眼下的时局,也不抱什么希望了。也就是说,张翰已经看透了,已经萌生归意。如今,撩人乡思的秋风更使他蓦然顿悟:“人生贵得适志,何能羁宦数千里,以要名爵乎?”意思是说,人生最重要的是任心自适、自由自在,怎么能被功名利禄束缚而背井离乡千里之外呢?于是,他对外声称自己思念家乡的美味佳肴,抵挡不了美食的诱惑,只好辞官归吴了。张翰当时还写了一篇《首丘赋》来描述心迹,可惜此赋未能流传下来。

不久,齐王司马冏在新一轮的权力斗争中兵败被杀,其属官受株连几乎被杀殆尽,而张翰则因早早抽身而幸免于难。这是一种怎样的先见之明!由此观之,他的见秋风思鲈鱼,弃官还乡,其实是审时度势之后做出的明智之举。所谓“天下有道则现,无道则隐”。智者入世的前提是天下合乎“道”,

如果“道”得不到实行，就从钩心斗角的官场中拔腿而出，返归田园山水，把大自然作为精神的憩园，过一种恬淡适意的隐居生活。这种理智的抉择合乎张翰的本性，他原本就是一个性情旷达的人。

张翰也许始料未及，他本不想身后留名，偏偏“莼鲈之思”使张翰身后美名远播，千古流传。读唐宋诗词常会遇到“秋风鲈脍”“莼羹鲈脍”的典故。“莼鲈之思”不仅成为思乡之情的代名词，而且喻指文人退隐。自古文人名士，在向往建功立业的同时，常常将回归自然作为调适身心的最好去处；在“兼济天下”而不得的时候，崇尚自然的思想为他们提供了一条超越现实的途径。文人退隐是我国历史上长期存在的社会现象，在政治黑暗的历史时期尤其突出。近人王文濡认为：“季鹰吴江鲈莼与渊明故园松菊，同斯意致。”

张翰的“莼鲈之思”对后世尤其是吴中大地影响深远。宋代在张翰家乡吴江垂虹桥旁还建有鲈乡亭和“三高祠”（纪念范蠡、张翰、陆龟蒙三位“高人”）。在漫漫历史中，在滚滚红尘中，吴地文人常常能够打破功名利禄的俗梦，具有淡泊超脱的胸怀，归真返朴，在有限的人生中开掘出别样的美丽，这或许是受到了吴中先贤“达士楷模”张翰的影响吧。

（三）刘勰：《文心雕龙》成就显赫

公元6世纪初，在都城南京，一位穷书生背着自己的一部书稿，焦急地等候在当时的文坛领袖沈约府邸门口。由于当时沈约是皇帝的近臣，是显贵之人，侯门似海，无名小卒是进不去的，所以他只能在门口等候。等了很久，终于看见一个神态威严的官员在侍卫的簇拥下走了出来。穷书生赶紧提着书，装作卖货郎在沈约车前挡驾。沈约问他要做什么，书生急忙把自己的书稿献上。沈约一读，感觉不错。这位当时著名的文学家慧眼识珠，赶紧下车邀请书生入内，待以宾客之礼，两人共论诗文，相谈十分投机。沈约看中的这部书稿便是《文心雕龙》，作者便是南朝齐梁时代杰出的文学理论家刘勰。

刘勰（约465—约521），字彦和，原籍山东莒县，永嘉之乱后，他的祖先移居江南，一直住在镇江。《梁书·刘勰传》记载：“勰早孤。笃志好学。家贫不婚娶。”刘勰少时丧父，家里生活一直贫困，甚至没有钱结婚娶妻，但他从小好学，喜欢读书，潜心写作。十几岁时结识了著名的佛教徒僧佑，跟随僧佑住在南京钟山的定林寺，帮助编定佛教经典，因而精通佛典，并博览历代文学作品，为写作《文心雕龙》打好基础。大约在30岁的时候，他开始写

作《文心雕龙》——因为在而立之年他做了这样一个美梦:捧着红漆的礼器,跟随着孔子向南走去。早上醒来,他兴奋不已——伟大的圣人是很难见到的,他竟然降临在我这个无名小卒的梦中,这是给我托梦呀。于是,刘勰领悟到自己肩负的使命。他认识到,宇宙是无穷无尽的,历代贤愚混杂,有的人之所以能超出众人,无非是靠自己的才智罢了。但是,时间容易过去,人的智慧不能永远保存,要使自己的声名和事业永垂不朽,就必须"树德建言"。于是他握笔调墨,开始著书立说。他呕心沥血地写了五六年时间,于公元501年左右终于完成《文心雕龙》这部巨著。然而,由于刘勰的社会地位较低,这部著作脱稿后并没有引起当时人们的注意。于是,聪明的刘勰将自己的书稿献给当时的文坛名家沈约,以借助这位文坛领袖的力量来发挥自己著作的作用。果然,沈约拿到这部书稿后爱不释手,放在案头,经常翻阅,感觉其深通文理。正是由于沈约的重视,刘勰及其《文心雕龙》才逐渐流传开来。

《文心雕龙》就其本来意义来说,是一本写作指南,所谓"文心",即指作文之用心;所谓"雕龙",即指作文如雕刻龙纹一般,以比喻作文的精细和讲究文采,这就把当时南朝人看重文采的特点显示出来了。书的本意虽为写作指导,但从文章写作的一系列基本原则出发,书中广泛涉及各种文学理论问题。全书共50篇,37000余字,内容丰富,结构严谨,论述周详,其系统性和完整性是前所未有的。因此,其成为我国古代第一部全面而系统的文学理论名著,也是我国文学批评史上最为重要的典籍之一。书中不少观点为后人继承和发展,从而成为中国文学理论的精华和优良传统。比如,强调文学的真实性,主张文学创作必须反映现实,也必然会抒情写志,艺术创作对现实的反映是透过作者主观的情志来实现的。关于文学构思和创作的论述,作者刘勰提出一个十分重要的美学概念,即"神思",指的是文学创作中作家的思维活动特点,展现了艺术思维过程中生动丰富的艺术想象活动情状,如思接千载,视通万里,神与物游,等等。总之,《文心雕龙》把文学理论、文学批评、文学史紧密地结合起来,在总结前人经验的基础上有了显著的提高,提出了相当系统而富于创新的见解,成为中国古代文学理论一次空前的总结,成就显赫。鲁迅曾评说:"东则有刘彦和之《文心》,西则有亚里士多德之《诗学》,解析神质,包举洪纤,开源发流,为世楷式。"《文心雕龙》是继古希腊亚里士多德的《诗学》、罗马贺拉斯的《诗艺》之后,世界上比较完整的文学理论巨著。它不仅是我国宝贵的文学遗产,而且还走向了世界。有人把对《文心雕龙》的研究,称为“龙学”,于《文心雕龙》和刘勰,这是当之无愧的。

镇江南山《文心雕龙》纪念雕像

第二节 唐宋时期吴地文学

一、概述

唐宋时期,吴地经济发达,城市繁华,促进了文学的繁荣昌盛,形成了人才辈出、名家荟萃的人文景观。

在唐朝,吴地远离国都长安,生态环境相对安宁与恬静,吴人的文学作品不同于豪放的主旋律,比较注重描写日常生活,追求随意适性,自由抒发情感,文风清新、绮丽。张旭,字伯高,苏州人,是由初唐进入盛唐时期的著名诗人,与贺知章、包融、张若虚齐名,被称为“吴中四士”。张旭擅长草书,风格狂放飘逸。其诗留存不多,仅存《山中留客》等 6 首写景绝句,但都构思巧妙,清逸可爱。包融,镇江人,其诗受到吴地民歌的影响,代表作《武陵桃源送人》以俗语、口语入诗,率性而发,颇具特色。

中唐吴人名家有顾况、张籍、李绅、皎然、戴叔伦等。顾况(725—814)是中唐前期诗人,性格傲岸,才气横溢。其诗想象丰富,富于个性与才情。张籍(约 766—830),字文昌,苏州人,进士出身,曾任水部郎中、国子司业。他为人热情诚恳,交游很广,与韩愈、白居易等人关系友好,早年以乐府诗与王建齐名,并称“张王”乐府。张籍的抒情诗亦很出色,一首《送从弟戴玄往苏

州》生动地表达了这位苏州人在他乡对苏州的美好回忆："杨柳阊门路，悠悠水岸斜。乘舟向山寺，著履到渔家。夜月红柑树，秋风白藕花。江天诗景好，回日莫令赊。"皎然(720—约800)是中唐众多吴地诗僧的代表，其诗具有浓郁的吴地色彩。戴叔伦(732—789)，金坛人，其诗多以农村生活为题材，也写有边塞诗，一些诗作如《兰溪棹歌》，词清句丽，委婉感人。此外，镇江人皇甫冉、皇甫曾兄弟也有诗名。

江南的青山秀水与丰富的人文景观吸引着众多的文人墨客，吴地成为文士荟萃之地。唐代大诗人李白、王昌龄、张继、白居易、韦应物、刘禹锡、杜牧、杜荀鹤等都曾慕名来到吴地，写下许多美丽诗篇。李白多次游览江南，流连忘返于南京、镇江、苏州等地，留下了不少佳作，诸如《登金陵凤凰台》《乌栖曲》《苏台览古》等。盛唐诗人王昌龄曾任江宁丞，以擅长七言绝句著称，有"诗家天子王江宁"之美誉，其《芙蓉楼送辛渐》很著名："寒雨连江夜入吴，平明送客楚山孤。洛阳亲友如相问，一片冰心在玉壶。"此诗作于江宁丞任上，文友辛渐北上洛阳，王昌龄送至镇江，并于芙蓉楼饯行。诗题中的芙蓉楼为古代镇江名楼。而王昌龄的这首名诗更使芙蓉楼名扬天下。张继的一首意境清远的小诗《枫桥夜泊》使姑苏寒山寺名闻遐迩，"姑苏城外寒山寺，夜半钟声到客船"。诗的三、四两句，堪称绝唱，使得寒山寺的钟声，穿越时空的界限，久久回响。这首诗传入日本后，几乎妇孺皆知。杜荀鹤的《送人游吴》也很著名："君到姑苏见，人家尽枕河。吴宫闲地少，小桥水巷多。夜市卖菱藕，春船载绮罗。遥知未眠月，相思在渔船。"这首诗把千余年前姑苏水乡风光的秀美和商业的繁荣描绘得淋漓尽致，引人入胜。

中唐诗人韦应物、白居易和刘禹锡等虽非吴人，但他们曾先后出任苏州刺史。他们在任的时间虽然不长，却热爱苏州，歌咏苏州，留下了许多名篇佳作，扩大了古城苏州的影响。同时，他们生活在苏州，诗歌创作也不同程度地受到吴地诗风的影响。唐德宗贞元四年(788)秋，韦应物(737—约789)被任命为苏州刺史，因此后人称他"韦苏州"，有《韦苏州集》。韦应物的诗歌清新朴素，又精巧华美，他对大自然的观察体验十分细致，又有很高的审美能力和语言技巧，因而写出了不少写景与抒情浑然一体、情景交融的诗歌。在苏州任职期间，他勤政爱民，关心百姓疾苦。为政之余，他还喜欢与吴中文人诗歌酬唱，交流感受，比如他曾设宴招待被贬官的顾况，并写下了《郡斋雨中与诸文士燕集》一诗，抒发了作者与苏州文士宴集吟咏的场面和感想。末尾四句很著名："吴中盛文史，郡彦今汪洋。方知大藩地，岂曰财赋强。”盛赞苏州不仅财赋富足，而且人文极盛，把物质丰富和文化发达、人才济济联系起来，全面地表现了唐代苏州的盛况。白居易(772—846)字乐天，曾任翰林学士、左拾遗等职，后因直言遭贬，做地方官。宝历元年(825)被任命为苏州刺史。虽然在苏州为官只有17个月，但诗人与苏州结下了深厚的情缘。他遍访名胜，游灵岩，登天平，而最常去的地方是虎丘。虎丘作为苏州的名胜古迹，一向是游人汇聚之地。为了方便游客往来，白居易在山塘河边修建了一条从阊门到虎丘的七里长堤，后人称为“白公堤”，即今日山塘街。作为唐代著名大诗人，白居易在苏州写下很多诗篇，其中不少描写苏州的城市风景，为我们了解唐代苏州的城市风貌提供了不可多得的素材。刘禹锡(772—842)字梦得，曾任监察御史，因参加王叔文革新集团被贬作地方官。太和六年(832)出任苏州刺史。刘禹锡原本是一位“诗豪”，诗风雄浑豪健，音节和谐响亮。但他来到吴地后，诗风有所变化。他在吴地写的山水景物诗，清幽隽永，与吴人诗歌颇有相通之处。

晚唐作家许浑、张祜、杜牧、陆龟蒙及皮日休等，或为吴地作家，或在吴地生活、创作，留下许多脍炙人口的诗篇。许浑(788—约860)字用晦，镇江人，人称江南才子，长于律诗，多登高怀古之作，诗风清丽，情景交融。代表作《咸阳城西楼晚眺》中“溪云初起日沉阁，山雨欲来风满楼”两句可谓“字字清新句句奇”，成为千古传颂的名句。张祜虽是河北人，却喜爱吴地山水与名寺，常常游访苏州灵岩、无锡惠山、镇江甘露寺等山水名刹，晚年居住镇江。其诗以绝句见长，艺术性较强。晚唐著名诗人杜牧(803—852)风流倜傥，诗情豪迈。他多次来到吴地，留下《江南春》《润州二首》等名篇，尤其是《泊秦淮》的三、四两句特别著名：“商女不知亡国恨，隔江犹唱后庭花。”陆龟蒙是苏州人，隐居甫里(今角直)，自号甫里先生。他的诗写得清逸可爱，颇具神韵。而他的杂文体小品文，成就又胜于他的诗。代表作有《野庙碑》，其特点是因物生感，有感而发，随口说出，然后笔锋一转联系现实进行尖锐辛辣的讽刺，从而显示出其小品文的批判锋芒。与陆龟蒙同时的皮日休(834—约883)虽非吴人，但他在苏州做官时，与陆龟蒙结为文友，两人唱和的诗合编为《松陵集》。他写的杂文体小品文感情激烈，代表作《原谤》从怨天说到怨皇帝，批判锋芒毕露。

词，兴于唐，盛于宋。词的起源与吴地民歌关系密切。五代南唐以南京为都城，著名的吴地词人有冯延巳、李璟、李煜等。冯延巳(903—960)，字正中，仕南唐官至宰相。其人品不佳但词作颇具个性，开一代风气。李璟

(916—961),南唐中主,存词仅5首。代表作《浣溪沙》借思妇无限之恨,叹割地称臣的家国之痛,情思幽怨,意境深沉。李煜被誉为“词中之帝”。其词20多首,不算多,但大多浑然天成,形象鲜明,语言流畅,流传广泛,令人难忘。

北宋初期吴地著名的文学家有范仲淹,他的诗词、文章都洋溢着一种气势之美、人格之美。北宋时著名诗人如王禹偁、苏舜钦、苏轼、王安石等人都曾到过吴地,留下不少诗篇。王禹偁(954—1001),字元之,山东人,曾在苏州任知县。写过《游虎丘山寺》《洞庭山》等诗篇。传世的唯一词作是写于苏州任上的《点绛唇》(“雨恨云愁”),语言清新朴实,纯熟自然,为宋词发展开创良好开端。著名文学家苏舜钦(1008—1048)与梅尧臣齐名,世称“苏梅”。他虽不是吴人,但罢职后,无所归宿,便乘着一叶小舟南游姑苏,构筑沧浪亭,过着寄情山水的生活,留下不少诗文,如《沧浪亭记》叙述构筑沧浪亭的过程与乐趣,文笔极为朴素简练,似乎与人话家常,十分自然亲切,这一特点恰恰与作者回归自然的心情相一致。北宋著名词人贺铸(1063—1120),字方回,他是河南汲县人,却喜欢古城苏州。晚年弃官带着妻子来到苏州,把家安在风景如画的横塘。苏州的灵秀山水激发了他的诗词创作灵感,也使原本豪放的他变得温柔起来,一首《青玉案·横塘路》写得缠绵多情:“试问闲愁都几许?一川烟草,满城风絮,梅子黄时雨。”连用三个比喻将愁绪描绘得如诗如画,传诵一时,使外貌奇丑的“贺鬼头”从此赢得“贺梅子”的雅号。宋代诗人对金陵亦非常注目,在众多诗人中,大政治家王安石(1021—1086)与金陵的关系最为密切,他曾三任江宁知府,最后定居在半山园。他漫游金陵各地,寻访名胜古迹,写下约300首与南京有关的诗词作品,代表作《桂枝香·金陵怀古》历来为人称道,叹为绝唱。

南宋最有名的吴地文学家当属范成大,其诗清丽雅洁,圆润优美。与范成大同被称为南宋“中兴四大诗人”的还有陆游、尤袤、杨万里。尤袤(1127—1194),自号遂初居士,无锡人。他在泰兴做知县时所作《淮民谣》较出名,诗作揭露官府滥施徭役、欺压乡民的恶行,真实描绘了百姓流离失所的悲惨命运,是一首继承唐代“新乐府”精神的诗歌。杨万里(1127—1206)虽是江西人,但他经常来吴地,与范成大、尤袤过往甚密,写出不少反映吴地生活的作品,清新通脱,颇具特色。陆游(1125—1210)曾任镇江通判,路过南京,登赏心亭眺望南京景色,有感而发,写下《登赏心亭》,抒发了“孤臣老抱忧时意”的忧国之情。除“中兴四大诗人”外,爱国词人辛弃疾(1140—

1207)的名作《永遇乐·京口北固亭怀古》沉郁苍凉,是他任镇江知府时所作。他在吴地的词作还有《水龙吟·登建康赏心亭》等,风格皆慷慨悲痛。

二、名家名作

(一)李绅:悯农诗千古传诵

唐朝中期,有位名叫李绅的无锡人,因个子矮小,被人起了一个绰号叫"短李"。别看他长得不怎么样,却是一位非常有爱心、有才华的大诗人,尤其是他的悯农诗,可谓传诵千古,流芳百世。

李绅(772—846),字公垂,祖籍安徽亳州,父亲李晤曾任金坛、晋陵(今常州)等地县令,于是携家来江南,在无锡定居。不幸的是,李绅年仅6岁父亲就离开人世,9岁时母亲也撒手离他而去。成为孤儿的李绅开始了少年时代的贫苦生活。15岁时,他在家乡无锡梅里乡的惠山刻苦读书,不仅学习"四书""五经",而且博览历代文学作品。十年后,他走出书房,走向社会,在苏州等地漫游,结交了许多诗人,并亲眼看到了农民生活的艰辛悲苦,有的农民因为战乱和担负沉重的苛税,无法生活,不得不逃亡,挨饿受冻。看到这些悲惨的情景,年轻的李绅对农民充满同情,愤而创作了《悯农二首》:

(一)

春种一粒粟,秋收万颗子。

四海无闲田,农夫犹饿死。

(二)

锄禾日当午,汗滴禾下土。

谁知盘中餐,粒粒皆辛苦。

从第一首诗中,我们看到了农民悲惨的生活遭遇,看到了社会的不公和黑暗。诗人在这里提出一个尖锐的问题:农民一年到头辛苦劳作,最后还是免不了饿死田野,这是为什么?究竟是谁之罪?这其实触及到了封建社会阶级剥削的本质问题,这种对黑暗现实的揭露非常深刻。悯农诗第二首写农民劳动的艰辛。小诗简洁明快,短短几句话,寄寓深刻道理,千百年来许多父母常常用这首短诗来教育孩子要珍惜每粒粮食。《悯农二首》是李绅现实主义诗歌创作中杰出的代表作品。从艺术上看,这两首诗汲取了六朝诗歌的一些特点,讲究诗的音乐美、韵律美,对仗工整,语言流畅,读起来朗朗

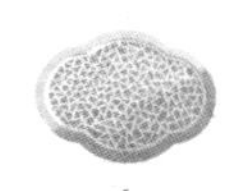

上口。由此可见诗人在遣词造句方面很是下了一番工夫。据说,李绅在第一次赴长安考进士的时候,曾拿这两首诗去求教当时的名人吕温,吕温读罢,赞叹说:“此人必为卿相。”

果然,李绅后来高中进士,走上仕途。他做过右拾遗、翰林学士、观察使等,武宗时,官至宰相,曾因救济灾民遭奸人诬陷。在长安,李绅结识了元稹、白居易,与他们成为好友。他们经常在一起切磋诗艺,探讨诗歌的创作方向和方法。李绅认为诗歌“不如寓意古题,刺美见事”。正是按照这种理论,李绅有意识地以“新题乐府”为标榜与传统的古题乐府区别开来,一气呵成写出《新题乐府二十首》,从而成为我国唐朝中期提倡新乐府运动的先驱者。李绅的创作实践深深地影响了白居易,促使白居易后来提出了“文章合为时而著,歌诗合为事而作”的新乐府运动的主张,在中唐时期掀起了新乐府运动。而且白居易的新乐府诗中,有不少题材还是取之于李绅的那二十首诗。只可惜李绅的《新题乐府二十首》已经失传。倒是《悯农二首》很著名,以反映生活、深谙民苦而传诵千古。

(二)李煜:一江春水诉哀愁

公元976年,宋太祖派十万军队渡过长江,兵临南唐都城金陵城下。昏庸无能的南唐君主,只知歌舞填词,不懂也不理国事,军政大事全委托于朝臣。而一班朝臣大多是贪生怕死之辈,只想投降,不想抗战。无奈,这位君主只得领着臣下走出宫门,向宋军投降。这位亡国之君就是著名的大词人李煜。

李煜(937—978),字重光,是五代南唐的最后一代君主,史称李后主。他是个典型的风流才子,相貌俊美,喜欢读书,文章诗词样样精通,还工书善画,通晓音律,可以说是个全面发展的大艺术家。或许正是因为他的兴趣都放在吟诗填词作画上,所以对国家大事不感兴趣,也一窍不通。其性格本来就不适合做政治家,却“误为人君”。25岁即位时,宋已代周,南唐岌岌可危。而他却沉溺声色,荒废国事,终于断送了南唐江山。

南唐灭亡后,李煜被迫迁到北宋的首都开封。他从国主沦为囚徒,经常思国怀乡,整天以泪洗面,感慨人生的变化无常。身世巨变导致词风大改,由于他亲身经受了被囚禁、被侮辱的巨大痛苦,经历了不是一般君主所能体验的生活感受,因此在亡国后所写的词,完全褪去先前游乐的宫廷气息,充满着一个不幸者的深沉悲伤。可以这么说,恰恰是亡国之痛,造就了词坛巨匠李煜。李煜这一时期所写的词作，题材广阔，立意深远，其美学意义远远超出作品所涉及的具体的社会生活内容。而且，他词作技艺娴熟，情境别致，成为宋初文人词的开山之作，被誉为"词中之帝"，在中国文学史上可谓一朵奇葩。

公元978年的一天，李煜在自己的寓居里与同来开封的后妃们一起庆贺42岁生日。酒席上多喝了几杯，想到南唐大好河山断送在自己手里，不禁悲从中来，挥笔写下了著名的《虞美人》，词曰：

春花秋月何时了？往事知多少。小楼昨夜又东风，故国不堪回首月明中。　　雕栏玉砌应犹在，只是朱颜改。问君能有几多愁？恰似一江春水向东流。

这首词明白如话，没有什么难懂的词句。春花秋月般的良辰美景一去不复返了，多少赏心欢乐的往事如梦一般化为虚幻了。"故国不堪回首月明中"，在清冷的明月下，作为亡国之君，追忆起故国，不禁百感交集，痛心疾首；"问君能有几多愁？恰似一江春水向东流"，以春水东流为喻，极写亡国的无穷愁怨，感情真实，形象鲜明，余音袅绕，给人以无穷的回味。

相传，宋太宗看了李煜的这首词，发现他有故国之思，极为不满，更何况，词写得极为感人，已经归降大宋的南唐旧臣读了之后都不禁潸然泪下，这就使得宋太宗更为恼怒。于是，他命令赐酒给李煜，祝贺他生日。所赐酒中下了剧毒，李煜喝下之后，五脏剧痛，痛苦挣扎之后悲惨死去。所以，《虞美人》这首词，可以说是李煜的绝命词。

（三）范仲淹："先忧后乐"彪炳千秋

"先天下之忧而忧，后天下之乐而乐"这两句流传千古的名言，出自于范仲淹的名作《岳阳楼记》，这也是这位北宋著名的政治家和文学家高尚人格的写照。

范仲淹（989—1052），字希文，谥号文正，苏州吴县人。他自幼的成长环境十分艰苦，幼年丧父，母亲改嫁，生活贫苦，但他从小就有志气、有节操，刻苦自学。《宋史》本传记载："昼夜不息，冬月惫甚，以水沃面；食不给，至以糜粥继之，人不能堪，仲淹不苦也。"范仲淹坚持昼夜苦读，冬天读书特别疲惫时，就用冷水浇脸；食物不够，靠喝稀粥度日，一般人不能忍受这种困苦生

活，范仲淹却从不叫苦。他这样笃学不辍，终于学得满腹诗书，并在 26 岁时考中进士。步入仕途后，范仲淹“以天下为己任”，“每感激论天下事，奋不顾身，一时士大夫矫厉尚风节，自仲淹倡之”。范仲淹品格刚正、直言敢谏，每每谈论起天下大事时，就奋不顾身，他以自己的言行矫正不良世风，倡导士大夫崇尚品德节操。他多次向皇帝上书，提出许多革除弊政的建议，展示出一位锐意改革的政治家的胸怀与胆识。他曾镇守西北边境四年，为防御西夏入侵立下大功。因此，宋仁宗认为范仲淹确实是个人才，想倚重他来治理国家。庆历三年(1043)，范仲淹升迁为参知政事，相当于副宰相职位。为改变当时内外交困的局面，范仲淹提出并推行十项改革措施，即史上著名的“庆历新政”。历来朝政改革都是有风险的，范仲淹的“庆历新政”也不例外。新政一推出，就像捅了马蜂窝，遭到保守势力的竭力反对，他们散布谣言，攻击新政。皇帝看到反对的人多，就动摇起来。范仲淹的“庆历新政”虽以失败告终，却成为后来王安石变法的前奏，在宋朝的发展史上具有重要的作用。

作为宋代名臣，范仲淹一生论著很多，文学方面也有突出的成就。诗、词、散文都很出色，内涵深厚，特色鲜明。他在苏州拜谒伍相庙时，写过一首五言律诗：“胥也应无憾，至哉忠孝门。生能酬楚怨，死可报吴恩；直气海涛在，片心江月存。悠悠当日者，千载只惭愧。”作者高度赞颂伍子胥的忠孝美名，一股浩然之气溢于字里行间。所作小诗《江上渔者》也很著名：“江上往来人，但爱鲈鱼美。君看一叶舟，出没风波里。”小诗仅二十个字，语言朴实，但词浅而意深，以吃鱼者的享乐和捕鱼者的艰辛进行鲜明对比，唤起人们对民生疾苦的关注，耐人寻味。范仲淹所写的词作留传下来的不多，却很有创意。比如镇守边关时创作的《渔家傲》(“塞下秋来风景异”)生动地反映边塞生活，意境广阔，风格沉郁悲壮，打破了唐末五代词的萎靡之气，也突破了词专写男女恋情的内容局限，可谓北宋词风转变的开端，在文学史具有一定的地位。范仲淹所著散文最为著名的当属《岳阳楼记》。

这是一篇绝妙的传世之作。题为“岳阳楼记”，却写洞庭湖景，写登楼人看到洞庭湖的不同景色所产生的不同情感，对客观环境的不同态度，以衬托最后一段“古仁人之心”，构思独特，别出心裁。全篇记事、写景、抒情和议论交融在一起，语言上也十分讲究。虽是一篇散文，却穿插了许多对偶句，用诗一样的语言描绘了洞庭湖的“阴”“晴”景色以及迁客骚人的“悲”“喜”之情。全文整散结合，抒情与说理密切配合，颇具艺术感染力。“不以物喜，不以己悲”，格言一般朗朗上口，富有启示性；“先天下之忧而忧，后天下之乐而乐”，以对句的形式把丰富的内涵熔铸其中，成为千古名言。

《岳阳楼记》之所以千古传诵，脍炙人口，不仅因为艺术高超，更因为它思想深刻、境界崇高。作者写这篇文章时正值官场失意，遭贬在外，即身处“江湖之远”，但他并不因为个人遭遇而改变初衷，而是倡导“先天下之忧而忧，后天下之乐而乐”，以此来勉励自己和朋友，充分展现了作者崇高的人格和宽广的胸怀。范仲淹一生因刚正直谏而多次遭贬，几起几落，但以天下为己任的志向始终不改，始终以“先忧后乐”作为自己的行为准则。那种吃苦在前、享乐在后的高贵品质，在今天仍有教育意义。

在吴地文化史上，范仲淹以第一流人物垂范后世，彪炳千秋。他提出的“先忧后乐”思想是吴文化宝贵的精神遗产，是历代仁人志士的道德准绳，也是中华民族优秀文化的重要组成部分。为了纪念这位吴地先贤，苏州人为范仲淹画肖像、立祠堂，在苏州天平山麓建有“忠烈庙”，还有乾隆御笔“高义园”题碑，1989 年又重新建造“先忧后乐”坊，供后人瞻仰。

（四）范成大：田园诗谱写新乐章

在苏州沧浪亭五百名贤祠内，有范成大石刻画像一幅。画像的上方刻有传赞四句：“达于政体，使不辱命，晚归石湖，怡神养性。”这可以看作是对范成大一生的总结，只可惜未能把他的诗歌成就总结在内。

范成大（1126—1193），字致能，平江府（今苏州）人。出身于世代书香家庭的范成大自幼便受到传统文化熏陶，12 岁时遍读经史，14 岁时即能文章。不幸的是，其尚未成年却遭遇家庭变故，父母相继谢世，家境日渐贫穷，少年范成大的身心受到巨大磨难。他在家里料理两个妹妹出嫁之后，才努力于科举功名，29 岁时考中进士，开始历时 30 年的仕宦生涯。作为一名官员，范成大关心国事，勤政爱民，有浩然之气。乾道六年（1170），范成大奉命出使金国。当时，宋孝宗决定废除使臣向金国皇帝跪拜受书这一耻辱性的礼仪，大臣们均畏惧金人如虎，不敢奉命，范成大于是挺身而出，慷慨请行，表现出超人的胆识。在金国期间，他被软禁，险些被害，但他始终表现出威武不屈的气概，以至于金国君臣对他的大义凛然、宁死不屈也深表钦佩。他终于不辱使命，为南宋朝廷赢得威信，回朝后即升为中书舍人。后来又历任静江（桂林）、成都、明州（宁波）、建康（南京）等地行政长官。每到一地，范成大总能体察民情，关心疾苦，常常减免税赋，为人民办好事，因而颇有贤名。淳熙四年(1178),范成大官拜参知政事,相当于副宰相,成为南宋重臣之一。后因病辞归隐居石湖。67岁病逝,朝廷追封他为崇国公,谥号文穆。

范成大是中国文学史上著名的诗人。他的诗广泛学习唐宋诸名家,融会众长,自成一体,一生作诗1900多首。较为著名的有他出使金国时所作的72首绝句,而成就最高的是晚年退职闲居时所作的田园诗。

范成大晚年辞官归乡回到苏州,他为风光秀丽的石湖所吸引。石湖是太湖的一个分支,位于苏州城西南郊。石湖与附近的山峰相映成趣,构成一幅天然的山水画图。范成大喜爱石湖的山水,建造"石湖别墅",并自号"石湖居士",石湖因此闻名于世。他曾说:"凡游吴而不至石湖,不登行春,则与未始游者无异。"这就引得文人雅士纷至沓来。范成大热情款待他们,并与他们观山赏水,诗酒流连。杨万里称赞道:"公之别墅石湖,山水之胜,东南绝境也。"就这样,石湖与范成大结成了密不可分的关系。人以地名,同时,地也因人而著名。

苏州石湖一景

范成大归隐石湖后,根据亲身经历、亲眼观察所得,写成他的代表作《四时田园杂兴》组诗,为自己的诗歌创作增添了最有光彩的部分,在古代田园诗中具有比较重要的意义。过去写农村的诗歌,一般分为两类:一类以陶渊明、王维等人为代表,歌咏乡村风光,表达恬静淡泊志向;另一类如唐代王建、张籍等人的作品,主要揭露农村现实的痛苦,斥责官吏豪强对百姓的剥削压迫。范成大的《四时田园杂兴》把这两条线打成一片,比较完整地反映了田园乡村的生活面貌,给中国古代的田园诗以更丰富、更深刻的思想内容,赋予它以新的生命。

《四时田园杂兴》分"春日""晚春""夏日""秋日""冬日"五组各12首,共60首。这些诗歌描绘了江南乡村四季不同的田园风光和农村生活的方方面面，恰似一幅江南水乡耕织的长卷。苏州地区农民的生产与生活情景，栩栩如生地展现在我们的眼前，其中有苏州人熟悉的湖田农作和养蚕、织丝的活计，有农民的质朴，有江南的云气水意，洋溢着浓郁的乡土气息。同时，诗人也揭露了统治者剥削农民的事实。因此，范成大的田园之音不是单一的，而是多声部的，他谱写了田园诗歌的新乐章。

明朝正德年间，御史卢雍为纪念宋参知政事范成大，在石湖行春桥畔建"范文穆公祠"。祠内有诗碑七块，碑上刻的就是范成大的田园四时杂兴诗60首。祠的正殿中塑范成大坐像，身穿宋服，手执书卷。范公祠背山面湖，风光绝胜，成为名城苏州一处游览胜地。

第三节　明清近代吴地文学

一、概述

明清两朝，吴地文学成就卓著。作家众多，名流辈出；流派纷呈，风格各异。皆声震当代，影响后人。

苏州在元末是东南地区经济与文化中心之一，吴中文学十分兴盛。明初的"吴中诗派"正是以苏州为中心的具有鲜明区域特色的文学流派。其中高启、杨基、张羽和徐贲并称为"吴中四杰"，称誉全国。"吴中四杰"是专力写诗的纯粹诗人。他们的作品富于浪漫色彩，抒发个人情怀，注重辞藻，清丽飘逸而又沉郁幽远。高启既是"吴中诗派"的代表，也是明代成就最大的诗人。声名仅次于高启的是杨基。杨基（1326—1378），字孟载，号眉庵，吴县人，著有《眉庵集》十二卷，他的诗作意象新巧，显示出感受细腻、敏锐的艺术才华。如《天平山中》是一首写景佳作："细雨茸茸湿楝花，南风树树熟枇杷。徐行不记山深浅，一路莺啼送到家。"写出天平山诱人的景色，也表现了诗人沉醉于鸟语花香的悠闲心情。

吴中诗人追求个性解放的生活态度和诗风，在吴中一带影响深远。到了明代中叶，苏州又出现了在精神上继承"吴中诗派"的一批文人，诸如唐寅、沈周、祝允明、文徵明等，均是能诗会画的才子。他们不为形式所拘，诗歌创作独抒性灵，任意挥洒，有天然之趣。这种诗风又直接影响了"公安派"巨子袁宏道。袁宏道（1568—1610），字中郎，虽非吴人，但他曾任吴县县令

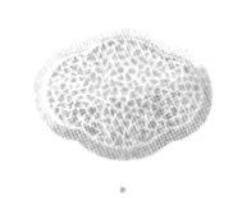

两年,特别喜欢苏州的山水,写下许多诗文,如在《洞庭山记》中赞叹吴中山水有七胜:"山之胜,石之胜,居之胜,花果之胜,幽隐之胜,仙境之胜和山水相得之胜。"袁宏道对唐寅等人独抒性灵的主张佩服之至,他亲自为唐寅编辑了《六如居士全集》。他的文学主张"性灵说"无疑受到了唐寅等人的影响。

明代中叶,我国文坛上复古、拟古思潮走向极致,出现了前、后"七子"复古派。与封闭僵化的思维方式相比,前、后"七子"中吴地作家的思维方式则相对开放。"前七子"中的重要人物徐祯卿(1479—1511),苏州人,25 岁中进士后,与"前七子"首领李梦阳结交,诗风有所变化,但清绮婉丽仍是其诗作的主要特色,其文学观点仍强调情感的作用。"后七子"中的王世贞(1526—1590),太仓人,学问渊博,才情富健,主持文坛达 20 年之久。尽管"后七子"继承"前七子"文必秦汉、诗必盛唐的主张,但王世贞的诗文理论显得较为灵活。他论诗不废六朝,高度赞扬陶渊明、谢灵运等。徐祯卿的《谈艺录》和王世贞的《艺苑卮言》论文谈艺各有特点。

明清时期吴地散文创作也颇有成就。明代中叶有唐宋派,代表作家有常州人唐顺之、昆山人归有光等。明代吴中散文家还有"山中宰相无双,海内文章第一"的王鏊,以及张溥、夏完淳等。张溥(1602—1641),字天如,太仓人,崇祯四年进士。他召集吴中名士组织"复社",是著名的爱国主义作家。代表作《五人墓碑记》记述了苏州市民反抗奸臣的运动,赞颂了英勇献身的五位市民的高尚品质,慷慨淋漓,激昂尽致,颇有感染力。清代散文家有汪琬(1624—1691),字苕文,苏州人,顺治进士,与侯方域、魏禧并称清初散文"三大家"。他的文章力求雅正,结构严谨而文字朴实,深得康熙皇帝的赞赏,在当时负有盛名。清代中期散文中,苏州人沈复写的《浮生六记》别具一格。这是一部自传性的作品,文字细腻,自然纯朴,感情尤其真实动人,为中国文学中具有新鲜意味的创作。又因为现代著名散文家林语堂将它译成英文在美国出版,引起了世界的广泛注意,《浮生六记》便成为吴地文学中获得世界影响的重要作品。

清诗群星遍布,而吴地更是星光灿烂。顾炎武(1613—1682)是明末清初著名的爱国诗人,其"天下兴亡,匹夫有责"的名句几百年来一直激励着中华儿女为国奋斗。这一时期的吴地诗坛上,有云间派、虞山派和娄东派三大流派。云间派以明末重要作家陈子龙(1608—1647)为首,其文学观点是主张继承"七子"传统。以钱谦益为首的虞山派则反对明代"七子"的文学主张。钱谦益(1582—1664),字受之,号牧斋,常熟人。学问渊博,论文论诗别开生面。他提出作诗应该“情真”“情至”,反对模拟,同时又提倡学问以反对空疏。他自己的诗作技巧纯熟,精致华美,是当时的诗坛领袖。娄东派以太仓人吴伟业为首领。此外,清初吴中诗人还有尤侗(1618—1704),字同人,苏州人,博学多才,著作丰富。所作诗文得到两代皇帝的称赞,顺治帝称他为“真才子”,康熙帝称他为“老名士”。常州著名诗人有黄景仁(1749—1783),字仲则,4 岁丧父,因家贫,早年即为谋生奔走四方。多次应试不中,一生潦倒多病。其诗善写寒士的悲酸,可谓“怀深沉之忧患,发盛世之哀音”。

清代中叶,吴地出现了一批著名的诗歌理论家。叶燮(1627—1703),吴江人,康熙进士,擅长诗文,尤以诗论著称于世,其《原诗》是一部完整的诗歌理论著作,以诗歌的进化论为依据,抨击明代以来的复古论,阐述诗歌的继承与创新的关系,具有一定的辩证思想。沈德潜(1673—1769),字确士,苏州人,乾隆进士,官至内阁学士兼礼部侍郎。他是叶燮的学生,著有《说诗晬语》,提倡“格调说”,强调“诗贵性情,亦须论法”,对当时诗坛影响很大,深得皇帝赏识,乾隆每次巡游江南,必给他“加一官,赐一诗”。与沈德潜的“格调说”相左,袁枚提出“性灵说”。袁枚(1716—1797),字子才,号简斋,杭州人,乾隆进士,曾任江宁知县,辞官后定居南京,在小仓山下筑随园,自号随园老人,著有《随园诗话》。他继承公安派“独抒性灵,不拘格套”的主张,论诗提倡抒写个人的情怀和性情遭际,不受儒家传统诗学约束。其诗作明白流畅,清新灵巧。论诗注重“性灵”的还有赵翼(1727—1814),字云崧,号瓯北,常州人。30 岁时考中榜眼,并赢得乾隆皇帝的赞誉:“赵翼文自佳”,由此声名大振。赵翼写诗不拘一格,无所不入,富于个性和才情,在当时与袁枚、蒋士铨齐名,并称“乾隆三大家”。作为诗论家,赵翼著有《瓯北诗话》,力主创新,认为创新是优秀诗人的特点,也是一切诗人成功的秘诀。其《论诗》绝句标新立异、气魄非凡:“李杜诗篇万口传,至今已觉不新鲜。江山代有才人出,各领风骚数百年。”认为每个时代都有优秀诗人,不必一味仿古。其见解卓异,名气很大,被人们广为引用。

清代词学兴盛。清初吴地有阳羡词派,词家云集。阳羡词派宗主陈维崧(1625—1682),字其年,宜兴人。出身名门,才华横溢。所著《湖海楼词集》有词 1900 余首,数量惊人,而且为我们留下了一些反映民间生活疾苦的优秀作品,词风刚柔兼济,颇多变化,并能将新乐府精神移植于词中,颇有新

意。清初颇有词名的吴地作家还有吴江人吴兆骞、无锡人顾贞观等。清中叶出现了影响深远的常州词派，其创始人张惠言（1761—1802），字皋文，常州人。其词作文字简净，抒情写物，细致生动，词旨在若隐若显之间。《相见欢》（“年年负却花期”）是一首行云流水般的小令，语言清新自然，抒写作者惜春的感情。常州词派在创作上讲究比兴，注重内心情感的抒发。常州词派的成员大都社会地位不高，却有着忧国忧民的情怀，既忧虑国家命运，又悲叹个人身世，他们的词作正是表现了这样的内心世界。这种感情特征在当时颇具典型性，因而引起共鸣，具有较大的社会影响。常州词派还注重词学理论建树，理论家主要有张惠言、董士锡、周济等。

明清以来，随着吴中市民文化的兴起，吴地作家作品起了新的变化。冯梦龙、金圣叹等，都倾向于个人意志的发挥，不拘常礼，颇尚性灵，文章以意趣神色为主，而方法也自由灵活得多，极喜爱民间文艺。通俗文学家冯梦龙编撰的“三言”蜚声海内外。戏曲艺术创作先有沈璟及其“吴江派”，后有以李玉为首的“苏州派”。文学评论家金圣叹评点“六才子书”，颇有创意。金圣叹（1608—1661），吴县人。性格狂放怪诞，毕生倾心于评点“六才子书”，尤其是对《水浒传》和《西厢记》的评点，提高了小说和戏剧的文学地位，扩大了社会影响。而且，他对两书的评点，颇多合理而深刻的见解，比如重视人物性格的刻画，强调情感在文学作品中的作用等，对当时和后世的文学创作和批评欣赏具有促进作用。金圣叹评点成就显著，确立了“评点”在文学批评史上的地位，并且影响了一大批人，形成了一个队伍庞大的评点派。清初小说评点家还有吴县人毛宗岗，他效法金圣叹评改《水浒》的方法，与其父毛纶评点《三国演义》，在回目、文辞、论赞、诗文等方面对罗贯中原本进行整理、修正和增删，使内容文字较为完整、紧凑，成为清代以来最通行的百二十回本。清代中叶，中国文学史上两部伟大的长篇小说诞生，这就是吴敬梓的讽刺巨制《儒林外史》和曹雪芹的标志着中国古代小说最高水平的《红楼梦》。而它们的产生和小说中所描写的内容，都与六朝古都南京有着极为密切的关系。

近代著名吴地文学家有文学理论家陈廷焯，诗人金天翮、柳亚子，谴责小说家李伯元、刘鹗、曾朴，言情小说家包天笑、徐枕亚、周瘦鹃，等等。

陈廷焯（1853—1892），字耀先，丹徒人，近代词学理论批评家，所著《白雨斋词话》是中国历代词话中篇幅最大、成就较高的一部重要著作。他十分注重词的意境创造，有关词的意境方面的论述对后来王国维的意境论有直接的影响。金天翮(1874—1947),字松岑,吴江人。近代学者、诗人,与章太炎同在苏州创办国学会,曾任吴江教育局长、江南水利局长、光华大学教授。1903年,他在上海参加爱国学社,与章太炎、邹容、蔡元培交往密切,发表不少译著,提倡资产阶级民主革命,也重视小说的社会教育作用。柳亚子(1887—1958),吴江人,出身于书香门第,自幼受到良好教育。清末参加革命,与陈去病、高旭等友人于1909年成立文学革命团体南社,出版刊物,鼓吹反清斗争。他以诗文知名于世,才华横溢,所作诗词如热血喷洒,感情激越,充满爱国精神,曾与毛泽东诗词唱和,享有盛誉。

清朝末年,中国文坛出现了大量抨击时弊、揭露官场阴暗与丑恶的小说,被称为谴责小说。鲁迅把《官场现形记》《老残游记》《孽海花》与《二十年目睹之怪现状》并称为"中国近代四大谴责小说"。前三部小说的作者李宝嘉、刘鹗、曾朴均为吴地人。因此,可以说主要是吴人开拓了晚清谴责小说创作的局面。李宝嘉(1867—1906),字伯元,武进人。有感于社会黑暗政治腐败,李宝嘉30岁时到上海创办《指南报》,以此揭露时弊,劝善惩恶,是晚清上海小报的创始人,也是晚清第一位谴责小说家,代表作为《官场现形记》。小说主要写三十多个官场故事,集中暴露出清末官场的种种罪恶,暴露了封建社会崩溃时期统治机构内部的极端腐朽昏庸,揭示出历经几千年的中国封建社会必将灭亡的命运,显示出批判现实主义的艺术魅力。《官场现形记》发表后影响巨大,一时间谴责小说接连出版,形成了一个"批判现实"的洪流。晚清谴责小说的繁荣昌盛,李宝嘉具有创始之功。刘鹗(1857—1909),字铁云,别署洪都百炼生,丹徒人。出身于官僚家庭,既受过正统的儒家教育,又对西学甚感兴趣,懂得数学、水利、医学,当过医生和商人,见多识广,博学多才。其代表作《老残游记》通过江湖医生老残在山东行医时的所见所闻,暴露了晚清封建社会的种种罪恶,尤其值得称道的是,小说深刻地揭露出一些官员名为"清官"而实为酷吏,由此揭示出封建政治中一个特殊的丑恶现象,显示出作者与众不同的真知灼见。

清末民初,吴地文坛上还崛起过一个言情小说的流派——"鸳鸯蝴蝶派",其作品拥有相当广泛的读者,影响很大。代表作家有包天笑、徐枕亚、周瘦鹃等。包天笑(1876—1973),苏州人,著有《上海春秋》《海上蜃楼》《包天笑小说集》等。曾在上海主编《小说时报》,此刊培养了不少鸳鸯蝴蝶派作家,因此被视为最早具有鸳鸯蝴蝶派倾向的刊物。徐枕亚(1889—1937),常熟人,当过小学教员,但热衷于创作,从中学时代就开始写诗文小说。后来

担任《民权报》编辑，便在该报上连载自己的第一部长篇小说《玉梨魂》，不料一炮走红，赢得众多读者。《玉梨魂》被认为是“鸳鸯蝴蝶派小说”的开山之作，小说单行本问世后再版达33次之多，销量数十万册，香港、新加坡等地亦有翻版。周瘦鹃（1895—1968）名国贤，字福如，别署紫罗兰庵主人，苏州人，江南才子，是编、译、作皆能的著名作家，一生所著不下数百万言。由于他较早吸收西方小说的表现技巧，运用了日记体、书信体、抒情独白体等形式，作品带有明显的中西合璧的特色。他最初的作品《爱之花》发表在《小说月报》上，引起文坛注意。他的短篇艳情小说在《礼拜六》周刊上发表了100多篇，清灵秀丽，一往情深，可谓是短篇艳情小说大师。

二、名家名作

（一）高启：追求自由写诗篇

明初洪武七年（1374），在阴云笼罩的南京，一位当时最有声望的诗人以莫须有的罪名被残忍地腰斩于市，苏州震惊，举国震惊！这是一个政治事件，由此，最高统治者朱元璋向不愿顺从的吴中士人发出了明确而严酷的警告。

这位遭受腰斩之刑悲惨死去的诗人就是吴中名士高启（1336—1374），字季迪，号青丘子，长洲（今苏州）人。年少时有志于功名，但他性格孤高耿直，不拘于礼法，对官场生活比较反感。张士诚占据苏州时，赏识他的才华，但他始终不肯出来做官，隐居吴淞江的青丘，做一个自由的文人。

高启是明初“吴中诗派”最具有代表性的诗人，其诗较为鲜明地表现出吴地文学的传统特点，主要抒发个人情怀，追求个性自由。如表现自我人格的《青丘子歌》，强烈而鲜明地表现出要脱离伦理的束缚而获得自由发展的个性特征。诗中这样描写自己：“不肯折腰为五斗米，不肯掉舌下七十城。但好觅诗句，自吟自酬赓。”“不问龙虎苦战斗，不管乌兔忙奔倾。向水际独坐、林中独行。”这首诗作于公元1360年高启开始隐居于青丘之后，其时他早年怀抱的理想已经破灭，深刻觉悟到政治斗争的残酷性。诗中“不问龙虎苦战斗”，意思是他对张士诚、朱元璋等群雄纷争已经厌倦。他对人生目标的选择，不是传统的功名富贵，他只愿做一个诗人，一个自由自在的诗人。而诗对于他来说，既不是闲适的消遣，也不是实现社会道德目标的工具；诗，只是诗人自身内在精神追求的需要，不服从任何外在的目的。如此强调诗人的价值和诗歌的非功利性,是过去极少见的。

诗人这种对精神自由、个体生命的向往和张扬,是其他诗派所没有的。高启的这些诗,反映了大多吴中诗人的精神面貌与文化心态。然而,吴中诗人的生存环境与他们所追求的生活理想毕竟存在着极大的矛盾,因此在表现个性自由的同时,仍往往掩饰不住地透露出对当时政治气候的惴惴不安。诗人在写景状物时,常常烘托一种凄清的气氛,表达诗人深刻感受到的孤寂,以及与孤寂相伴随的惊恐。如《虎丘》一诗写道:“望月登楼海气昏,剑池无底镇云根。老僧只恐山移去,日暮先教锁寺门。”诗中真切地描写出一种荒凉的境界,还有一种莫名的恐惧,这其实是诗人主观心境的反映,表现了诗人对自身生存处境的敏感。他在游苏州名胜天平山时所作的《卓笔峰》诗中写道:“云来初似墨,雁过还成字。千载只书空,山灵恨何事?”“书空”的典故见《世说新语》,说晋代殷浩被黜废后,成天用手空画着写字,别人暗中观察,发现他一直在写的字是“咄咄怪事”四个字。诗中引用这一典故,加上“恨”字的运用,更增加了由幻灭感带来的悲愤怨恨。

入明以后,高启也曾对新王朝抱有期待。明初,他应召赴南京参与修撰《元史》,后任翰林院编修。但他入朝后看到新王朝的所作所为,大失所望,心中留下的阴影越来越浓重。如明军攻破苏州后,曾将苏、杭等地二十余万人押解至南京,其中有高启的兄长高咨,还有他的许多文友,或被流放,或被处决,这些在他的诗中都有所反映。在南京任职期间,他对官场生活的不自由也感到难以忍受。因此,当朱元璋授予户部侍郎的高位时,他坚辞不受,归隐姑苏。这种不合作的态度,惹恼了朱元璋;加之高启曾作《宫女图》一诗,讽刺了明初宫廷中混乱的私生活,愈发引起朱元璋的忌恨,据说这是高启最终被杀的重要原因。总之,入明以后,高启的自由个性与正在形成的高压环境不可避免地产生了严重的冲突,乃至于辞官回乡以后,诗人仍然感受到沉重的精神压抑和痛苦。如《步至东皋》写道:“鸟啄枯杨碎,虫悬落叶轻。”枯杨被鸟啄碎了,落叶飘零,一根细丝悬荡在半空,这似乎是生命遭受摧残的象征。果然,不久,恼怒的朱元璋就借苏州知府魏观改修府治案,将高启牵连进去腰斩于南京,高启死时年仅39岁。

高启这位执著地追求精神自由、张扬个性价值的浪漫诗人,在明初那种严酷的政治环境中,不屈不挠,向现实抗争,为此付出了生命的代价。

(二)归有光:家庭散文见真情

明代中叶出现一种文学流派,这一流派的作家推崇唐宋散文,并且有意

识地把唐宋散文当作典范来学习，因此被称作“唐宋派”，代表人物是昆山人归有光。

归有光(1507—1571)，字熙甫，号震川，昆山人，出身名门望族家庭。当时昆山有“县官印不如归家信”的说法，可见他们家族在当地的声望。然而这仅仅是先祖的辉煌，到了归有光这一代，家族已经衰落。归有光自幼聪明，在母亲的严格要求和督促之下，5 岁时开始读书，10 岁时已能写出好文章。不过，科举考试对于他来说，很辛苦、很艰难，屡试屡败，但他矢志不渝，屡败屡试，终于在 60 岁时中了进士，被任命为浙江长兴知县。官不大，但归有光很敬业，颇有政绩。当然，作为文学家，归有光的主要成就在散文创作上。所作散文，写生活琐细之事，抒真挚动人之情，很有艺术感染力。

归有光对当时流行的前、后“七子”文学复古的主张甚为不满。他主张恢复文学的纯真性，让事件本色地叙其由来，并且十分注重文学的抒情作用。他的记人记事之作，多写家庭伦理之乐、日常生活琐事，可以称为家庭散文。作者善于捕捉生活中的典型细节，寥寥几笔，就能给人以深刻的印象。而且作品中有一种抒情的气氛，感情自然真挚，所用语言也很朴素，但风味醇厚，相当感人。《项脊轩志》是归有光家庭散文的代表作，是一篇出色的抒情散文。

从形式上看，此文以项脊轩作为篇名，是写项脊轩，但其实是借题发挥，怀念亲人。全文以项脊轩为明线，把各个不相连贯的琐事缀合起来，写出了许多“可喜”“可悲”之事。作者怀念祖母，怀念母亲，怀念妻子，都只是选择一两件和她们有关的事来叙述。文章末尾写到，“庭有枇杷树，吾妻死之年所手植也，今已亭亭如盖矣”。在这棵枇杷树上，作者寄寓了深深的悲痛，表达了对妻子的深切怀念，有物在人亡、物是人非的感慨。文字非常经济，语言非常质朴，完全不加修饰，却唱出了深沉的人生哀歌。

归有光的这类家庭散文，没有写重大的社会问题，没有壮伟的场景气势，也没有深邃的哲理象征，只是描写具有人文气息的日常普通生活，只是将真实细微的人事景物娓娓道来，一唱三叹，无意于感人，却以情动人。这样抒情性的散文，在以前是少有的，与当时前、后“七子”古奥艰深的文章比起来，更是高明许多。归有光正是以这种富有真情实感的优美散文，用真实的世俗生活和常人情感来更新正统文学的内容，成为正统散文向近代散文转折的重要标志，为明代文坛大增光彩，被后人誉为“明文第一”。

（三）冯梦龙：通俗文学影响深

明代后期，随着城市经济的繁荣和市民阶层的崛起，小说、戏曲等通俗文学取得重大成就。冯梦龙便是这样一位代表晚明文学特征的通俗文学巨匠。

冯梦龙（1574—1646），字犹龙，别署龙子犹、墨憨斋主人，长洲（今苏州）人，出身世代书香家庭。与当时的读书人一样，冯梦龙熟读“四书”“五经”，博学多才，曾经尝试参加科举考试。可是他接连考了几次，均未考中，于是对做官失去兴趣，喜欢上民间文艺。

晚明时期，商品经济发达，民间十分盛行演唱流行歌曲。不分男女老少，人人都爱听爱唱，冯梦龙很喜欢这些流行音乐，经常去听歌女演唱。并且边听边记，日积月累，他总共收集到415首流行歌曲，编集成《挂枝儿》。这部通俗歌曲集一经问世，立刻轰动全国。只要一书在手，什么样的歌曲都会唱，这当然很受人们的欢迎。正是因为冯梦龙坚持不懈地提倡和推广，通俗歌曲才在明末得到极大的发展。

冯梦龙对当时在苏州城里经常上演的各种说唱和戏曲故事也很喜欢。他童年时就喜欢听大人们讲些市井传说、奇闻异事，成年后，对于这种流传在民间的口头文学越发兴趣浓厚。他认为通俗文学具有较大的社会教化作用，一部好的小说，可以让胆怯的人变得勇敢，轻薄的人变得忠厚，愚笨的人变得机灵。因此，冯梦龙大力提倡通俗文学，他从自己家里收藏的大量古今作品中挑选出一些优秀之作，加以修饰改写，编成三部短篇白话小说集，这就是很受百姓欢迎的“三言”：《喻世明言》《警世通言》《醒世恒言》。“三言”每部40篇，总共120篇白话短篇小说。“三言”一经编成，当地书商立刻争相刻印，成为经久不衰的畅销书。

“三言”主要写世情，重点描写江南地区市民阶层的生活画面，反映了新的资本主义生产关系萌芽以后，从社会生活、礼仪习俗到思想意识各方面所发生的深刻变化。对于商人、商业的赞美是“三言”的重要特色。在传统的封建社会中，商人被列为四民之末，商业被看作下贱行业。随着商品经济的发展，这种观点受到冲击。《转运汉巧遇洞庭红》讲的是苏州阊门外一个书生通过海外冒险，历尽艰辛终于实现发财梦，成为人人羡慕的大富商。《施润泽滩阙遇友》写盛泽市民施润泽如何与滩阙蚕农朱恩在创业中真诚相助，最终走上共同富裕的道路。小说正面描写商人，赞扬他们多情仁义、拾金不

味和讲究友谊信义的美好品格。

“三言”中数量最多、成就最高的则是爱情题材的作品，这些作品通过描绘市井小民的爱情生活，表达了反封建、反礼教的强烈愿望，同时也反映了新的道德观念和价值标准的兴起。冯梦龙主张“真情说”，高度肯定爱情的美学意义。这类小说常把“情”放在“理”或“礼”之上，要求“礼顺人情”。这意味着道德规则只有建立在满足人们正常情感需要的基础上，才具有合理性。如《乔太守乱点鸳鸯谱》写孙玉郎代姐姐到刘家行婚礼“冲喜”，看上了刘家女儿慧娘，两人本来各有婚约，却结下私情。刘家告玉郎诱骗女儿，乔太守却判决两人结为合法婚姻，因为两情相悦是婚姻的前提，而礼应该顺合人情的实际。

《卖油郎独占花魁》在描述感情如何成为美好婚姻之基础的同时，还突出了妇女维护人格尊严的要求。花魁娘子莘瑶琴作为一个名妓，周旋于豪门权贵公子王孙之间，在奢华的生活中感受到的却是人格的屈辱；而在地位卑微的卖油小商人秦重那里，她才得到近于痴情的真爱和无微不至的体贴。这使她终于彻底醒悟，决心与秦重“举案齐眉”，她宁愿跟随他去过一种朴实的生活。在封建文化与市民文化的比较鉴别中，她看到，情感的真、道德的善和人性的美，都不属于她十分熟悉的上层社会，而存在于她原来看不起的市民阶层。正是在这个把人当作人的温馨阶层里，她找到了人生的归宿。这里，作家对一向被视为卑贱者的市民进行了高度的评价。

“三言”中的作品，一般故事性很强，情节曲折离奇，故事有头有尾，结构较为严密。情节的发展和人物个性都是通过人物的行动和对话来表现的，心理活动、景物描写都很细致；语言通俗流畅，新鲜明朗，朴素亲切，颇具艺术性。

冯梦龙的“三言”以其崭新的思想内容和高超的艺术特色蜚声海内外，经久不衰，影响深远，并且远播欧洲，颇受好评，有人把“三言”赞誉为中国的《十日谈》。

（四）吴伟业：梅村一卷足风流

清康熙十年（1671）12 月 24 日，在太仓城厢镇“梅村”住宅，一位病魔缠身的老人满怀愧疚的痛苦告别人世。噩耗传出，士大夫们不禁失声痛悼：“先生亡矣，一代文章尽矣！”这位老人就是明末清初诗坛名家吴伟业。

吴伟业（1609—1671），字骏公，号梅村，太仓人。7 岁入私塾，聪颖勤奋，才思横溢，"为文下笔顷刻数千言"。当时著名文学家张溥见了他的文章后大加赞赏，收为入室弟子。张溥比吴伟业只大 7 岁，但已经很有名气。两人亦师亦友，研究学问。吴伟业 20 岁时成为秀才，22 岁时考中举人，23 岁时在殿试中取得一甲第二名榜眼，授翰林院编修。崇祯皇帝在他的试卷上作了"正大博雅，足式诡靡"的御批，意思是文章得体，合乎圣道，足为楷模。年轻的吴伟业接连及第，金榜题名，一时传为美谈。于是他入朝做官，官至左庶子。明亡后，他本是明末遗老，曾与侯方域相约终隐，然而迫于清廷的压力，为了保全家族，他不得不应召北上，当了国子监祭酒。但他内心深处满怀故国之思，一年多后即以丁母忧辞职南归，隐居太仓。

在清初的诗坛上，吴伟业是明末就有诗名、入清后继续保持着相当影响的一位大诗人，与钱谦益、龚鼎孳并称为"江左三大家"。乾隆时编辑《四库全书》，他的诗文集《梅村集》被收入而且排列在清人集子的首位。乾隆登基之前做宝亲王时就十分欣赏吴伟业的诗作，赞叹"梅村一卷足风流"，此言不虚。

在明末清初的社会大动荡中，吴伟业写了许多以重大历史事件为背景的诗篇，而尤其以七言歌行体的长篇最能代表他的艺术风格与成就。他的七言歌行，文词清丽，既委婉含蓄，又爽洁明快，时人称为"梅村体"，影响深远，如《圆圆曲》《听女道士卞玉京弹琴歌》《永和宫词》等篇为人们所传诵。作为一个诗人，吴伟业所关心的不仅是史实，他更关注个人在历史中的命运。比如著名的《圆圆曲》，以充满同情的笔调描述了名妓陈圆圆曲折坎坷的经历，在明朝、清人和李自成三方对峙的历史关头，陈圆圆似乎成为历史转折的关键人物，然而，实际上她却是被不幸的命运所摆弄，完全无法自主。诗作对于吴三桂进行了嘲讽。吴三桂时任山海关总兵，当李自成部下抢走圆圆时，他一气之下引清兵入关，打败了李自成，夺回了圆圆，"恸哭六军俱缟素，冲冠一怒为红颜"，尖锐地讽刺了吴三桂出于私愤而出卖国家利益的行径，成为脍炙人口的名句。不过，诗作也写到人处在历史造成的困境中，有时实在无法做出两全的选择，他不得不承担悲剧的命运。这里面包含了诗人自身痛切的人生体验：个人在历史的变迁中难以自主的悲哀。也正因此，这首《圆圆曲》写得烟水迷离，百感交集，极富艺术魅力。

吴伟业长篇歌行的写作手法独具特色。《四库全书提要》评价说："格律本乎四杰，而情韵为深；叙述类乎香山，而风华为胜。"这一概括十分精准。从诗歌的性质来说，吴伟业的这类作品本近于白居易的《长恨歌》《琵琶行》

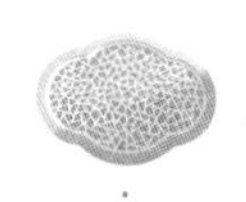

等叙事诗,但他不像白居易那样,按照事件的自然过程来叙述,而是借用了初唐四杰的抒情性歌行的结构方法,诗文在诗人的联想中跳跃。如《圆圆曲》就是以陈圆圆与吴三桂悲欢离合的故事为中心,穿插了陈圆圆一生的主要经历,以及作者对主人公命运的感慨叹息,显得摇曳多姿。七言歌行体在唐代以后,吴伟业堪称是杰出的大家。他写下的几十首这样的长诗,确实是我国诗歌宝库中的一大财富。

(五)曾朴:谴责小说创新意

曾朴(1872—1935),字孟朴,常熟人,出身书香门第家庭。少时即聪颖过人,喜欢读书。他一方面在家庭的严格教育下攻读儒家经典和琢磨八股时文,另一方面又偷偷阅读大量的中国古典小说,如《封神榜》《列国志》《红楼梦》等,为以后的文学创作打下了坚实的文学基础。

曾朴19岁考中秀才,20岁中举人,21岁入京参加会试,原以为可以接连及第,却因意外事故而落榜:进考场后,他不小心将一壶墨汁打翻在案卷上。监考官却不许换卷。曾朴一气之下就题诗一首,扬长而去。父亲担心他回家难堪,就立刻为他捐了个内阁中书,于是曾朴留下做了三年小京官。留京期间,他与一批父辈的名士和少年的公子多有交往,耳闻目睹了官僚名士的种种轶闻琐事,这为他以后创作《孽海花》积累了丰富的素材。特别是他一度潜心研究《元史》、西北地理及金石考古之学,常与洪钧等京城名流周旋。洪钧是苏州状元,兵部左侍郎,曾奉命出使德、俄等国,显赫一时。他是曾朴父亲的义兄,两家关系十分密切,洪钧称呼曾朴为"小朋友"。就在这时,曾朴还认识了洪钧的爱妾赵彩云,即赛金花,称她为"小太师母"。洪钧和赵彩云以后就成为《孽海花》中男女主人公的原型。

1904年,曾朴在上海与友人合资创立了一家书店,命名为"小说林",专门发行新小说。《孽海花》的写作就是从此时开始的。当时,吴江人金松岑投来一稿,题名《孽海花》,有六回。曾朴向作者建议以赛金花为经,以清末三十年朝野轶事为纬,编成一部长篇小说。金松岑认为自己没有这么大的魄力,于是转请曾朴来写。曾朴对金创作的前六回进行了修改后开始续作。全书原计划写六十回,但最后完成的只有三十五回。《孽海花》写成后,曾朴的岳父沈梅孙发现小说的内容俱系先辈及友人轶事,恐怕得罪亲友,于是把这部小说收藏起来不许出版。但是曾朴不甘心就此埋没,因为这是他呕心沥血的结晶,于是乘隙偷出印行。《孽海花》初次出版时署名"东亚病夫"。

当时无人知道东亚病夫是谁，但后来友人林琴南在一篇公开发表的文中揭明《孽海花》为曾朴所著，一时间许多人包括赛金花都来向曾朴交涉。

作为一位文学家，曾朴一生著作丰富，而小说《孽海花》最为著名。

“三十年旧事，写来都是血痕。”《孽海花》展现在我们面前的，正是清末同治初到甲午中日战争这三十年间的社会面貌。小说主要写状元金雯青与妓女傅彩云的故事，它虽然是小说，但并非完全虚构，而是影射同治七年(1868)高中状元的苏州府吴县人洪钧和清末名妓赛金花，是以他俩的真实历史为依据的。小说主要以这一对男女主人公的婚姻故事为线索，展示自同治初到甲午战败这三十余年间洋务思潮向维新思潮和革命思潮变动的历史过程，为中华民族在灾难深重的年代里由旧到新的大转折留下了一份真实的艺术记录，展现了当时政治、军事、外交、文化和社会生活的广阔画面，在一定程度上表达了作者反对封建专制统治，反对帝国主义侵略，要求革新图强、拯救国家的进步思想。这是《孽海花》最为重要也最具特色的思想价值。一般公认，在晚清四大谴责小说中，《孽海花》最有价值。由于曾朴的生活年代较晚，又较多接受了西方思想，所以这部小说与其他谴责小说有明显的不同。小说对清朝统治的批判也格外强烈，敢于把矛盾直指慈禧等最高统治者。同时，作者宣扬了“天赋人权、万物平等”的新思想，赞颂了孙中山等革命者，在当时称得上是一部“鼓荡国民英气之书”(林纾语)。作为一部优秀的政治历史小说，《孽海花》1905 年初版一经问世，即轰动一时，一两年间竟再版 15 次，行销不下 5 万部。曾朴不愧为谴责小说的高手。

第五章　吴地戏曲

第一节　概　述

吴地戏曲是吴文化中最突出的外在表现形式之一。吴文化的诸多特点往往通过戏曲得到充分表现,尤其是崇文和精细化生活两个方面。

吴地戏曲是吴地经济社会高速发展的必然产物,特别是宋代以后,吴地已经成为当时最发达的地区之一,于是才有了范成大在《吴郡志》里的赞叹:"天上天堂,地下苏杭。"[①]在物质文明高度发达之后,人们必定追求精神的享受,戏曲生产所需要的文人三大条件(即"有才、有钱、有闲")就具备了,并且发展迅速。

一、吴地方言与戏曲

吴地戏曲兴盛还有一个重要原因,那就是吴地方言的影响,二者关系密切。昆腔、苏剧、锡剧、评弹无不是建立在吴语基础上的。与北方方言不同,吴地方言中的音乐性物化为声母、韵母以及声调的要多得多。吴方言保留着全浊声母和尖音,以及许多单元音,尤其在声调方面,不仅保留着全套入声字,而且平、上、去、入各声调皆分阴阳,原则上就具有了八个调类。同时,吴地方言语音的软糯特点也决定了吴地戏曲缠绵婉转的艺术风格。而整个吴方言区域又是百里不同音,甚至十几里就出现差异,小方言的种类繁多又致使南戏声腔声部杂沓纷纭,于是地方小戏品种也就大量出现。比如昆曲声腔的流传,就是这种状况,比较保守。王骥德《曲律》说:"昆山之派,以太仓魏良辅为祖,今自苏州而太仓、松江,以及浙之杭、嘉、湖,声各小变,腔调

① 范成大:《吴郡志》卷50,江苏古籍出版社1999年版,第669页。

略同,惟字泥土音,开闭不辨。”“然其腔调,故是南曲正声。数十年来,又有弋阳、义乌、青阳、徽州、乐平诸腔之出,今则石台、太平梨园几遍天下,苏州不能与角什之二三。”

吴地方言的传统中心是在苏州,一直以来,苏州话作为吴语区的标准语言,除受共同语影响,部分地区(主要是城区)阳上类字调趋同于阳去类外,其语音的声调类型和调值一直保持基本稳定而未有明显变化。因而南戏声腔最终向苏州话归并可以说是历史的必然。正如王骥德《曲律》所说:“在南曲,则但当以吴音为正。”李渔《闲情偶寄》则解释道:“吴音便于学歌者,止以阴阳平仄不甚谬耳。”“乡音一转而即合昆调者,惟姑苏一郡”,因此“选女乐者必自吴门是已”。魏良辅改革昆曲,也正是他在音韵学方面深有造诣,沈宠绥《度曲须知》说他“愤南曲之讹陋也,尽洗乖声,别开堂奥”。所谓“乖声”,就是指违背音律规定的唱腔,比如唱走声调等,为唱曲谬忌。故魏良辅就从此处入手,对昆腔进行改革。余怀《寄畅园闻歌记》曰:“转喉押调,度为新声,疾徐、高下、清浊之数,一依本宫。”《度曲须知》曰:“声则平上去入之婉协,字则头腹尾音之毕匀。”因而促使昆腔逐渐脱离里巷歌谣、村坊小曲,走向了雅化。而评弹仍沿方言说唱法不变,以俗为美,深入底层人民心间,亦广受欢迎。

二、吴地戏曲品种与分布

吴地虽然面积不是特别大,但戏曲种类众多。有以昆曲、锡剧、苏剧、沪剧、越剧、滑稽戏等为代表的各种戏剧;有艺盖全国的说唱艺术苏州评弹;有以吴歌为代表的包含音乐、器乐等并由民间“俗乐”发展成“雅乐”的吴地音乐。

(一)苏剧

苏剧起源于苏州地区的曲艺形式——苏滩。苏滩原名对白南词,俗称“打山头”,是一种围坐清唱的曲艺形式,在清代乾隆年间就已盛行,主要流行于苏南浙北地区。

徐珂《清稗类钞·音乐》载:“滩簧者,以弹唱为营业之一种也。集同业五六人或六七人,分生、旦、净、丑角色,唯不化妆,素衣围坐一席,用弦子、琵琶、胡琴、板鼓。所唱戏文,唯另编七字句,每本五六出,间以谐谑。”苏剧由花鼓滩簧与南词、昆曲融汇合流而成。苏剧在文学、音乐方面都与昆剧有着

渊源关系，苏剧表演艺术因得到昆剧的滋养而逐步形成朴实、细腻、注重内心体验的独特风格。苏剧的传统剧目分为两大类，即前滩和后滩。前滩绝大部分源于昆剧，常演的有：《西厢记》《牡丹亭》《红梨记》《烂柯山》《玉簪记》《绣襦记》《精忠记》《西楼记》《白蛇传》《义侠记》《水浒记》《占花魁》《渔家乐》等；后滩剧目有从昆腔的丑角戏和其他剧种中的戏谑段子里过来的滑稽段子，还有从民间花鼓戏里改编而来的一旦一丑的对子戏，以及由丑角独唱的时调小曲和有关时事新闻的说唱段子，如《教歌》《张三借靴》《嵩寿》《呆中福·洞房》《琵琶记·大小骗》等；也有移植自花鼓戏和其他剧种的小戏，如《扦脚做亲》《探亲相骂》《卖草囤》《卖青炭》《卖矾》《捉垃圾》《打斋饭》等；还有改自曲艺的，如《游观十八景》等。

清同治年间（1862—1874），苏滩流传到上海地区，至 20 世纪初叶的约 30 年间，由于上海的发展，苏剧也达到鼎盛，名剧目、名角众多。抗日战争爆发后，演出及发展受到严重影响。新中国成立后，苏滩获得新生，正式在舞台演唱，并发展为苏剧，由坐唱的曲艺形式发展为完整的综合性的舞台艺术。国家对苏剧进行了扶持，江苏成立了江苏苏昆剧团，浙江建立了浙江昆苏剧团，2006 年 5 月 20 日，经国务院批准，苏剧被列入第一批国家级非物质文化遗产名录。

（二）沪剧

沪剧兴起于上海，因上海简称“沪”，故名沪剧，主要流布于上海、苏南及浙江杭、嘉、湖地区。沪剧初名花鼓戏，源于上海浦东的民歌东乡调，是上海及江、浙一带农村的田头山歌，属吴语地区滩簧系统。早在清乾隆年间（1736—1795）花鼓戏已有流行，清代道光年间（1821—1850），形成上海滩簧（当地称“本滩”），其间受苏州滩簧的影响。辛亥革命前后，本滩进入上海各游艺场演出，初期仍以坐唱为主，一般不行化装。随着班社的增多，规模也扩大到十人左右。20 世纪 20 年代，本滩受到文明戏的影响，采用了幕表制，借用文明戏的演出形式，发展成为小型舞台剧“申曲”。1927 年以后，申曲开始演出文明戏和时事剧。1941 年上海沪剧社成立，申曲正式改称“沪剧”。

沪剧唱腔音乐来源于浦江两岸的田头山歌，经过长期的艺术实践和广采博取，逐渐形成了其丰富多彩的曲调以及独特的风格。它既善于叙事，也长于抒情。为了适应剧情和人物感情的需要，在演唱时巧妙地运用速度的放慢或加快，变化其节奏、节拍、调式与伴奏过门等，从而形成了一整套板式，曲调主要分为板腔体和曲牌体两大类，主要有长腔长板、三角板、赋子板等。沪剧曲调优美，既富有江南乡土气息，又擅长表现现代生活。优秀沪剧剧目有《十不许》《罗汉钱》《少奶奶的扇子》《阿必大回娘家》《母与子》《罗汉钱》《庵堂相会》《芦荡火种》《一个明星的遭遇》等。

2006 年 5 月 20 日，经国务院批准列，沪剧被列入第一批国家级非物质文化遗产名录。

（三）滑稽戏

清朝末年，由于上海、苏州、无锡、湖州、南通等地商品经济日益兴盛，吴地城镇街巷或农贸集市上，经常出现以推销商品为主的街头艺人，因其扮相和肢体动作滑稽可笑，说唱怒骂笑讽口无遮拦，被称为“小热昏”。至清末民初遂成一种曲艺形式，内容以说唱时事新闻和笑话故事为主，多讽喻。当时社会黑暗，故又有“醒世谈笑”之名。后来吸收了“双簧”和苏州评弹艺术的技巧，发展为“独脚戏”，并出现专业演员。滑稽戏就是在抗日战争中期，由上海、苏州一带的曲艺“小热昏”“独脚戏”发展而来并接受了中外喜剧、闹剧和吴地各地方戏曲的影响而逐步形成的新兴戏曲剧种。滑稽戏多以吴方言中的苏州话或上海话作为表演语言，同时大量模仿吴语区太湖片方言，偶尔也有对北方话、粤语等其他方言的模仿，表演形式上类似于北方的相声和小品。

滑稽戏于 20 世纪 20 年代在上海登上舞台。1932 年左右，第一个剧团——笑笑剧团成立。1942 年，“独脚戏”和“文明戏”“什景戏”“方言话剧”相糅合，正式产生滑稽剧团，专演喜剧和闹剧，以引人发笑为其最大特点。它擅长表现市民生活，著名的有《七十二家房客》《三毛学生意》等剧目。它是流行于江浙沪地区典型的吴地市民文化，受到广大观众的欢迎。从 20 世纪诞生以来，吴地的沪、苏、甬、绍、杭、湖、嘉、锡、常、通等市县以及受吴文化影响较深的宁、润、芜、扬等城市，都有“官办”或民办的滑稽剧团，盛况空前。有的剧目（如《满意不满意》）搬上了银幕，有的数次进京在中南海演出（如《毛脚女婿》等）。吴地各电视台或广播电台，亦常有专栏演出。出现了王无能、江笑笑、刘春山、姚慕双、周柏春、吴双艺、顾芗等著名演员。

（四）吴歌

吴歌，是文学史上对吴地民歌民谣的总称，是吴方言地区广大民众的口头文学创作，发源于江苏省东南部，苏州地区是吴歌产生发展的中心地区。

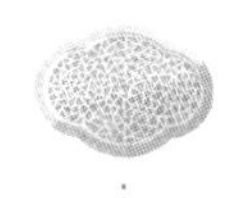

顾颉刚先生在他写的《吴歌小史》中说道:“所谓吴歌,便是流传于这一带小儿女口中的民间歌曲。”“这一带”,就是指的这个吴语地区。吴歌是吴文化的重要组成部分,口口相传,代代相袭,具有浓厚的地方特色,内容以表现男女爱情为主,包括“歌”和“谣”两部分,“歌”就是包括俗曲之类在内的“唱山歌”,有命啸、吴声、游曲、半折、六变、八解六类音乐,“谣”就是所谓的“顺口溜”。

吴歌历史源远流长。传说殷商末年,周太王之子泰伯、仲雍从陕西黄土高原来到江南水乡,创建勾吴国,并“以歌为教”,如此算来,吴歌已有3200多年历史。《楚辞·招魂》即有“吴蔡讴,奏大吕些”的记载。宋代郭茂倩编《乐府诗集》时将吴歌编入《清商曲辞》的《吴声曲》。明代冯梦龙采录宋元到明中叶流传在民间的大量吴歌,辑录成《山歌》《挂枝儿》。清代是长篇叙事吴歌的成熟繁荣时期,经书商刊刻、文人传抄和民间艺人的口传,大量长篇叙事吴歌得到保存。吴歌生动地记录了江南农民和下层人民的生活史,从内容来看,吴歌既包括情歌,又包括劳动歌、时政歌、仪式歌、儿歌等。

吴歌以民间口头演唱方式表演,口语化的演唱是其艺术表现的基本方式。吴歌是徒歌,是在没有任何乐器伴奏的情况下吟唱的。

在现实生活中,吴歌的流派很多,但相城阳澄渔歌与常熟白茆山歌、吴江芦墟山歌、张家港河阳山歌一起同为吴歌“四大嫡系”。流传于吴江、嘉善一带的芦墟长篇叙事山歌《五姑娘》的发掘问世,打破了长期以来汉民族地区无长歌的定论,堪与壮族的《刘三姐》、彝族的《阿诗玛》相媲美。

2006年5月20日,吴歌经国务院批准被列入第一批国家级非物质文化遗产名录,申报城市为江苏省苏州市。2007年6月5日,经国家文化部确定,江苏省苏州市的陆瑞英和杨文英为该文化遗产项目代表性传承人,并被列入第一批国家级非物质文化遗产项目226名代表性传承人名单。

第二节　昆　曲

昆曲被誉为“百戏之祖”,一是因为它是中国最早成熟的戏剧形式。公认的现代世界三大戏剧体系中,以梅兰芳为代表的写意派就是以昆曲的表演内涵为基础的,它早在明末清初就形成了,这比主张演员与角色合一的写实体验派的俄国斯坦尼斯拉夫斯基表演体系,以及主张表现,主张第一自我监督第二自我，主张间离和陌生感，使观众深入思考的表现派（即德国布莱希特体系）早了300多年。[①] 二是因为它的传承。昆曲之后，中国数以百计的地方戏曲受到了它的影响，特别是当下中国第一大戏剧“京剧”也是深受其影响。

昆曲，可谓世界戏曲发展史上的一座巍巍高耸的山峰，是吴文化的杰出代表。2001年5月18日，昆曲荣获联合国教科文卫组织颁布的第一届“人类口头遗产和非物质文化遗产代表”的第一名。这是昆曲作为一种艺术在世界文化史上得到的应有的承认。

一、昆曲的诞生与传承

（一）昆曲的诞生

在江南大地上，很早就有各种曲调流传。昆山地区的民歌、小调、山歌等到元代已是流布广泛，田间街头皆有唱念。至元末，顾坚出现。顾坚，昆山千灯人，太学士，精于南辞，善作古赋。元将扩廓贴木儿听说他善歌，屡次招他做官皆被拒绝。这时他正居住在千墩山上习南词，与当时文人杨维桢、顾德辉、倪瓒等相往来，深感有对民间曲艺整改加工的必要，于是顾坚著《陶真野集》十卷、《风月散人乐府》八卷，因其“善发南曲之奥，故国初有昆山腔之称”。顾坚被认为是昆山腔之创始人。昆山腔可以认为是昆曲的雏形，但它并没有在原有的基础上脱胎换骨，仍然只是“畸农市女”顺口而歌的民间声腔。也就是说，顾坚只属改良派，是一个戏曲改革家，而魏良辅才真正是一个戏曲革命家。魏良辅（1489—1566），字师召，号此斋，晚年号尚泉、上泉，又号玉峰，豫章新建（今江西南昌）人，嘉靖五年（1526）进士，嘉靖三十一年（1552）擢山东左布政使，三年后致仕，流寓于江苏太仓。“太仓”原是指古代京师储谷的大仓，此地以此为名，说明当时太仓的社会经济状况良好。明弘治十年（1497），朝廷析出昆山、常熟、嘉定之地设立太仓州，属于苏州府，还领崇明县等，尤其是太仓有长江入海口，有世称“六国码头”的浏家港。所有这些，使太仓不仅成为经济的集散地，也成为人文荟萃、开放交流的宝地。作为杰出戏曲音乐家的魏良辅，他发现流传于此的昆山腔太俗而不符合当时士大夫和贵族文人的审美标准。他决定对此进行改革和创新。清朝初

① 黄佐临：《梅兰芳、斯坦尼斯拉夫斯基、布莱希特戏剧观比较》，《人民日报》1981年3月12日。

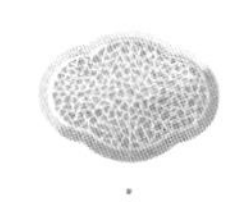

年，余怀在《寄畅园闻歌记》中曾记述："初习北音，绌于北人王友山，退而镂心南曲，足迹不下楼十年。当是时，南曲率平直无意致，良辅转喉押调，度为新声。"说明魏良辅有改革南曲的意志，并为此而进行了长期的苦心钻研。后来，复旦大学著名戏剧研究专家赵景深先生考证魏良辅"不下楼十年"是明朝的嘉靖十年至二十年(1531—1541)。改革后的昆腔伴奏乐器也突破了南曲以前只用弦索、彭板的局限，加用了笛、箫、笙和琵琶等乐器，丰富了音色，使新腔更加婉转动听。经过不断实践，终于别开堂奥，成功地创造出一种行腔以细腻婉转著称的"水磨调"——昆曲。当时，"吴中老曲师如袁髯、尤驼者，皆瞠乎自以为不及也"。张大复在《梅花草堂笔谈》中记有昆山人陆九畴也善于度曲，曾立志与魏良辅相约，由听众评比所写的新曲，"及登台，自叹弗如"。魏良辅改新曲的方向是"雅化"，其最重要的是废止了原民间声腔中束缚声腔流传的一些苏州古音，而将"苏州—中州音"作为舞台标准语音。"苏州—中州音"就是"苏州官话"，它既有吴地方言的婉转柔媚，也有北方语音的豪放遒劲嘹亮。这就为声腔的南北交流创造了条件，在加入了北方音乐的先进元素之后，同时也将"声则平上去入之婉协，字则头腹尾音之毕匀"当作昆曲的唱腔技巧，昆山腔的演唱就发生了革命性的变化，可谓达到了沈宠绥在《度曲须知》强调的"尽洗乖声，别开堂奥"的高度，可以说在多方面满足了当时士大夫阶层的审美需求。

魏良辅对昆山腔的艺术发展做出了突出贡献，他被后人奉为"昆曲之祖"，在曲艺界更有"曲圣"之称。

当昆曲新曲定型时，却还没有一个完整故事和剧作，是昆山人梁辰鱼把新曲曲调应用到自己的戏剧创作中，完成了真正意义上的第一部昆曲剧作《浣纱记》。

这部戏根据《吴越春秋》故事而改编，共45出。借中国春秋时期吴、越两个诸侯国争霸的故事表达对封建国家兴盛和衰亡历史规律的深沉思考。故事曲折、结构巧妙，西施等人物形象饱满，情节流畅，唱词优美。梁辰鱼第一次成功地把他的老师魏良辅新创的水磨调用于舞台，昆曲音乐与剧情结合得非常自然，许多富于创造性的音乐很好地加强了演出效果，并且在题材、思想内容以及艺术表现的各个方面都有了开拓性的创造。

到这时，昆曲作为一种艺术形式已然成熟。

那么，昆曲的名字又是怎么确立的呢？原来，中国人有用地域命名艺术流派或者作品的习惯，因为魏良辅是"流寓娄东鹿城(即昆山)之间"，而昆剧处女作《浣纱记》的作者梁辰鱼又是昆山人，于是时人就自然而然地将这项表演艺术取名“昆山腔”了，后世即由此称昆曲、昆剧。

此后，昆曲又经历了两次大的发展，并走向高峰。一次是明代沈璟把昆曲推广到民间的大众化运动；一次是清朝初年李玉对昆曲由雅化至雅俗共赏的努力。

（二）沈璟：昆曲大众化

明朝万历年间，江南地区经济繁盛，并且出现了资本主义萌芽，出现了苏州、杭州、湖州、盛泽以丝绸手工业为核心的四大绸都，丝绸手工业的兴盛又带动了其他手工业的快速发展。

当时，江南富庶。道光年间的《苏州府志》记录说：“晚明的苏州府，‘聚居城郭者十之四五，聚居市镇者十之三四，散处乡村者十之一二’，亦即城市人口占到全府人口的十之八九。”[①]“苏郡吴阊至枫桥，列市二十里。”[②]曹自守说：“阊、胥、盘三门外曰附郭，即以阊、盘为号，而胥固略之矣，然自胥及阊，迤逦而西，庐舍栉比，殆等城中。此侨客居多，往岁寇至，议者欲于城外更筑一城，俨如半壁，以附大城，乃迄无成。”[③]那时的苏州竟然到了要修建一座新城才能满足发展的程度了。物质文化的高度发达，平民生活的消费方向就会转向精神生活，昆曲就成为首选。消费市场的需求也呼唤昆曲创作与演出的变革、创新与突破。在吴江、松江、震泽出现了一批戏剧家，领袖就是沈璟。

沈璟（1553—1610），明代戏曲家、曲论家。字伯英，晚字聃和，号宁庵，别号词隐。吴江人。万历二年（1574）进士，曾任兵部职方司主事、吏部验封司员外郎等职。万历十四年（1586）上疏请立储忤旨，左迁吏部行人司司正，奉使归里。万历十六年（1588）还朝，升光禄寺丞，次年充任顺天乡试同考官，因科场舞弊案受人攻击，辞官回乡。由于沈璟曾作过吏部、光禄寺官员，所以时人称之为“沈吏部”“沈光禄”。后家居30年，潜心研究词曲，所著传奇计有十七种，现存世的仅有《红蕖记》《义侠记》《博笑记》等七八种。

沈璟提出戏曲创作要重视音律。他说：“怎得词人当行，歌客守腔，大家细把音律讲。”（见《博笑记》附刻《词隐先生论曲》）在文人创作戏曲者渐多

---

① 李伯重：《工业发展与城市变化：明中叶至清中叶的苏州（中）》，《清史研究》，2002年第2期，第136页。

②《松江府志·图经》，康熙二年，第18页。

③ 顾炎武：《天下郡国利病书》，商务印书馆民国二十五年影印本，第325页。

而所创往往又不合音律要求的明中叶以后，他提出这样的主张是有矫补意义的。为了使作曲者有所遵守，他还订定《南九宫十三调曲谱》。他又认为“宁协律而词不工，读之不成句而讴之始协，是曲中之工巧”，这是对符合音律要求作了重点强调。

沈璟最大的贡献是他倡导“场上之曲”。他深知，文人戏曲创作如果不从“案头”走向“场上”，就必然死亡。因而这也是大部分传奇作家所瞩目和担忧的问题。沈璟大加提倡“场上之曲”，不仅从理论上进行研讨，而且在创作中积极实践，并且赢得了一大批响应者。在他们共同努力之下，明代在传奇中那种面向文化高端人士甚或仅供阅读的“案头之曲”的创作倾向被修正或扭转。因为走向场上，走向民间，市民参与，市场需求兴盛又促进了创作，从而形成了明中叶后戏曲创作、演出大繁荣的局面。王骥德就在《曲律》中称赞沈璟，说他对明代传奇有“中兴之功，良不可没”。因此，推崇追随他的不仅有王骥德、吕天成、卜世臣、冯梦龙等，还有毛以燧、沈宠绥、凌濛初。这些文人都团结在沈璟周围，形成了著名的“吴江派”。

（三）李玉：昆曲的雅俗共赏

推动昆曲第二次大发展的是清朝李玉。李玉（1591—1671），字玄玉，号苏门啸侣，又号一笠庵主人，吴县人。出身寒门，毕生致力于戏曲创作和研究，今可见剧作曲目有42种，文本存18种，为《一捧雪》《人兽关》《永团圆》《占花魁》《清忠谱》《眉山秀》《两须眉》《太平钱》《千钟禄》《万里圆》《牛头山》《麒麟阁》《七国记》《昊天塔》《风云会》《五高风》《连城璧》《一品爵》。李玉还根据徐于室的《北词九宫谱》原稿，重新编定了对研究戏曲史具有重要参考价值的《北词广正谱》，吴伟业作序，并在其中赞为“骚坛鼓吹，堪与汉文唐诗并传不朽”。

李玉的早期作品，以描写人情世态为主要内容，最负盛名的是“一笠庵四种曲”，即所谓“一人永占”。其中，《一捧雪》写权奸严世蕃为谋夺莫怀古家传宝物“一捧雪”玉杯而对莫怀古加以陷害的故事。严世蕃倚仗其父严嵩之势，把持朝政，卖官鬻爵，为夺取一只玉杯，害得莫怀古家破人亡。作品揭露了封建统治阶级的贪婪残暴和社会黑暗，同时还塑造了莫家义仆莫诚和贞妾雪艳娘这两个正面人物，在这两个人物身上，寄托了作者期望于下层人物的“美德”，他以为这是可以纠正“世风”的力量。《人兽关》写桂薪的忘恩负义；《永团圆》写江纳的贪富欺贫，抨击邪恶，弘扬正气；《占花魁》则通过卖油小贩秦重和受骗失身的妓女莘瑶琴之间的爱情生活，反映了市民阶层的思想意识。李玉后期的作品，较多地是描写历史上的政治斗争事件或从明末清初的社会生活中取材。其代表作是《清忠谱》，写明末天启年间魏忠贤"阉党"迫害东林党人，苏州市民奋起反对而进行的一场斗争。此剧注重史实，是明历史剧的代表作。《万民安》，描写明万历二十九年(1601)以纺织工人葛成为首的苏州市民反对税监的斗争。《千钟禄》(又名《千忠戮》《千忠会》《琉璃塔》等)则写明初燕王朱棣发动"靖难之役"占领南京后建文帝乔装为僧出外流亡的经过。朱棣的残暴，程济、史仲彬等的忠贞，建文帝在逃亡途中的艰险和凄凉，在剧中都表现得栩栩如生。《埋轮亭》《洛阳桥》等书写历史，塑造人物，表达了兴利除弊、扬善惩恶的主题。

李玉在竭力捕捉市民生活题材的同时，又注重维护贵族精神和理想气质，让庸俗的生活充满着高贵特性，戏剧内涵深入浅出，剧情雅俗共赏，可谓他创作的重要特色。其所创的剧作中有不少脍炙人口的名句，如《千钟禄》中"收拾起大地山河一担装"一段就广为传唱，以至有"家家'收拾起'"的俗谚。在他的影响下，苏州涌现出一大批剧作家，如朱素臣创作了《十五贯》(剧中的民本思想和民主意识使之成为了昆曲经典)，朱朝佐创作了《喜庆图》，等等，从而形成了昆曲史上著名的"苏州派"。

其实，昆曲走过的是一个雅化(提高艺术水平)—俗化(普及推广)—雅俗交融(共赏)的发展之路。

清末民初，由于社会的变革，昆曲衰落了，一批有识之士又担当了昆曲传承的社会责任。比如由苏州曲家张紫东、贝晋眉、徐镜清发起并联合其他九位志同道合者于1921年8月创办的昆曲传习所，1922年春上海实业家穆藕初接办后改名昆剧传习所，1924年5月间穆藕初邀请上海粟社曲友王慕诘等为首批学员开始授课。传习所开办的六年里先后招进学员约70名，经淘汰后，得名者44名——即历史上的"传字辈"。他们为昆曲传承起到了决定性的作用。21世纪，尤其是联合国将其列为世界文化遗产之后，中央政府、文化部，特别是苏州市政府出台了诸多行之有效的措施。这样，昆曲这朵艺术奇葩再现光辉，出现了白先勇制作的青春版《牡丹亭》，盛况空前。

二、昆曲艺术特点

昆曲的魅力，首先表现在它的音乐上。昆曲注重南曲之慢曲子的充分表达，在缓慢的节奏中较多地使用装饰性花腔。注重每个字发音的过程，增

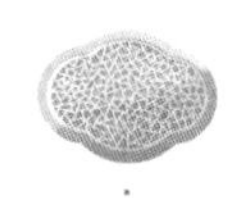

加发音的变化,让柔媚、婉转、悠扬的特点充分体现。演员在实际演唱时自有许多变化,一切服从于情节和人物应有的情绪变化。若同一宫调内的曲子效果不够,还可借用其他宫调的曲子。如《牡丹亭·惊梦》,先后所用的曲牌是【山坡羊】(商调)、【山桃红】(越调)、【鲍老催】(黄钟宫)、【绵搭絮】(越调)。

昆剧的乐器配置齐全,主要由管乐器、弦乐器、打击乐器三部分组成,主乐器是笛子,配有笙、箫、三弦、琵琶等。伴奏也形成了很多吹奏曲牌,以适应不同场合和剧情,后来也被许多剧种所借用。昆剧音乐素有"婉丽妩媚、一唱三叹"之美,可谓冠绝梨园。

与中国传统的戏剧类似,昆剧的角色分类基础最初是生、旦、净、末、丑、外、贴七种。到了清代中期,《扬州画舫录》中记载了昆剧角色的演变结果,即"江湖十二脚(角)色"之说,它们是:"男角色",包括副本、老生、正生、老外、大面、二面、三面;"女角色",包括老旦、正旦、小旦、贴旦;"杂",即打诨一人。经过近代的发展,南方昆剧以小生和旦角为主要角色,这两种门类也区分得更为仔细。小生下又分大冠生、小冠生、巾生、鞋庆生(也叫"穷生")和雉尾生五类。旦行下则分老旦、正旦、作旦(即能扮演男孩子)、四旦(也叫"侧杀旦")、五旦(也叫"闺门旦")、六旦(也叫"贴旦")六类。昆剧的表演多方吸收和继承了古代民间舞蹈、宫廷舞蹈的传统,再通过长期舞台演出的实践,最终成为我们现在看到的表演形式。这种糅合使得昆剧能够满足作为现场表演的各种需求,在《西川图·芦花荡》《精忠记·扫秦》《拜月亭·踏伞》《宝剑记·夜奔》《牡丹亭·惊梦》等剧目中都能欣赏到优秀的昆剧舞蹈表演。另一方面,昆剧的舞蹈与"戏"配合,在《连环记·问探》《虎囊弹·山亭》《浣纱记·寄子》《荆钗记·上路》《琵琶记·坠马、扫松》《西游记·胖姑、借扇》等剧目中,舞蹈表演促成了剧情的陈述。

由于昆剧是从吴中发展起来的,它的念白语音带有吴侬软语的典型发音特点。丑角还有一种基于吴方言的地方白,如苏白、扬州白等,这种吴中一带的市井语言,生活气息浓厚,而且往往用的是快板式的韵白,极有特色。

昆剧的舞台美术包括丰富的服装式样,讲究色彩和装饰以及脸谱使用三个方面。昆剧服饰是主要以明代服饰为基础,为适应舞台表演而加工形成的自成一体的艺用类服饰。服饰色彩比服饰造型艺术中的其他元素更为直观,较款式和纹样更能造成视觉形象的强度与稳固性。戏剧是包括演出者和观众共同参与的活动,只有当演出者和观众处于共同的经验范围内时,信号才能完成它的交流功能。

各类服饰中，巾冠类有冕旒、幞头、晋巾、唐巾、方巾、束发冠、不伦帽等；衣着类有红袍、青袍、圆领、布衣、破衣、绣袄、裙等；脚上装的又分鞋、靴和厚底靴。脸谱颜色基本用红、白、黑三色，一般只用于净、丑两行；属于生、旦的极个别人物也偶然采用，如生角孙悟空、旦角钟无艳。昆剧的舞台装置极为简单。一般用一张桌子、两把椅子，附加帐子、布帷之类。昆剧舞美风格更是传统美学观念影响下的产物。如重人物造型、轻布景的舞台风貌最初或受物质条件和演出方式所限，但随着场上艺术的发展，艺人们已能熟练地借助简单道具进行表演，如以身段代布景的写意化的演出方式，桌子椅子也能装饰成山坡。"虚实相生"，营造出富有诗意的时空环境。

于丹在《游园惊梦——昆曲艺术审美之为旅》中认为昆曲有梦幻之美、深情之美、悲壮之美、苍凉之美、诙谐之美、灵异之美和风雅之美六大美学特征，可谓是说到了昆曲欣赏的点子上了。

正因昆剧在多年中积累了以上优秀元素，加之从中国各项传统文化艺术形式中吸取了精华，昆剧逐渐形成了完善的体系，并赢得了"百戏之祖"的称号。

三、昆曲代表剧目

历代戏曲家在长期的昆曲演出实践的基础上，创作了大量剧目，其中的经典有王世贞的《鸣凤记》，汤显祖的《牡丹亭》《紫钗记》《邯郸记》《南柯记》，沈璟的《义侠记》，高濂的《玉簪记》，李渔的《风筝误》，朱素臣的《十五贯》，孔尚任的《桃花扇》，洪升的《长生殿》，另外还有一些著名的折子戏，如《游园惊梦》《阳关》《三醉》《秋江》《思凡》《断桥》等。

第三节　评　弹

一、评弹发展概貌

苏州评弹是起源于苏州[1]，盛行于长三角地区的一种说唱艺术。其实它

[1] 关于评弹起源说法很多，一般认为"苏州评弹之滥觞，大概在明代的嘉靖年间。当时，以吴歌为基调的南曲开始流行。南曲在苏州开花结果，讲究声腔的一路进入贵族阶级，演化成昆曲，讲究叙事的一路进入平民阶级，成为评弹"。胡伯诚：《姑苏书王王周士》，人民网 http://su.people.com.cn/GB/channel251/413/200709/30/5590.html.

的内涵就是把这两个字拆开分别代表的意义。“评”是评话，唐宋以降的评话结合了苏州方言，通过发展变成了苏州评话，其特点是只说不唱；“弹”就是弹词，明代田汝成在《西湖游览志馀·熙朝乐事》里就记有弹词艺术形式：“优人百戏，击毬关扑。渔鼓弹词，声音鼎沸。”弹词流传到江南，和吴方言结合，苏州弹词就此诞生。早期的弹词只唱不说，到后来应是借鉴了评话“说”的表现方式，变成既说又唱。苏州评弹因为它独具一格的优美说唱艺术而赢得了人民大众的喜爱，同时也赢得了自身的大发展，不仅被我国台湾地区的著名国学大师俞大纲誉为“中国最美的声音”，而且在2006年被国务院公布为第一批国家级非物质文化遗产。纵观苏州评弹的发展史，它在历史上创造了不少艺术奇迹，其艺术成就也不断创造出了一个又一个高峰。作为一门艺术，令人惊叹。这巨大成就的背后，固然有社会的、经济的、文化发展的原因，但众多艺人的作用亦不可小觑，他们是直接的参与者，他们是苏州评弹艺术发展活动的主体。正是一代又一代的艺术家的辛勤劳动和呕心沥血哺育了苏州评弹。

（一）柳敬亭

柳敬亭是明末清初著名评书艺人，一生说书60年，南达绍兴，西到武昌，北到北京，大部分时间在南京、扬州、苏州和杭州说书，死后葬于苏州。柳敬亭常说的书目，多为长篇中的选段，见诸记载的有《水浒》《隋唐》《西汉》等。另有遗作说书底本《柳下说书》8册100篇。关于柳敬亭说书，张岱曾在《陶庵梦忆》中记为：

南京柳麻子，黧黑，满面疤瘤，悠悠忽忽，土木形骸。善说书。一日说书一回，定价一两。十日前先送书帕下定，常不得空。南京一时有两行情人，王月生、柳麻子是也。余听其说景阳冈武松打虎白文，与本传大异。其描写刻画，微入毫发；然又找截干净，并不唠叨。哱夬声如巨钟，说至筋节处，叱咤叫喊，汹汹崩屋。武松到店沽酒，店内无人，謈地一吼，店中空缸空甓皆瓮瓮有声。闲中着色，细微至此。主人必屏息静坐，倾耳听之，彼方掉舌；稍见下人呫哔耳语，听者欠伸有倦色，辄不言，故不得强。每至丙夜，拭桌剪灯，素瓷静递，款款言之。其疾徐轻重，吞吐抑扬，入情入理，入筋入骨，摘世上说书之耳，而使之谛听，不怕其齰舌死也。柳麻子貌奇丑，然其口角波俏，眼目流利，衣服恬静，直与王月生同其婉娈，故其行情正等。

我们看到，柳敬亭说评书广受欢迎，其绝对明星大腕级的演出一票难求。这主要是因为柳敬亭讲究思想性、艺术性、趣味性。他把亡国恨、离家愁、行侠仗义变成评书的内容，他让评书走进听众的心灵。他不是泛泛之辈，他是有思想的艺人。他又极其聪明，充分施展身体语言和有声语言，把抑扬顿挫、高亢低回发挥到了极致，可以说，是柳敬亭在评书实践中形成了一套完整的艺术追求。他在说书中形成的这些特点，一直为后世评书艺人所仿效，并以此为基础进行创新。柳敬亭也被奉为说书鼻祖，以至评书界常誉水平高者为有"敬亭遗风"。这为后世评弹（特别是评书）艺术的发展打下了良好根基，在客观上有力地推动了评弹艺术的发展。

（二）王周士

王周士也是清初的评弹艺人。他最大的成功应该是遇到了乾隆皇帝。乾隆皇帝在第四次下江南驻跸苏州的时候，从行宫里出来闲逛，偶尔听到了王周士在说书。他一下子就被吸引了，将王周士请到行宫里，连听数十回，越听越有瘾，最终把王周士带回了北京城。在京城一年多以后，皇帝因他御前说书有功，赏他七品顶戴（相当于现在的正县级别，后王周士被称为"七品书王"），赐予白银万两方衣锦还乡。王周士在评弹史的重要贡献，就是总结自己的从艺经验，写下了《书品》《书忌》一百二十言，其"快而不乱，慢而不断；放而不宽，收而不短"（《书品》）与"乐而不欢，哀而不怨；哭而不惨，苦而不酸"（《书忌》）的说唱理论，不仅成为早期评弹表演的艺术规范，更已成为我国说唱表演的法典。

在王周士之后，评弹名家辈出，公认的就有"前四大名家"和"后四大名家"。"前四大名家"是指的清乾隆、嘉庆年间的陈遇乾、毛菖佩、俞秀山、陆士珍。如今流行的评弹陈调就是前四大名家之首的陈遇乾所创，他还开创了叙事、代言相结合的形式，在评弹表演中把单纯的讲故事发展到起角色和对白。而俞秀山就是俞调的创始人，并在演唱中使用真假嗓子，使演唱九曲三弯、黄鹂百啭。毛菖佩则是以诙谐幽默、善放噱头著称的大师，曾师从陈遇乾。陆士珍则以说表闻名。"后四大名家"则是指清咸丰、同治年间的马如飞、姚士章、赵湘洲、王石泉。马如飞是马调的创始人，不仅说唱技艺高超，而且著述丰富。姚士章则善起角色，融昆曲演技于评弹之中，风格独特。赵湘洲天赋好，嗓音佳，弹奏巧（被誉为三弦弹奏"首领"），角色全，生、旦、净、末、丑角角精彩。王石泉为马如飞的学生兼女婿，因其借鉴昆曲说白和

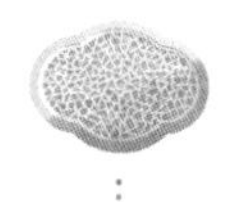

表演手法，又能把马调和俞调融为一体创出所谓“雨夹雪”调而享盛誉于书坛。①

纵观评弹发展史，因为名家众多，这门艺术的探索者们才勇于创新，敢于创新，善于创新。也因为是名家，才有了书场上的挑起竞争、不惧敌档，争做响档，融入市场，争攀艺术高峰，因此，评弹才精彩纷呈。笔者至今还清晰记得，在2001年秋天听吴静、施斌说开篇，开始他们俩一本正经地唱和说，然而当施斌扮演的小丑说去给老佛爷买吃的东西时，吴静扮演的慈禧突然来了一句：“去吧，可不要买冠生园的。”当时冠生园月饼事件刚被中央电视台曝光出来，这幽默效果就特别好，满堂大笑之后就是一阵掌声。因为有了创造，评弹中的那些说、噱、弹、唱的噱充分利用了戏仿（parody）、征引（quotation）、反讽（irony）以及戏说（joking）、挪用（今词古用，diversion）、戏谑（banter）等手法，达到了极好的效果。可以说，因了名家，才有了评弹的后世发展。

二、常用表演技巧

评话的表演不同于戏剧表演，说书人在书台上，始终是以演员身份出现的。表演包括“手面”和“面风”。这种动作和表情，也分说书人的和故事中人物的两大类。评弹表演者的动作和表情，是解释性的，是叙述者用以发展故事的，故事中人物的动作和表情，由说书人模仿故事中人物的语言来说话，叫做“起角色”。苏州评弹经过无数艺人们的创造，已经形成了一套体系化的表演技巧，主要有五个方面：说、噱、弹、唱、演。

（一）说

苏州评话是用苏州方言讲故事的口头语言艺术。其语言由第一人称（即说书人的语言）和第三人称（即故事中人物的语言）两部分组成，而以前者为主。这就和戏剧语言有质的区别。它是讲故事，而不是演故事。第一人称语言称“表”，第三人称语言称“白”，表和白以散文为主，多说不唱；但也有用作念诵的一小部分韵文，包括赋赞、挂口、引子和韵白等。赋赞用以描景、状物和渲染、烘托人物的心理状态及性格特征。挂口是人物的自我介绍。引子是说书人的书情介绍或点题。韵白是韵文的表或白，或铺叙情节，

---

① 秦建国主编：《评弹》，上海文化出版社2011年版，第23页。

或总结前段书情。评弹艺人将这些不同的表叙和道白总称为“六白”：表白、官白、私白、咕白、衬白、托白。以此作为叙事方法，佐以不同的叙事视角，有叙述者的视角、角色的视角、听者的视角，可以表达不同角度、不同身份、不同层次的人物，极大地赢得听众的理解、动情、期盼和兴趣。

（二）噱

放噱就是搞笑、逗笑之意。苏州评弹很注重噱，有“噱乃书中之宝”的说法。人物性格和情节的矛盾展开中产生的喜剧因素，叫“肉里噱”；用作比方、衬托、借喻和解释性的穿插，叫“外插花”；用只言片语来引起听众的笑声，叫“小卖”。

1. “肉里噱”

如《三笑》中的《三约牡丹亭》，是一场闹剧，大踱和二刁丑态百出，符合性格特征，让人捧腹，达到“噱翻”的效果。《描金凤》中的《钱笃召求雨》也有强烈的喜剧因素，以钱笃召这个人物来说，他的处世哲学、待人接物方式及生活遭遇，都构成了喜剧的条件。

2. “外插花”

如评话表演艺术家唐耿良在书中讲到一个人喜欢自我欣赏，他就插进一个音乐家下乡演奏大提琴的故事，说的是音乐家为百姓演奏一段深奥的古典乐曲，奏到得意时，自己极为欣赏，连眼睛也闭了起来，谁知听众不能领会，没有兴趣，都纷纷走了。音乐家演奏完毕，总想是一片掌声，满堂喝彩，不想竟声息全无，他张开眼睛一看，人也没了，但发现一个老太太还在，想她必定是一位知音了，上前一问，竟是音乐家演奏时脚踩在她家的凳子上，老人是为了拿回凳子才没有走的。这段“外插花”插得恰到好处，起到了烘托正书的效果，把一个自鸣得意、自我欣赏的人物形象描绘得栩栩如生、入木三分。

（三）弹

苏州评弹里面的弹词是又说又唱的，并且自弹自唱。弹就是为了配合唱、衬托唱，使唱更具音乐性、更有节奏感，并且赋予演唱者换气、间息、舒展、动作、表演等机会，起到烘托气氛，配合唱形成高潮，加强唱的感召力等作用。①

早期的评弹表演者往往一人档用三弦自弹自唱，唱弹以吟咏为主，故弹

① 上海市文化广播影视管理局编：《评弹》，上海文化出版社2011年版，第77页。

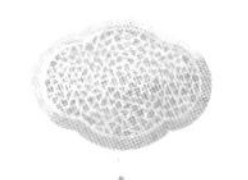

奏技巧也不复杂。20 世纪 30 年代后,伴奏艺术有了突飞猛进的发展,弹的艺术也就有了飞跃。而不同的唱腔和伴奏方式也更加突出了不同流派之间的区别和不同的美。比如张鉴庭在创立"张调"的过程中,就离不开张鉴国的支声伴奏法;徐丽仙"丽调"的创立更是离不开她在三弦、琵琶伴奏的基础上加入了二胡、箫、阮、铃、板等乐器,达到了不同凡响的效果。另外,蒋月泉自弹三弦的简朴庄重、朱雪琴"琴调"的跳跃,都为各自流派的形成起到了重要作用。

(四) 唱

评话以说为主,弹词以唱为主。虽然这唱有承担叙事者功能的唱,有内心独白的唱,有艺人置外评论的唱,但都是评弹不可分割的一部分。其作用一般有两种:一是表达情感,烘托故事发展的气氛,感动或感染听众;二是发展情节。所以唱要放在适当的位置上,可以黏合前后故事,也可以表达停顿,还可以用唱来概述前面的故事或者和提醒后面的故事。这些都有着刻意的讲究。

评弹中的唱有的是有固定唱腔和唱谱的,是老一代的评弹艺人创造后因其优美而固定下来的,但也有很多是即兴演唱的,所以表演者也就是作曲者。这要根据当时的氛围和故事发展的需要来确定。而这也是最能体现演出者功力的地方。也正因为如此,评弹中的唱往往注重吸取其他曲种的唱腔来丰富自己,使评弹不断出新。

有的评弹学员唱功好,嗓音好,唱也就成了其炫技的手段,有的听众也就专门来听唱。这在某种程度上也推动了评弹中唱的发展。

三、书目与流派

(一) 书目

苏州评弹的传统书目,约有 100 多部。[1] 一类说历史故事,属讲史类,如《西汉》《东汉》《三国》《隋唐》《金枪》《岳传》《英烈》《三笑》等,为"长靠书",又称"着甲";一类是"短打书",讲英雄好汉、义士侠客的故事,如《水浒》《七侠五义》《小五义》《绿牡丹》《金台传》等;还有神怪故事和公案书,如《封神榜》《济公传》《彭公案》《施公案》等。

---

① 上海市文化广播影视管理局编:《评弹》,上海文化出版社 2011 年版,第 72 页。

苏州评话都是讲长篇故事，分回逐日连说。每天说一回，每回约一个半小时。能连说几个月，长的可达一年半载。这种长篇连说的特点，形成了评话特殊的结构手法。单线顺叙，用未来先说、过去重谈的方法前后呼应。用“关子”来制造悬念，以吸引听众。新中国成立后，苏州评弹创作、改编了一批新书目，如《江南红》《铁道游击队》《林海雪原》《烈火金刚》《敌后武工队》等。还出现了一些中、短篇作品。2010 年，苏州评弹团将曹禺的名著《雷雨》改编成评弹作品，大获成功。

（二）艺术流派

大致可分三大流派，即“陈（遇乾）调”“马（如飞）调”“俞（秀山）调”。经百余年的发展，又不断出现继承这三位名家风格，且又有创造发展自成一家的新流派。如“陈调”的继承人刘天韵、杨振雄。“俞调”的继承者夏荷生、朱慧珍，他们均自成一家。其中“马调”对后世影响最大，多有继承并自成一派者，如“薛（筱卿）调”“沈（俭安）调”“琴调”（朱雪琴在“薛调”基础上进行发展）。“周（玉泉）调”是在“马调”基础上的发展，而“蒋（月泉）调”又出自“周调”，如此发展繁衍形成了苏州评弹流派唱腔千姿百态的兴旺景象。

由于评弹的情节曲折离奇，表演扣人心弦，形式雅俗共赏，故数百年来流传于江、浙、沪城乡，为社会各阶层人士所喜爱。

在当今传统文化尤其是传统地方文化逐渐因为全球化的大趋势而呈现下滑和衰落时，苏州评弹也不可避免地面临威胁，但因其深厚的群众基础，仍然具有极强的生命力。因此，苏州评弹更要注重人才的培养，将苏州评弹在保存和传承的基础上有所创新，打造出苏州地方文化的新旗帜。

第四节　锡　剧

一、锡剧起源与发展

（一）乾嘉时期

清朝乾隆、嘉庆至道光年间，无锡东乡羊尖、严家桥等太湖沿岸农村地区农民用当地的民歌小曲说唱故事以自娱，世人称为“东乡调”。太平天国前后，“东乡调”逐渐发展成曲艺形式的“滩簧”，表现生活中的小故事，由于

语音唱腔略异，又分“无锡滩簧”和“常州滩簧”。滩簧吸收了江南民间舞蹈“采茶灯”的身段动作，并曾用采茶灯、花鼓戏的方式演出，故又被称作“花鼓滩簧”。那一时期的滩簧戏多为二人一档，在农村中活动，所演节目只有一旦、一生（或一丑）两个角色，故又称为“对子戏”。后又有小生，并从坐唱变为在田头广场做简单动作表演的走唱，化装极为简单，男角色身穿长衫或短衫，头戴瓜皮小帽或毡帽，手拿折扇（短衫者不拿）；女角色身穿短袄、长裙，脸上略施脂粉，头戴假发髻，插绢花，手持方帕，都是以“小生、小丑”“小生、小旦”“小旦、小丑”为主的“对子戏”，也叫“三小戏”。还有 4 个人一起的“双对子”。都是自拉自唱，不设舞台，就在田头、场上演出。演出内容有单出的散对子戏，也有故事贯穿前后首尾的全本戏。由于当时女性的社会地位不高，那里的女主角常由男演员扮演。在演出的开始，一般是用 4 句唱词开篇，称为“四句山头歌”。所演内容大都是民间生活和男女恋情。流传下来的剧目有《拔兰花》《摘石榴》《双推磨》《秋香送茶》等 30 多折。这是锡剧发展的第一阶段，属于自发时期。没有文人参与，没有专门的剧团与职业艺人，当时的演员文化水平不高，又常常是即兴演出，虽然事先有一个剧情设计，但表演水平有限，艺术也较为粗糙。

（二）同场戏阶段

在清道光年间，民间开始出现了半职业或职业滩簧艺人，也开始出现女性的职业艺人。由于演出繁忙，职业艺人们需增添人手，便开始收徒传艺，组织班社，至光绪年间，逐步形成常帮、锡帮、江阴帮和宜兴帮。随着班社之间竞争的兴起，剧目内容丰富起来，戏剧的情节也复杂起来，出现了除“三小”外又有老生、老旦、滑稽等三至五个角色的剧目，如《借黄糠》《陆雅臣卖妻》《珠花记》等。“小同场”就是在这一时期出现的。由于“对子戏”剧目的发展，曲调丰富起来，加上内容的增多，故事情节变得复杂，也就突破了原有的形式。同场戏可分为“小同场”和“大同场”两个阶段，“小同场”是在农村演出时的产物，而“大同场”则是进入城市以后的产物，这是锡剧发展史上的一个重要转折。但是，好景不长，辛亥革命后的国民政府有关当局，视滩簧“伤风败俗”“俚俗淫秽”，多次下令取缔，“小同场”面临消亡的危险。滩簧艺人们只好走街串巷送艺卖唱以养家糊口。

（三）上海发展时期

1908 年沪宁铁路通车，这为滩簧进入大城市创造了条件。一大批同场滩簧艺人，如袁仁义、孙玉彩、李庭秀、过昭容、周甫艺、王嘉大等，自1914年起先后进入大上海，初期只是走街串巷或进茶馆、酒楼演唱。1916年，袁仁义、李庭秀、邢长发等组班称“无锡滩簧”在年底进入“天外天”游艺场演出，之后又转入“大世界”三楼，另有孙玉彩、王嘉大、周甫艺等组班称“常州滩簧”，于1919年进入小世界（劝业场）等地演出，1921年常州班改为“常州文戏”，无锡班改为“无锡文戏”。同年，常帮艺人周甫艺和锡帮艺人过昭容合议，两帮合作于先施公司游乐场同台演出。从此两帮合流，统一改称为“常锡文戏”。锡剧进入上海和苏、锡、常等大城市之后，一方面，由于有了较稳定的演出场所，先后出现了一批较稳定的长年不散的“四季班”，著名的有袁（仁义）家班、孙（玉彩）家班、周（甫艺）家班、李（庭秀）家班、刘（荣炳）家班等。另一方面，也得以与兄弟剧种接触、交流和竞争，首先在剧目上获得显著发展。先后从“宣卷”和“弹词”引进了《珍珠塔》《玉蜻蜓》《双珠凤》《孟丽君》等，从徽班中吸收了《琵琶记》《蔡金莲》等，由京剧移植了《贩马记》《樊梨花》等。在十里洋场商业文化的影响下，为竞尚新奇，招徕观众，从20世纪30年代中期开始演出了一大批置有机关布景、灯光彩台的连台本戏和公案戏，如《狸猫换太子》《封神榜》《彭公案》；同时也上演取材于现实题材的《山东马永贞》《杨乃武与小白菜》等一批时装、清装戏。

（四）新中国成立后

新中国成立后，锡剧迎来大发展时期。1950年，苏南行政公署举办民间艺人讲习班，同时将流落各地的“常锡文戏”统一改称“常锡剧”，并成立了苏南文联、常州、无锡三个实验常锡剧团，挖掘整理传统戏《宝莲灯》《翠娘盗令》，移植改编了现代戏《王贵与李香香》《赤叶河》《白毛女》《翻身姐妹》等十个剧目。1953年4月由苏南文联实验常锡剧团和苏南文工团部分人员组建成江苏省锡剧团，从此常锡剧便简称为“锡剧”。此后，各剧团废除幕表制，建立剧本制，强化导演制，并在音乐、舞台美术等方面进行了艺术革新，先后参加了1954年9月在上海举行的华东区戏曲观摩演出大会和1957年4月举行的江苏省第一届戏曲观摩演出大会。姚澄、王兰英、沈佩华、王彬彬、梅兰珍等大批演员获奖，这些演员在此后的艺术生涯中不断探索，创立了如“彬彬腔”等的多个锡剧艺术流派，推动了锡剧艺术的发展。随着科技的发展，锡剧被搬上银幕和荧屏，扩大了锡剧在全国的传播和影响，并受到了广泛欢迎，被赞为“太湖一枝梅”。

二、锡剧的艺术特征

锡剧长于抒情,唱腔曲调基本上是上下句的板式变化体结构,常在上下句之间插入一段或长或短的清板。主要曲调为簧调,柔和轻快,有簧调、大陆调、玲玲调、紫竹调等。由拍板、月琴、琵琶、唢呐、锣鼓等乐器伴奏。20世纪30年代,又吸收了杭州武林班的大陆板,苏州文书调(由苏滩和评弹衍变出来的一种说唱曲调)的"玲玲调",苏滩和申曲的"迷魂调"与"三角板",京剧的"高拨子"以及"春调""紫竹调""九连环""绣荷包"等江南民歌小调,使唱腔更加丰富多彩。

锡剧常用曲调具有江南水乡民间音乐的特色,柔和抒情,清快悦耳,唱腔曲调第一主要为簧调,簧调是江南山歌融合苏州弹词曲调发展而成的,旋律优美流畅,长于抒情。有老簧调、簧调慢板、老旦反弓调等十多种板式。大陆调是锡剧第二主要唱腔曲调,源于武林班的"大锣板"(也称"大陆板"),开始仅上下两句,后仿簧调曲式结构,创造了"清板"。南方调原为"南方歌剧"的主要唱腔。20世纪30年代至40年代,上海一度出现多种类型的"南方歌剧",主要在游乐场演出。使用的乐器以正、副二胡为主,琵琶、三弦、扬琴为辅,箫、笛、中胡、小提琴、大提琴等乐器也有使用。

锡剧在舞台表演上在发展到以古装戏为主后,主要参照京剧的表演程式和艺术手段。部分剧团还聘请京剧和昆剧演员进行辅导,学习京、昆的舞蹈身段、形体动作,向载歌载舞、唱做念打方向发展,但一般仍以"唱"为重点。

锡剧舞台美术方面,常锡文戏时期均仿效京剧,采用"守旧"和一桌两椅。1949年新中国成立后,除部分传统剧目外,多参照话剧的舞美设计,古装戏化装兼用越剧小头面和京剧大头面。在采用幕表制时期,有一批常用套语,形成表现各种人物和事物的"赋子",约40余篇。

锡剧的角色行当虽有分工,但较粗略,分为几个发展阶段:对子戏阶段,男角称"上手"(或称"左口"),女角称"下手"(或称"右口")。"小同场"时期,角色增多,角色行当已由对子戏的"三小"发展为小生、老生、滑稽(丑)、老旦、花旦五行。"大同场"时,进一步分行,小生有"风雅""文武"之分,老生有"家庭""文武""奸雄"之分,滑稽有"潮流滑稽"(演唱时事新闻)"呆派滑稽"(又称"冷面",以阴噱见长)之分,老旦有"家庭老旦""彩旦"之分,花旦有"青衣悲旦""文武花旦""闺阁花旦""风骚花旦""小旦"(又称"丫头旦”）之分。

锡剧传统剧目约有 270 多个，如：《卖馄饨》《卖桃子》《卖汤团》《卖花带》《卖草囤》《卖水饺》《卖排骨》《摘毛桃》《摘菜心》《摘石榴》《借汗巾》《借披风》《借黄糠》《盘陀山烧香》《牙痕记》《烧骨记》《咬舌记》《灰阑记》《蓝衫记》《金环记》《鲫鱼记》《红鞋记》《吕布与貂蝉》《宝莲灯》《红鬃烈马》《武松杀嫂》《薛刚闹花灯》《金玉奴》《斩经堂》《昭君出塞》《陈杏元和番》《隋炀帝看琼花》《梁祝》《碧玉簪》《火烧红莲寺》《荒江女侠》《包公案》《七侠五义》《血滴子》《珍珠塔》《双珠凤》《玉蜻蜓》《白蛇传》《孟丽君》《孟姜女》《何文秀》《杨乃武与小白菜》《描金凤》《啼笑因缘》《秋海棠》《枪毙阎瑞生》《黄慧如与陆根荣》《苦命的女单帮》《卜灵望》《陈阿尖》《一条黄瓜三扁担》《显应桥》《庵堂认母》《庵堂相会》《双推磨》《君臣游苑》《红花曲》《海岛女民兵》。

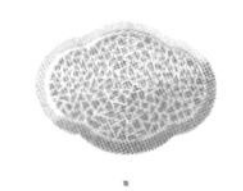

第六章　吴地书画与工艺

第一节　吴地的绘画艺术

在中国绘画艺术的发展过程中，以苏州为中心的吴文化区域诞生了“六朝三家”“元四家”“明四家”“清六家”“金陵八家”以及“吴门画派”“松江画派”“娄东画派”“虞山画派”“常州画派”等在画坛产生巨大影响和冲击力的画家群体和流派。尤其是明代中期的吴门画派，对中国绘画发展的影响之深远，超出了该画派在学术上的意义。其特有的美学文化引领了明清以来数百年绘画的流风，是中国绘画史上的一座里程碑。

一、吴地绘画的历史沿革

吴地绘画的发展大致可以分为三个时期。第一阶段为两汉、魏晋至唐宋的初创期。此阶段，早期吴地文人绘画的特点初露端倪，绘画名家频出。第二阶段是元至明中期，这是吴地绘画的高峰期。这时江南一带已逐渐成为全国文化中心区域，为绘画艺术的发展创造了有利的条件。“吴门画派”的形成标志着吴地绘画达到了一个巅峰。第三阶段是明后期至近代，此为吴地绘画的传承发展期。“吴门画派”的传承演化成众多绘画流派，出现了不少名家，使吴地绘画始终处于中国绘画的潮头浪尖，传承着中国文化的优秀传统。

（一）初创期——汉代至宋代

虽吴国自春秋灭于越后历经诸多战乱，但吴地独特的地理优势和东汉后期较为稳定的政治，还是使吴地的经济得到了一定的发展。至魏晋时，稳定的政治和富裕的生活使吴地追求闲适清淡的士大夫阶层兴起。这些士族中不少人参与了绘画创作活动。其中曹不兴、顾恺之、陆探微、张僧繇最为有名。

曹不兴,三国时吴人。因其善画,与善书的皇象、善棋的严武等八人被称为“吴之八绝”。其画技高超,相传孙权命其画屏风,误墨成蝇状,权疑为真,举手弹之。① 顾恺之、陆探微、张僧繇是六朝最具影响的吴地画家,称为“六朝三杰”。南朝谢赫在《古画品录》中对陆探微推崇备至,称其绘画“穷理尽兴、事绝言象、包前孕后、古今独立”,列其为画品的第一品第一人。他的人物肖像画于眉清目秀中显出神采生动的韵味,称为“秀骨清像”②。张僧繇以善画佛像而著称。他在江南寺院绘制了大量的壁画,造型生动,富于表现力,以“画龙不点睛,点则飞去”的传说,留下了“画龙点睛”的成语。③

隋唐时,吴地绘画得到了进一步的发展。盛唐时期吴郡山水画家张璪,曾为“时之名流”。其山水画“高低秀丽、咫尺重深、石尖欲落、泉喷如吼”,“其近也,若逼人而寒;其远也,若极天之尽”。④ 宋代山水画家荆浩在《笔法记》中称其“不贵色彩,旷古绝今,未之有也”⑤。张璪擅长总结画理,其所撰《绘境》中“外师造化,中得心源”之语成为画学的不朽名言。活跃于开元年间的吴郡画家兼雕塑家杨惠之师承张僧繇佛道画风,是与“画圣”吴道子齐名的著名艺术家。晚唐吴人滕昌祐在花鸟画上独树一帜,他在住宅内布置山石,栽种奇花异草,以观察写生。因此他的画“宛有生意”,可与当时最负盛名的花鸟画家边鸾媲美。唐代吴地绘画理论也颇有建树。翰林学士朱景玄因喜好绘画而编辑成《唐朝名画录》,这是唐代较有价值的绘画史论著作,为后人提供了画史上许多重要史料。

五代时江南战事较少,人民生活较为安定。北方士族文人纷纷聚集于此,因此吴地绘事频繁,画家活跃。此时有两位吴地的南唐画院画家名扬画坛,一位是周文矩,擅长人物、车马、屋木、山川,其功力深厚,所作的《重屏会棋图》描绘了南唐中主李璟的形象,是珍贵的历史人物肖像。另一位是顾闳中,所作《韩熙载夜宴图》在人物神态与内心刻画上尤其独具匠心。此画在造型、用笔、设色上体现了深厚的绘画功力。人物衣纹简练洒脱,勾勒的线

① 张彦远:《历代名画记》,载卢辅圣主编:《中国书画全书》第1册,上海书画出版社1993年版,第138页。

② 谢赫:《古画品录》,载卢辅圣主编:《中国书画全集》第1册,上海书画出版社1993年版,第1页。

③ 张彦远:《历代名画记》,载卢辅圣主编:《中国书画全书》第1册,上海书画出版社1993年版,第147页。

④ 朱景玄:《唐朝名画录》,载卢辅圣主编:《中国书画全集》第1册,上海书画出版社1993年版,第165页。

⑤ 荆浩:《笔法记》,载卢辅圣主编:《中国书画全书》第1册,上海书画出版社1993年版,第7页。

条劲健优美，色彩丰富而统一和谐；细节的描写如家具陈设、乐器服饰等工整严谨，对历史考据有较高的价值。此外，吴地还有众多画家也名重一时，如王齐翰、赵干等。

两宋时，由于审美情趣转移，山水画出现前所未有的兴旺。吴地名家首推僧巨然，他的山水画多写江南山水。巨然与画家董源因画风相近，合称为“董巨”，其画作成为南方山水画风格的典范。后代画家无不对其推崇有加，僧巨然被尊为山水画一代巨匠。米芾虽为太原人，但长期居住镇江，对吴地绘画发展也起了重要作用。米芾与子米友仁的山水画自成一派，史称“米点山水”。其对真山真水的感受用水墨渲染的技法“信笔作之”，使笔墨情趣跃然纸上。

这一阶段，吴地画界人才辈出，并开始逐步形成特有的风格，绘画的突破可以说蓄势待发，只等时机了。

（二）高峰期——元代至明代中期

南宋时，士族文人大举南迁，吴地作为经济文化中心的地位逐步形成。至元代，统治者对汉族士大夫的文化进行压制、排挤、陷害，使他们远离政治而隐逸于野，吴地富足安逸的生活环境是其理想的栖息之地，于是吴地成为文人画家最为集中的地方。

元代绘画最突出的是文人画。文人追求隐逸清高之风，强调绘画贵有“士气”“古意”，要求文人画家要有文学修养。被称为“元四家”的黄公望、倪瓒、王蒙、吴镇是元代文人画家的杰出代表。“元四家”均为广义上的吴地文人。《虞山画志》的作者郑伦逵称黄公望：“山水师董、巨两家，刻划虞山景象，着浅绛色。元季四大家之冠。”[①]倪瓒虽出身富家，但隐逸思想尤甚，至晚年弃家遁迹，专心画事并追求高逸的绘画境界，被称为“高士”，明代江南人家以有无倪画为清浊。[②] 此外，山水画家朱德润在当时也极具影响，其作品因得宋代李成、郭熙之精粹而备受同行称道。元代吴地画家的声誉日隆，为明代吴门画派形成的前奏。

明代吴地城市商业和手工业发达，是东南一带最富饶的地方。市民阶层对文化商品需求增长，使得绘画作品交易兴旺，促进了绘画的发展。元末

---

① 郑伦逵：《虞山画志》，载卢辅圣主编：《中国书画全书》第10册，上海书画出版社1996年版，第1005页。

② 董其昌：《画禅室随笔》，载卢辅圣主编：《中国书画全书》第3册，上海书画出版社1992年版，第1023页。

明初的赵原、徐贲、陈汝言、刘珏、杜琼、沈恒吉、沈贞吉等画家是吴门画派的先驱。成化至嘉靖年间,形成中国绘画史上影响最大的画派——吴门画派。该画派的特点为:一是画家实力强,且均集中于江南经济文化发达的吴地;二是画家学养高,与各界人士交往甚密,其“清高平淡隐逸”的画学思想与文人审美要求相适应;三是该画派人数多,师承关系广,有较高的社会地位。被称为“明四家”的吴门画派代表人物沈周、文徵明、唐寅和仇英,在明代绘画史上有着重要的地位。吴门诸家在继承了宋、元以来文人绘画的优秀传统的基础上形成了鲜明独特的风格,被认为是自唐代王维以来南派文人画的传承。

“吴门画派”在山水、花鸟和人物画上均有建树,作品中体现出的诗、书、画的有机结合,使文人画儒雅高逸的特点更臻完美。“吴门画派”形成后,其派系传承世代绵延不断,其中文徵明的子孙、学生中就有30多人成为有名的画家。如文氏家族中的文彭、文嘉、文伯仁、文淑等,学生王宠、陈道复、周天球、钱谷、陆师道、陆治等,皆各有所长,称誉于世。

明代与“明四家”齐名的吴地画家还有杜堇、周臣等。周臣是唐寅的老师,其画取法宋元各家,笔法清秀纯熟,构图清旷周密。人物、山水皆善。花鸟画家有无锡王绂,昆山夏昶,苏州陈淳和周之冕、陆治、周天球等。王绂在画竹上极有成就,山水画功力也很深。他画的墨竹潇洒磊落,充分表达出竹的青翠挺拔的特点,被称为“国朝第一”①。夏昶是王绂的传人。他用笔遒劲而有韵致,时人争购其画,有“夏卿一个竹,西凉十锭金”之说。陈淳擅长写意花卉淡墨欹毫,独创面目,与花鸟画家徐渭(青藤)并称“青藤白阳”。此外,陆治工整妍丽的花鸟、周之冕的勾画点叶派花鸟、周天球的水墨石兰等都独具一格,别开生面。

元至明代中期是吴地绘画艺术的鼎盛时期,这段时间虽然仅有300多年,但以“明四家”为代表的“吴门画派”能主宰画坛成为主流,表明了吴地绘画艺术已从孕育走向成熟,从成熟攀上巅峰。

(三)传承期——明代后期至近代

明代后期,以董其昌为首的“华亭派”,以及“苏松派”“云间派”,均为吴门画派的延续和拓展。董其昌的“南北宗”理论,给绘画史的风格研究开拓

① 王原祁等纂辑:《佩文斋书画谱》第4册,中国书店1984年版,第1483页。

了新的课题。清代初期,由于统治者对传统文化的提倡和鼓励,吴地画坛出现了摹古和创新两种趋向,并形成了在题材内容、思想情趣、笔墨技巧上形成了各自不同的风格和流派。以"四王"、恽格、吴历为代表的"清六家"和以龚贤为首的"金陵八家"分别是两者的代表。

"清六家"中除了恽格后期专攻花鸟外,其余均为山水画家。"四王"中王时敏、王鉴、王原祁为太仓人,是"娄东画派"的首领;王翚是常熟人,与吴历同乡,被归为"虞山派";恽格是常州人,为"常州派"。"清六家"弟子众多,推崇宋、元的艺术主张,得到了清代最高统治者的赏识,被视为山水画的正宗。"清六家"在艺术与创作上主张尊古、摹古,对宋元以来传统绘画有深刻的理解和总结,其画派发展较快。主要画家有"娄东派"的黄鼎、唐岱、方士庶、董邦达、"小四王""后四王"以及"虞山派"的杨晋、李世倬等。"金陵八家"是活跃于南京的画派,包括龚贤、樊圻、高岑、邹喆、吴宏、叶欣、谢荪、胡慥,他们之间交往频繁,与清政权持不合作态度而遁迹草野,洁身自好。虽师承不同但互有影响,均致力于追求创新和独立的画风。其中以龚贤成就最大,列为"八家"之首。龚贤从董源、"二米"、吴镇及沈周的绘画中汲取营养,作品描写江南实景,追求奇而安的境界和浑厚苍郁的艺术风格,对后世画家影响较大。同时还有"常州派"(又称"武进派"),其先驱是明代末年的恽向,他是恽格的伯父兼老师。该派中邹之麟、孙慎行、唐宇昭等也较有名望。

清中期,"镇江(丹徒)画派" 等逐步崛起。"镇江画派"张崟喜画花卉、松树、竹石及山水。镇江画派画风细密,色彩雅致。顾鹤庆能诗善书,工山水,尤擅画柳。其柳枝色彩幽雅明净,与张崟的松树并称"张松顾柳"。丁皋是肖像画世家。丁皋画像"运笔落墨,直臻神解","人之妍媸老少,偏侧反正,并喜、怒、哀、乐皆传之酷肖"。[①] 著名画论《画鉴》的作者笪重光为镇江京口人。笪重光官至御史,善书画,精鉴赏,与画家王翚、恽格交往频繁,情谊笃厚。

清嘉庆、道光后,中国逐步沦为半殖民地半封建社会。吴地文人画虽随之日渐式微,但余韵犹存。较为活跃的画家中,武进汤贻汾,以画花卉、梅竹,名重于世;华亭胡公寿的山水画极有特色;常州黄山寿的青绿山水颇见功力;南京吴石仙师承"四王"擅长山水有创新;苏州顾沄,山水师法"娄东"

---

① 蒋宝林:《墨林今话》,载卢辅圣主编:《中国书画全书》第 12 册,上海书画出版社 1998 年版,第 947 页。

"虞山"画派,被视为"汇'四王'之长者"。清代末年,上海发展成中国最大的经济中心和工商业城市,全国很多画家聚集于此交流画艺或卖画谋生,而吴地毗邻上海,又有着适合文人雅士生活的环境,因此吴地成为大批旅沪画家学习与居住之地。如近代名声卓著的虚谷、任熊、任薰、任颐、吴昌硕等均在苏州居住,与本地画家交流画艺,举办画展。吴地著名画家如吴友如、吴石仙、黄山寿、胡公寿、吴湖帆、吴待秋、吴子琛、冯超然等,则寓居沪上,继续发扬光大吴地的绘画艺术。

二、吴地绘画的文化艺术特征

不同时代的生活方式和审美要求会对吴地画家的艺术创作产生影响,但吴文化传统较稳定的延续性又将这种影响限制在一定范围之内。吴地绘画的艺术特征是由不同时代、不同流派、不同风格和不同社会地位的画家作品特征组成的。

(一)文人气息的隐逸风格

两汉魏晋时期,文人中盛行玄学清淡,欣赏隐逸清高。吴地绘画也与时俱进,形成了具有吴地文人特色的审美情趣。美学家宗白华先生认为文人的审美意境"所要表现的精神是一种深沉静穆地与这无限的自然、无限的太空浑然融化、体合为一"①。这就是对魏晋文人"隐、逸、清、高"的最好诠释。至明清,吴地画家文人追求精神上宁静恬淡、闲云野鹤般无拘无束的自由;生活上讲究良好的环境和物质条件,焚香品茗、赋诗论画、弈棋饮酒,充满精致高雅舒适的情调和享受;在艺术上尽情抒发情感,注重内心感悟,强调"遣兴移情"、闲情逸致的情致和"物我合一"的境界。

这种文人精神境界与绘画上"写意""迁想妙得、以形写神""外师造化、中得心源"的艺术趣味是冥冥相合的。绘画的"写意"是不求形似求神似,画人合一、意在笔先。其本质是散淡闲适、随性所至。在图形和语言上,追求情趣、个性和突破时空的笔墨,实现形、神、画和物、象、人的辩证统一。而"迁想妙得、以形写神""外师造化、中得心源"是对写意的进一步深化。写意过程与效果的"隐逸""清高"之气也满足了吴地文人画家的精神追求。从张僧繇"画龙点睛"的神形兼备、陆探微"秀骨清像"的生动,到巨然的"淡墨轻

① 宗白华:《艺镜》,北京大学出版社 1987 年版,第 82 页。

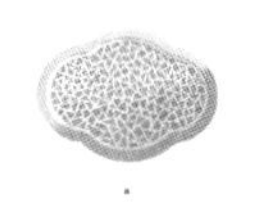

岚为一体”,直至元四家“清高平淡”的绘画创作,都承继并发展着“神、心、形”合一的文人写意审美意境。

明清时朝廷对文人既拉拢又迫害的政策,使更多的文人画家惶惶然以远离官场而求隐退生活,绘画的“文人情结”也更加郁重。他们既重视“摹古”以求宋元诸家的“清逸之气”,又重视借画抒情的创新,以自遣其意趣。如吴门画派的杰出代表沈周,其绘画风格就是建立于“元四家”基础上,形成了“粗株大叶、天真烂漫”的独特风貌。“金陵八家”作为明朝遗民而隐居不仕,以画谋生,以诗画酒茶自娱,用这种生活方式流露自己的政治抱负和艺术主张。他们的艺术风格虽然不很相似,但其所追求的苍茫沉郁、清远隐现的文人精神却极相近。

吴地绘画发展在文人精神的道路上代代相传,使其绘画风格与艺术品位卓然鹤立于中国画坛而一枝独秀。

(二)传统与创新的结合

吴地绘画在总体风格上继承了魏晋以来士族文人画传统,宗师于唐宋以来诸大家的笔意墨韵。而院体画在吴地也有一定的画家群体,它们与文人画相互促进,取长补短,共同推动了吴地绘画的发展。

吴地画家在艺术创作的态度上,显示出较强的宽容性和创造性而较少门户之见。明四家中的唐寅、仇英以及清初花鸟画家恽格等,从流派特征上,属于院体派画家,但又能跳出院体画的束缚,在画中融入文人精神的追求与风格,从而丰富了绘画的特色和技法内涵。而黄公望、倪瓒、沈周、文徵明等虽然直接师承南宋文人画派,但也吸取了院体画的精华,形成了独特的画风。他们在创作风格上能殊途同归,既显现作品注重主观的情感、灵性的表现、个性的张扬及“清流人品”与“文人画品”的统一,又能在具体技法上不拘一格,博取广学。

明清时吴地画家模仿唐宋元诸家作品成为时尚,但始终未忘创新,即使是被后人称为“死捧古人”的“清六家”,他们在“仿古”的同时也推出了自己的绘画风格。吴地画家能较为妥善地解决了“雅”与“俗”的关系,在商业性渗入文人绘画的前提下引俗入雅、化俗为雅,成为明清吴地绘画的突出特点。

吴地画家对文人画模式新诠释做出了很大贡献。书画同源是中国绘画的一个特色,表现为笔墨技巧和题款。但宋代以前题款在画面不占主要位置，不参与画面的构建。苏轼使题款诗、文、书结合，这才开创了其新内涵。元代倪瓒在此基础上使诗书与画面相得益彰。至明代，吴地画家在诗、书、画的完美结合上更进一步，印章的运用不仅使诗情画意更加融合统一，而且通过题款和印章的合理经营配置，创造出了新的形式美。这种诗书画印的结合增加了绘画的文化内涵和表现力，对文人画的发展起了推动作用。

（三）注重人品、文品与画品的统一

吴地绘画在中国画坛名声显赫，是与画家对自我人格不懈不怠的修炼，并在作品中构筑文人意境和重视笔墨意蕴，形成"遗貌取神"文人气息的传递有较大的关系的。

吴地画家的生活经历虽各不相同——有的家境富足、生活滋润，有的穷困潦倒、坎坷艰辛——然而在其或温良谦恭或桀骜不驯的外表下都有着"荣枯不驻心、宠辱两相忘"，不与奸党朋比，不与权贵为伍的正直独立、铮铮傲然的品格。其中多数画家无意于博取功名而终身不仕。如倪瓒，家虽富足，但为了摆脱世事的干扰，干脆弃家遁迹，浪迹江湖专心作画二十余年，被誉为"高士"。龚贤明亡后坚决不与清王朝合作而逃亡十载，其有诗云"十载孤臣逐泛萍，扁舟何处问中兴"[①]。文徵明有"平生三不肯应"之说，即不卖画给藩王贵族、宦官和外国人。吴地画家中也有以"达则兼济天下"抱负而为官的，但大多不甘同流而告官回乡，继续在笔墨中体现自己的人生价值。

吴地画家人品的修炼还表现在他们宽容豁达、关心他人的高尚品格上。顾恺之对他人窃其画作，用"妙画通灵变化而去，亦如人之登仙也"来解脱，大度释然溢于言表。[②] 沈周一生敦厚，平易近人，对求画者，上至公卿下至贩夫、牧童，都不计报酬一概应允，或作赝作求题以售亦乐然应之。[③] "重积德，则无不克"，这是吴地画家在中国画坛取得成功的重要因素。

文品与画品的完美结合是吴地画家普遍的追求。他们在绘画创作的同时，重视对绘画理论的研究和文学修养的提高。顾恺之是中国画论最早的先驱。他著有《魏晋胜流画赞》等画论，提出了"迁想妙得"等见解。唐代张璪的"外师造化，中得心源"成为绘画创作的座右铭。吴地画家的博学反映在绘画上则是诗、书、文、印、画的巧妙结合。黄公望工书法、诗词，并善散

① 龚贤：《越江渔隐》，载王道云编注《龚贤研究集》上，江苏美术出版社 1988 年版，第 59 页。

② 王原祁等：《佩文斋书画谱》第 3 册，中国书店 1984 年版，第 1185 页。

③ 王原祁等：《佩文斋书画谱》第 4 册，中国书店 1984 年版，第 1520 页。

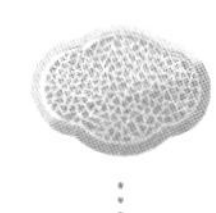

曲,倪瓒善作诗文,其诗文有潇散清逸之趣,并能与当时有名的诗家唱和。沈周、文徵明、唐寅、龚贤等诗、书、文兼善,均有诗文集传世,唐寅更被誉为“江南第一风流才子”。吴地画家与文人之间和诗唱词的交往也是画品提升的原因之一。

三、吴地绘画名家名作

(一) 顾恺之

顾恺之(约346—409),字长康,小字虎头,无锡人。20岁时在江宁(南京)的瓦棺寺画维摩诘像,“及开户,光照一寺,施者填咽,俄而得百万钱”。由此,顾恺之名声大振。他在瓦棺寺画的维摩诘像,据《历代名画记》记载有“清羸示病之容,隐几忘言之状”。他对人物造型、神态的描绘生动形象、惟妙惟肖,达到了极高的水准。

《女史箴图》是顾恺之根据西晋张华所撰《女史箴》文学作品而创作的一幅手卷。画意是以封建妇德来劝诫妇女,共有12段,每段有箴文,现存有9段。《女史箴图》描绘故事情节,以刻画人物精神为主。如第一段“玄熊攀槛”,写冯婕妤面对玄熊挺胸趋前,临危不惧,与汉元帝的惊惶失态形成强烈对比。画面描绘“笔彩生动,鬓发秀润”,是最具顾恺之绘画风格的代表性作品。

东晋·顾恺之《洛神赋图》(局部)

东晋·顾恺之《女史箴图》(局部)

(二) 黄公望

黄公望(1269—1354),字子久,号大痴道人,常熟人。他曾为一小吏,后皈依道教全真派,并专心于山水画的创作。他常携带笔墨往来于常熟虞山、浙江富春江等地,领略江南自然胜景。他的作品大都表现江南秀丽的山川景色,风格苍劲高旷、气势雄秀,有“峰峦浑厚,草木华滋”的评说。

黄公望绘画作品流传不少,其中《富春山居图》最为著名。《富春山居图》描写富春江一带初秋景色,峰峦石坡、云树苍茫、林壑飞泉、村落小桥,美不胜收,笔墨技巧堪称精湛,为元代山水画精品。《富春山居图》受到了画家与收藏家的青睐,曾被明代画家沈周收藏,后落入吴洪裕手中,吴喜爱至极,临终欲将其焚毁陪葬,被其侄从火中抢出时已成两截。后历经多位藏家之手,现前半截藏于浙江博物馆,后半截藏于台北博物馆。

元·黄公望《富春山居图》(局部)

(三)沈周

沈周(1427—1509),字启南,号石田,长洲相城(今苏州相城区)人。沈周祖父、伯父和父亲都擅长诗文、绘画,都是吴中著名儒生。沈周从小生活在充满文化艺术的氛围中,为其日后书画生涯打下了良好的基础。沈周一生淡泊名利,过着一种清闲自在的生活。

沈周生性好游,他每到一处必写真景山水画,并赋诗以记事。沈周中年盛名后,文徵明、唐寅都曾出入其门,但他无大师之傲气,依然平易近人。沈周 80 岁时仍精神矍铄,作画如常,83 岁时病逝。其绘画主要吸收"元四家",于黄公望、王蒙、吴镇尤有心得。代表作品有《庐山高图》,这是沈周 41 岁时为其老师陈宽祝寿而作的一幅巨幅杰作。画中山峦层叠,飞瀑直下,长松巨木,沉郁茂盛。近处有一人背立观瀑,以此衬托出山川的雄伟壮丽。以庐山赞美老师的人格高尚,选题、立意颇具匠心。沈周早期作品风格有"细沈"之说,40 岁以后,笔墨放开,画风转向雄浑沉厚,形成了"粗株大叶,天真烂漫"的独特风格,有"粗沈"之称。

(四)文徵明

文徵明(1470—1559),初名璧,字徵明,长洲(今苏州)人。因祖居湖南衡山,故号衡山居士,又曾任翰林待诏,故后人又称"文待诏"。

文徵明一生勤奋,有极高的文学修养,是一位书画家兼诗人。年轻时"学文于吴宽,学书于李应桢,学画于沈周",书法上真、行、草样样精通,与祝允明、唐寅、徐桢卿一起被称为"吴中四才子"。晚年声誉愈高,向他求画者车马盈门。文徵明对待同道、亲友则极为宽容、胸襟豁达。当时因他名声日

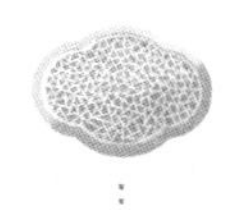

盛,仿作者极多,有一名叫朱朗的画家是文徵明的弟子,专代文徵明画应酬之作。一次,有位南京人派人送银子给朱朗,要其伪造文徵明的画,不料将信误送给了文徵明本人,文看后非但不责怪反而给他画了一幅,还让人捎话回去:"我画真衡山,卿当假子朗,可乎?"[①]此事在吴地成为佳话流传。

文徵明的绘画风格也和沈周一样有"粗""细"二类,但不同的是,文徵明以"细"取胜。他的绘画成就得力于他对前人的学习和研究,唐、宋特别是"元四家",终使他成为集大成者。他各地采风写生,足迹遍布鲁、浙、京、皖和江苏各地,但大部分时间仍在苏州,所以他作品中描写苏州的优美秀丽和优雅恬静的内容的较多。主要作品有《仿王蒙山水轴》《停云馆言别图》《古木寒泉轴》《万壑争流图》等。

(五)唐寅

唐寅(1470—1523),初字伯虎,后更字子畏。号六如居士、桃花坞主和逃禅仙吏,苏州人。他与文徵明处于同时期,是一位多才多艺传奇式的画家。

唐寅天生聪颖,十分勤奋,16 岁以第一名考中秀才,29 岁得了举人第一名——解元。然而在他踌躇满志晋京会试考状元时,却陷科场鬻题之案中,感受到了世情的无常、命运的不测。之后,他潜心于佛学研究,同时师从周臣学习绘画。经过短暂的消沉和狂放后,他又重新振作起来,开始了他的绘画、著述生涯。

唐寅在绘画艺术上尊重两宋李成、范宽、李唐、刘松年等诸家,对元代赵孟頫、黄公望的画也有研究。因此其山水画可分为两大类:气势雄伟的崇山峻岭和秀润清逸的亭榭园林、文人生活场景。前者用笔爽利,后者圆润,但都比较细秀。其人物画也有很深造诣,题材以古今仕女和历史故事为主,施以工笔重彩。代表作品有《骑驴归思图》《山路松声图》《孟蜀宫妓图》等。

---

① 朱谋垔:《画史会要》,载卢辅圣主编:《中国书画全书》第 4 册,上海书画出版社 1992 年版,第 567 页。

明·唐寅《看泉听风图》

明·唐寅《孟蜀宫妓图》

（六）董其昌

董其昌(1555—1636)，字玄宰，号思白，香光居士，松江华亭人。万历十七年(1589)进士，官至礼部尚书加太子太保。其善画山水，书法真、行、草皆精通。其家中富有且收藏甚丰，藏有五代董源、“元四家”等名家的精品力作，故对书画鉴赏也极为精通。

董其昌绘画取法于董、巨及黄公望、倪瓒，讲究墨韵笔意，格调清润明秀。其从模仿古人画迹入手，兼收并蓄并融会贯通，以探求古人的笔墨情趣。但因其仿古倾向，不重视师法自然，所以也造成了山水构图的程式化及摹古之风。董其昌传世作品较多，有《岚容川色图》《赠稼轩山水》等。

董其昌关于书画的论述对后世有极大影响，特别是南北二宗理论，借用了唐代佛教禅宗分为南北二宗来解释自唐至明数百年的绘画发展，按绘画的创作方法和画家身份，将唐以后的山水画家分为南北二宗，以水墨画法的文人画家比作南宗，将青绿勾填画法的职业画家视为北宗。这种区分虽有偏颇之处，但他对唐以后山水画风格演变和笔墨技巧的分析，对画家艺术优劣之评品，有一些精辟的见解，同时他也总结和概括出唐宋以来文人山水画的若干创作方法和审美标准，有较高的参考价值。

（七）恽格

恽格(1633—1690)，字寿平，号南田，常州武进人，是清初花鸟画大家。晚年迁居常州城南，筑瓯香馆画室。他生活在明清交际间，少年时参加过抗清斗争，有过家破人亡的遭遇，入清后，不应科举，以卖画谋生，终于穷困病死。

恽格艺术天赋极高，其诗、书、画堪称三绝。早年师伯父恽向学画山水，取法“元四家”及董、巨。他的山水画笔墨飘逸、灵秀，讲究意境，以神韵、情趣取胜。与王翚为友“自以为不能及”，中年后“因舍山水而学花竹禽虫”。他从沈周、陈淳、陆治等的花鸟作品中吸取经验，经过多年绘画实践，创造了一种名为“仿北宋徐崇嗣”的没骨花卉画法。他的花卉画是以潇洒秀逸的用笔直接点缀颜色敷染而成，“点花粉笔带脂，点后复以染笔足之”。画工虽细，但有蓄笔，有逸笔，饶有意趣。在造型上注重对客观对象的观察体验，提倡“对花临写”，因而讲究形似，有院体画特点；但又不以形似为满足，亦有文人画的情调、韵味。他的这种画法当时被誉为“别开生面，令人耳目一新”。方薰《山静居画论》中认为“前人未传此法，是其独造”，对明末清初的花鸟画有“起衰之功”。恽格的这种画法在清初曾风靡一时，形成了以他为首的常州派。

恽格不独专花鸟山水画，亦善诗文和书法，诗被誉为“毗陵六逸之冠”，书法被称为“恽体”。他在绘画理论上亦有建树，有《南田画跋》传世。其中有不少论画的精辟见解，受到后人的重视。

第二节　吴地的书法篆刻艺术

书法篆刻是以中国文字为载体，经过历代书法篆刻家长期的实践与努力完善起来的一门艺术。书法篆刻是书篆艺术家的审美观在汉字表达上的充分体现，它既有语言文字所具有的实用价值，又具有审美欣赏的艺术价值，是中华民族优秀传统文化之一。据考古发现，春秋时吴王光（阖闾）鉴上所刻铭文的书写已达到了一定的艺术境界。苏州真山出土的战国玉印在印文构图上的刻意经营，对古代玺印研究也有极珍贵的艺术价值。

篆刻在汉代玺印得到发展，然而，唐宋以来简版制度被淘汰，不需用印章来封检简牍，因而篆刻渐遭冷落。至元明两代，提倡诗、书、画、印艺术的结合，文彭等提倡用石章刻印，才使篆刻发生了根本性的变革，形成了吴地印家辈出的局面，从而使书法篆刻成为了一门独立的艺术。

一、吴地书法艺术发展概况

（一）第一次高潮（汉魏六朝）

东汉末年，吴地书法艺术已日趋兴盛。三国时，张弘以精妙绝伦的飞白书而独步书坛。东吴刻石中的《天发神谶碑》《禅国山碑》《谷朗碑》因厚实苍茫、醇古隽逸而为后世楷模。晋吴地陆机、陆云、顾荣三人书艺著名，号为“三俊”。陆机的《平复帖》是今存古代名家书法手迹中最早的一件，在中国书法史上有着特殊地位。

南朝时，吴地书法更因齐高帝萧道成、梁武帝萧衍等统治者的酷爱而兴旺。在他们创导下，吴地书风盛行、名家迭出，出现了萧纲、萧确、萧子云、沈约、薄绍之、陶弘景等名家。萧道成博学善文，工草、隶书，尤爱王羲之书法。梁武帝萧衍更是对书画情有独钟，以至南梁朝中收藏的丹青墨宝汗牛充栋。他工书，尤好篆、草。张怀瓘《书断》中评萧衍“好草书，状貌亦古”，列入能品。有《异趣帖》等传世。萧子云的书法，在草、隶、楷书等方面皆精。《书断》列其隶书、飞白书为妙品。今存镇江焦山的碑刻《瘗鹤铭》是南朝著名书家、秣陵（今南京）人陶弘景的杰作。薄绍之，南朝丹阳人。学王献之，工行、草。《书断》列他的隶、行草入妙品。《古今书评》称其“书字迹蹉跎，如舞女低腰，仙人啃树，乃至挥毫扼纸，有疾闪飞动之势”。有《日寒帖》等作品传世。

南朝时，不少寓居吴地的书法家也有较大的成就。如山东王僧虔，在吴地多年，有很大影响。其高祖王导、曾祖王洽、祖王珣、父王昙都是享有盛名的书法家。他精通文史、音律，同时擅长楷、行、草书，笔法严谨。有《御史帖》等代表作品。并有《书赋》《论书》等著述。他提出的“书之妙道，神采为上，形质次之，兼之者方可绍于古人”[①]，与顾恺之“以形写神”有异曲同工之妙。

（二）第二次高潮（唐宋时期）

唐宋两代是中国书法史上的鼎盛时期。唐代初期社会安定、经济繁荣，加之唐太宗竭力推崇“二王”书风，对唐代书法的繁荣起了一定的作用。宋代轻武尚文之习使书法艺术得到了长足的发展，当唐人将书法的法度变得

① 祝嘉：《书学史》，兰州古旧书店 1978 年版，第 106 页。

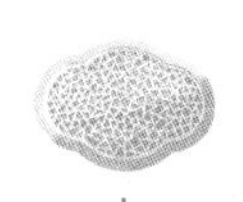

相当完善后，宋代书家则转向抒发个人意趣的轨道。故董其昌称“唐人取法，宋人取意”。

唐初的书法风貌是晋人王羲之书风的延续。“初唐四家”欧阳询、虞世南、褚遂良和薛稷虽然均非吴人，但对吴地书法的影响极大。其中虞世南的老师是吴人顾野王，而其传承者是其甥——吴县人陆柬之。陆柬之少学舅父书法，晚习二王，张怀瓘《书断》中说他是“总章以后，乃备筋骨，殊矜质朴，耻夫绮靡……尤善运笔，或至兴会，则穷理造微”①，有出蓝之誉。初唐吴地书法家孙过庭的《书谱序》是书论史上的经典之作，在书法创作思维和方法的得失总结及书派渊源、作品赏析评论等方面，达到了书论的一定高度。

唐代中期，提倡“风神骨气者居上，妍美功用者居下”和“深识书者，唯观神采，不见字形”的写意风尚，追求洒脱奔逸、恢弘宽博的气势。吴地张旭的作品是这种浪漫写意书风的杰出代表。张旭性格倜傥宏达、卓尔不群，加之嗜酒成性，故人称“张颠”，其草、楷，诗、文皆行，与另一位草书家怀素并称“颠张狂素”。

在隶书方面，丹阳人蔡有邻较为有名。蔡有邻系汉代书家蔡邕之后。欧阳修说“唐世名能八分者四家，韩择木、史惟则世传颇多，而李潮及有邻特为难得”②。作品有《尉迟迥庙碑》等。唐代负盛名的吴地书家还有沈传师、陆希声、萧诚等。《续书断》列沈传师书法为妙品。米芾称他的书法“如龙游天表，虎踞溪傍，神情自若，骨法清虚”。黄庭坚称其“字势豪迈，真复奇崛”。有《罗池庙碑》等传世。

宋代初期的书法虽仍续唐风余波，但渐与之产生了差异，特别是开创了行草一体，非真非草，有着独特的韵味。而真正确立宋代尚意书法的是流寓吴地的苏轼、米芾、黄庭坚等。苏、米书法的鲜明特色是将取意与禅宗的哲学思辨融为一体。苏轼的“无法之法”“不工之工”“我书意造本无法，点画信手烦推求”之语中透出了禅机。北宋范仲淹及流寓吴地的苏舜钦在书坛上极有名声。苏舜钦精于鉴赏，家藏王羲之《快雪时晴帖》、怀素《自叙帖》等经典法书。苏亦善书，尤以行、草书为优，列为妙品。《续书断》称其：“如花繁上林，月晃淮水，光彩浮动。”米芾、蔡襄等书家均受其影响。《续书断》为

---

① 祝嘉：《书学史》，兰州古旧书店1978年版，第173页。

② 欧阳修：《六一题跋》，载卢辅圣主编：《中国书画全书》第1册，上海书画出版社1993年版，第551页。

吴地书家朱长文著，在书法考据、鉴评上有突破，是宋代书论的代表。

南宋循苏、米、黄的吴地书家有孙觌、范成大等人。范成大与陆游、朱熹、张孝祥并称“南宋四家”。范工行草，师苏、米、黄三家而自变一体，有神俊之气，足可称佳。作品讲究字体结构，用笔流畅，圆熟遒丽，生意郁然。有《西塞鱼社图卷跋》等传世。

唐宋两代吴地的书法艺术已逐渐确立了自己的地位，不少的书家成了全国书坛的领军人物，为吴地书派的形成奠定了坚实的基础。

（三）第三次高潮（明代）

吴地在明代迎来了历时百年的辉煌。这个时期同时诞生了吴门画派和吴门书派。

元代，吴地钱良佑、朱德润、周伯琦、黄公望、倪瓒等均在书坛享有盛名。其中钱良佑、朱德润、饶介等是推崇晋唐、回归古派的赵孟頫书派的重要成员；周伯琦、朱珪努力复兴篆隶，使之纳入文人书法的范畴；而黄公望、倪瓒、陆居仁的书法则追求隐士超然物外、恬淡清逸的风格。

明初期，吴地书家受元代书法影响较大，宋克、徐贲、陈璧、沈度、沈粲、张弼等在篆、隶、楷、行、草各方面均有所长。至明中期，书坛创新活跃，吴门书派开始崛起。其脉络可追溯到明初宋克，并经徐有贞、沈周、李应祯、吴宽、王鏊等传至祝允明、文徵明才正式形成。这些书家摆脱束缚，不断探索、倡导个性，形成吴地特色的书法思想和风格。因此，王世贞称“天下书法归吾吴”是不枉虚名的。徐有贞是祝允明的外祖父，官至兵部尚书兼华盖殿大学士。其书画均擅，以书法扬名，楷学欧阳询，行学褚遂良、米芾，草学张旭、怀素，不拘一格而独具风貌。李应祯书法“真、行、草、隶皆清润端方，如其为人”[①]。他是祝允明岳父，又是文徵明老师，吴门书、画两派的主帅均受其教益。吴宽是文徵明的文学老师，官至礼部尚书，博学多才，工诗文，擅书法。他的书法“滋润中时出奇倔”[②]。王鏊是祝允明的文学老师。其书法舍元人而直取晋唐，行书清劲峻拔，草书有怀素遗风。沈周既是吴门画派的开山祖，又是文徵明的老师。这些书界、学界和画界的大家，对吴门书派产生了较大的影响。

---

① 朱谋垔：《书史会要续编》，载卢辅圣主编：《中国书画全书》第4册，上海书画出版社1992年版，第484页。

② 王原祁等纂辑：《佩文斋书画谱》第3册，中国书店1984年出版，第1069页。

明代吴门书派的核心人物是祝允明、文徵明、王宠,又称“吴中三家”。他们的周围云集了如唐寅、陈淳、王世贞、李流芳、刘钰、徐祯卿、文彭、文嘉、王榖祥、王穉登、赵宧光、周天球等书画家,形成了声名卓著的吴门书派。

吴门书派的艺术风格表现为在继承优秀传统的基础上,讲究书法的形式美和抒发个人情怀,师法晋唐古风而不为其束缚,努力创新而独立面世。这一派书家注重道德素质和艺术修养,崇尚清新文雅,讲究士气和书卷气。吴门书派在明代书坛风靡时久,对其他书法流派的发展产生了巨大的影响。

明代后期,吴地“云间书派”崛起,开此书风的是书画家董其昌。他真、行、草皆擅,尤善行草。其注重笔法、墨法、结字与章法,反对信笔而求率意,反对枯涩而求清润;主张结字以势生形,章法由疏求趣,形成了生拙秀雅浪漫的书法风格。其书学思想是“以禅喻书”,将禅意融入书法,对后世书家有深远的影响。

(四)第四次高潮(清代)

清代书法突破了宋、元、明以来帖学的樊笼,开创了碑学书法。清代篆、隶、魏碑体书法上的成就,可与唐楷书、宋行书、明草书相媲美,形成了雄浑古朴的书风。吴地书坛在此蜕变中迎来了新的兴盛。

明末清初的吴地书坛表现出三种倾向,一为晚明浪漫书风的延续,主要有归庄、顾炎武、冯班、龚贤等,他们因社会的变乱而激发起民族存亡的责任感,一反吴地传统的雅逸,以张扬个性、深沉凝重和倔强怪异的书法来抒发内心的痛苦与郁闷。另一派是董其昌书风的余绪,有沈荃、笪重光、何焯、汪士鋐、王原祁等。其书法寻求超脱世事的精神寄托,强调书法的娱乐性与趣味性。其三为以郑簠为代表的碑学派。碑学派是金石考据带动的以写碑铭为主的书派。郑簠的出现,使书家对师法汉碑的认识发生了重大的变化。上元(南京)人郑簠不仅以师法古碑而著称,而且主张师碑目标从魏晋名碑扩大到其他非名家汉碑,这一思想影响了清中期兴起的碑学派,促进了吴地乃至全国书学的高潮的形成。

清代碑学派在发展过程中不断探索,逐步成熟,它突破了旧的审美定式的束缚,有着鲜活的生命力。此风一直延续至晚清、民国。在承继郑簠的碑学理念上,吴地有王澍、洪亮吉、孙星衍、钱泳、杨沂孙、吴大徵、吴昌硕等,其中以吴昌硕影响最大。

同时清代帖学派仍然坚守自己的阵营,并在理念上也有所改善,由学董、赵之风而直取唐、宋名家，在师颜、欧等唐碑的同时，在行、草上各具风格而形成个人特色。著名的有丹徒书家王文治、华亭书家张照等。王文治的书法秀逸天趣，清人评论“王梦楼太守专取风神”，有“浓墨宰相”“浓墨探花”之誉。①

晚清吴地的文人学者如袁枚、俞樾、翁同龢等虽不以书名，但书法也极有造诣，其作品中充满了文人的书卷气息而成为书坛上一道独特的风景线。

二、吴地篆刻艺术发展概况

篆刻是书法（主要是篆书）和雕刻（包括凿、铸）的结合。篆刻原为比喻书写和精心为文的意思，“篆谓篆书、刻谓雕刻文章也”，后来却成了印章艺术的名称。篆刻是由古代印章发展而来的，可上溯到2000多年前的春秋战国时期。古代印章以独特的风貌和艺术性，为篆刻艺术奠定了基础，至明清时，篆刻得到了空前的发展，成为书法的姐妹艺术。

（一）秦汉时期

先秦至汉的玺印是人们交往时作为权力和凭证的信物，古代印章中最早的是古玺。苏州真山出土的古玉印属此类。古玺分官、私两类，“玺”原是不分尊卑均可名之。至秦代，只有帝王之印能称“玺”，其余为印或章。官印称章或印章，私印称印信或信印，印章一词即来源于此。汉印庄重雄浑、古朴奇崛，给后世篆刻以很大的启发与影响。

（二）唐宋元时期

唐代书家孙过庭“违而不犯，和而不同”的书法理论，对篆刻的章法研究有很大的影响。唐代吴郡诗人陆龟蒙在《题印囊》诗中以诗句“鹊衔龟顾妙无余，不爱封侯爱石渠。应笑休文过万卷，至今谁道沈家书”对印章之学进行宣传。② 而北宋时寓居镇江的米芾更是身体力行，在书画创作的同时，自己篆文刻章，史论家称米芾为文人刻印之第一人。米芾对篆刻的鉴赏有很精辟的看法，“画可摹，书可临而不可摹，惟印不可伪作，作者必异”“印文须细，圈须与文等”③这些对篆刻艺术的精妙阐述，成为吴地篆刻理论研究的先声。

---

① 祝嘉：《书学史》，兰州古旧书店1978年版，第430页。

② 叶一苇：《中国的篆刻艺术与技巧》，中国青年出版社1993年版，第20页。

③ 米芾：《书史》，载黄宾虹、邓实编：《美术丛书》第1册，江苏古籍出版社1986年版，第652页。

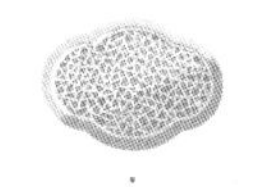

宋元以后,收藏家和书画家在鉴藏和创作的作品上钤盖印章的风气逐渐形成,这是玺印由实用向艺术发展的开端,并出现了以篆刻为能事的文人和书画家。元代书画家朱珪、周伯琦等均以善刻印章著名,成为明代吴门印派的先祖。昆山人朱珪擅长刻印和刻碑,著名文学家和书画家张雨对其赞赏有加,并赠号"方寸铁"。他曾用汉瓦为书画家顾瑛刻"金粟道人"印,顾瑛"惊其篆文与制作,甚似汉印"。①

(三)明代

篆刻艺术到明代已渐成风,篆文刻印已较普遍。当时书画家已拥有较多的自用印章,如唐寅的"江南第一风流才子"印等。吴地一些著名书画家,如吴宽、沈周、祝允明、唐寅、文徵明等均操刀治印,但因缺少合适的石材,自篆自刻的书画家仍为少数。正德、嘉靖时,文彭首创使用青田冻石并在篆刻艺术上有所突破,推动了明代文人篆刻艺术的兴起,从而吴门印派也因此成为有名的篆刻流派。

吴门印派有陈万言、李流芳、徐象梅、程远、甘旸、梁衷、赵宧光、归昌世、顾苓、顾昕、周公谨、王穉登等一大批篆刻家,他们都学文彭追求汉印残破古朴的金石味,以"力变元人旧习",并在边款上撰写即兴诗句短文,开创了新颖独特的印章审美情趣。无锡人程远精于印学,他所摹汉印能够"汰去俗体,止存雅制,颉邈古法,千载犹新"。南京人甘旸精于篆刻,尤嗜秦、汉印,依秦汉原印为范本,用铜、玉摹印。昆山人归昌世,诗、书、画均善,与李流芳等四人一起被称为"昆山四才子"。其篆刻虽取法文彭而不为其束缚,并提出"作印不徒古人为目,而在探其源,源则作者性灵也,性灵出而法亦生,神亦偕焉"。歙县人李流芳久寓吴地,诗、书、画皆有名,篆刻宗文彭,并有创造,印法浑厚遒劲。

吴地印家注意文化积淀和修炼文化涵养,在治印同时又有大量印谱、印论问世。太仓人张灏嗜篆刻并著有《印史》五卷,他的《承清馆印谱》和《学山堂印谱》汇集了文彭以来几十人的印作,是考察明代印章篆刻的重要资料。吴江人周公谨著有《印论》,书中强调篆刻创作之"兴",认为"兴不到不刻"。《印论》思想深刻,理论超前,明清其他印论均未超越其高度。甘旸的《集古印正》并附《印章集说》,详细介绍了篆源、印制、印材等知识,是集篆刻

---

① 朱存理:《珊瑚木难》,上海古籍出版社1991年版,第71页。

技法集大成的佳作。此外,还有程远的《古今印则》、王稺登的《金一甫印谱序》、杨士修的《印母》和沈野的《印谈》等。

（四）清代

清代金石学盛行,不少学者致力于金石文物和古代文字的搜集、研究和传播,从而扩大了篆刻家的视野。文人刻印流派有较大发展,出现了“云间印派”等较为著名的篆刻流派。程邃、周亮工等著名印家对吴地篆刻艺术的发展产生了很大的影响。安徽歙县人程邃,居南京多年,长于金石考证之学,篆刻上精研汉印,白文凝练,富于笔意,章法整齐,古拙浑朴,离奇错落。程邃“力变文(彭)、何(震)旧习”而独树一帜,富有创造性。明末清初,吴地高僧心越赴日本修禅讲学,同时研刻印章,传教授徒,使吴门印派在东瀛生根开花。日本文人治印之风自此勃起,因而他被誉为日本篆刻的开山祖。清代至民国,杨法、杨澥、吴大澂、赵子云、赵石、江建霞、叶昌炽、吴昌硕、陈师曾等诸多名家,是吴地篆刻艺术发展的主要力量。特别是吴昌硕,其致力于秦汉玺印、封泥、古陶文及石鼓文的研究,技法上擅长钝刀硬入,冲切兼用,把古风笔意融入印中。他的篆刻寓秀丽的意趣于苍劲古朴之中,被尊为吴派,对国内和日本印坛均有极大的影响。

三、吴地书法篆刻名家名作

（一）陆机与《平复帖》

陆机(261—303),曾任平原内史,世称“陆平原”,晋吴郡人。陆机才学过人,文章冠世,与弟陆云并称“二陆”。善于行书和草书,其书法清流俊雅,他的《平复帖》不仅是历代书家心摹手追而不可企及的稀世珍迹,也是研究书体演变、用笔技法等的重要资料,为历代收藏家所青睐。

（二）陶弘景与《瘗鹤铭》

陶弘景(456—536),自号华阳隐居,丹阳秣陵(南京)人。南朝道教思想家、书法家及书论家。曾任齐官职,后辞官隐居。陶弘景与梁武帝交甚厚,虽坚辞其聘,但武帝仍向其咨询朝廷大事,称为“山中宰相”。

陶弘景工草、隶,尤擅行书。师“二王”,采其气骨而成独立风格。传世书迹有《瘗鹤铭》等。《瘗鹤铭》原刻在镇江焦山石壁上,后雷击崩落江中。至清康熙年间,移至焦山南麓定慧寺壁间。《瘗鹤铭》字体厚重高古,用笔奇峭飞逸,历代评价甚高。著有《与梁武帝论书启》,对书法研究极有价值。有

《陶隐居集》传世。

（三）“癫狂草圣”张旭

张旭（675—约750），唐代苏州人。其书法出自家学，祖上陆彦远、陆柬之、虞世南均是书法名家。张旭喜喝酒，与诗人李白、贺知章等七人相交甚密，称为“酒中八仙”，他博学多才，书法以草书最为出名。每当饮酒大醉，呼喊狂走，下笔愈奇。有时兴起，竟用头发蘸墨写字。

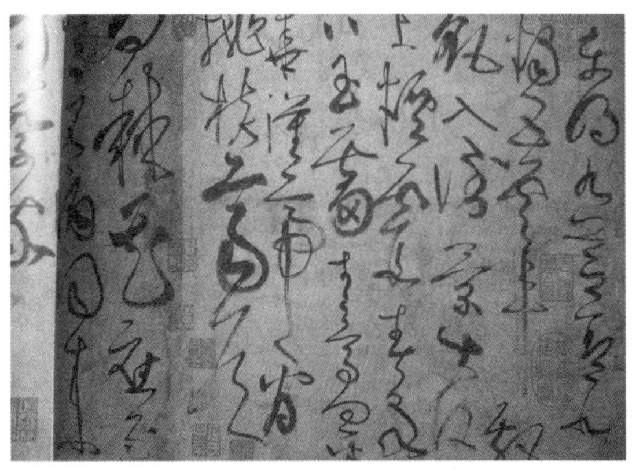
唐·张旭《古诗四帖》（局部）

醒后自以为神，不可复得。他与书法家怀素并称“颠张狂素”。其狂草笔意如骏马奔驰，飞流直下，体势似云烟缭绕，变幻莫测。唐文宗对张旭的狂草极为赏识，将张的草书、李白的诗歌、裴旻的剑舞并称“三绝”。张旭的主要作品有《春草帖》《肚痛帖》等。

（四）“超逸绝尘”的米芾

米芾（1051—1107），字元章，号襄阳居士，祖籍太原，长期寓居润州（镇江）。

米芾能书善画，尤擅书法，能写篆、隶、楷、行、草诸体，以行书成就最高。家藏书法名画甚多且善于鉴赏。有《书史》《画史》等传世。其书法早年师欧阳询、柳公权，中年后摹魏晋而尤得“二王”父子之精神，始自成一家。米芾书法字体紧结，笔画劲健，体式展拓，浑厚爽利。后人认为其字超逸绝尘，不践

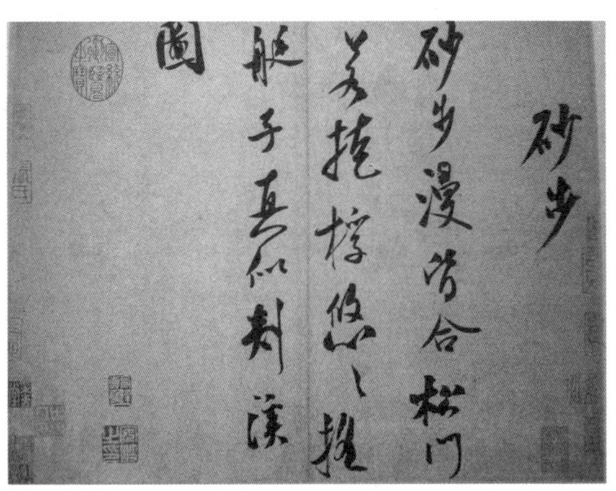
宋·米芾《砂步诗帖》（局部）

陈迹，每出新意于法度之中，而绝出笔墨畦径之外，是称誉后世的“宋四家”

之一。米芾传世作品较多,楷书《向太后挽辞》、行书《苕溪诗帖》、草书《草书九帖》等均负盛名。

(五)吴中才子祝允明

祝允明(1460—1527),字希哲,自号枝山,长洲人。与文徵明、唐寅、徐祯卿交谊深厚,为“吴中四才子”。与文徵明、王宠同为书坛“吴中三家”。

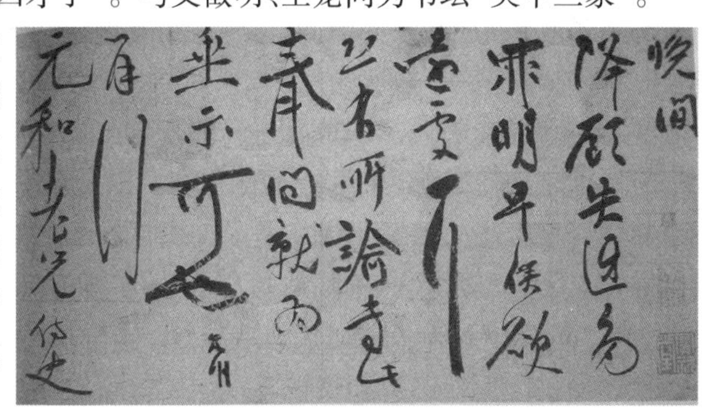

明·祝允明《致元和手札》

祝允明少小聪颖过人,5 岁能榜书,9 岁能诗,文章有奇气,当庭疾书,思若泉涌。书法尤精,名震海内,谓“明朝第一”。祝允明楷书、行书皆精,尤擅长狂草,其楷书师其岳父李应桢,行书师其外祖父徐有贞。文徵明说他“兼二父之美而自成一家”,壮年后涉猎广博,临遍魏晋“二王”以后大家。其草书法度奇伟,变幻莫测,跌宕起伏,意趣天然。祝允明继承唐宋大家风范,以其古拙雄强、豪放纵逸的阳刚之美引领明代书家,对晚明书坛群星璀璨大好局面的形成起了重要作用,传世之作有《洛神赋》《草书唐人诗卷》等。

(六)印家之祖文彭

文彭(1498—1573),字寿承,号三桥,长洲(今苏州)人,著名书画家文徵明之子。文彭书、画、印皆精,尤善制印,在印章流派艺术的开拓和发展上起了重要的推动作用,被誉为“印家之祖”。文彭在篆刻艺术上的功绩主要有三点。一是首创使用青田冻石,解决了篆刻材料上的难题,结束了书画家因材质问题不便自刻而请刻家镌刻的历史,从而推广了文人治印。二是对恢复汉印的传统作出了努力。他的圆珠文印,参以小篆结体,秀丽典雅,刀法明快自如、古朴稚拙,章法安排独具匠心。他强调治印要有古文字学和印学知识,要求篆刻家必须“以六书为准则”的主张成为印家所遵循的法则,使篆刻的艺术性、文化性得到了提高。三是以其任职国子监的身份传徒授课,在文人阶层普及篆刻艺术,培养了一大批高水平的篆刻家,促进了吴门印派的形成,把篆刻艺术推向了繁荣。文彭作为一代宗师,被后代印家奉为“篆刻之祖”。

第三节 吴地的工艺美术

吴地工艺美术门类齐全，品质高雅，技艺精湛，与秀丽的湖光山色交相辉映，美名远扬，为世界所瞩目。其中苏绣、缂丝、云锦、宋锦、紫砂陶器、惠山和虎丘泥塑、檀香扇、常州梳篦、桃花坞木版年画等更以独特的艺术风格和技巧闻名于世。尤其明清以来，吴地作为东南沿海富饶之邦，商品经济的发展，外来文化的影响，科学技术的进步，手工业规模的扩大和从业人员艺术素质的提高，使吴地工艺美术具备了《考工记》中所提出的“天有时，地有气，材有美，工有巧，合四者然后可以为良”的优越条件，成为驰名中外的工艺美术之都。近年来，吴地工艺美术已有几十项列入了国家与省的非物质文化遗产名录，受到保护和重视。

一、桃花坞木版年画

苏州木版年画的历史始于明代。从一幅刊印于明“万历二十五年仲秋吉日”名为“八仙庆寿”的图中可见，明代苏州木版年画工艺已趋于完善成熟。由于苏州的雕版印刷技术在明代较为发达，明万历（1573—1619）年间，已刊印了多种画谱书籍，为桃花坞木版年画的发展提供了技术支持；吴门画派画师荟萃、画艺精湛，为木版年画的发展奠定了艺术基础；苏州经济发达、商业繁荣、市民生活水平和文化素质较高，对艺术品有较大的需求，形成了木版年画的销售市场。这一切使苏州桃花坞年画日渐兴盛，至雍正（1723—1735）、乾隆（1736—1795）年间已成为与天津杨柳青分庭抗礼的全国南北两大类别年画，其作品分布苏、浙、皖、赣、鲁、豫、鄂，乃至东北等广大地区。

桃花坞木版年画特点之一是：题材内容在传统基础上不断更新，不同题材的开发与变化反映不同的生活侧面，适应着不同时期、不同层次的需求。特点之二是：由于年画用于装饰年节，反映人们的喜悦欢庆心情和对未来美好生活的向往和祝福，因此年画都表现鲜明的喜庆内容，带有强烈的浪漫主义色彩。

吴地民间有喜庆节俗时在门上或屋内墙上贴上年画以渲染喜庆气氛、驱魔避邪的习俗。因此桃花坞木版年画从内容来看，吉庆如意、纳福迎祥、扶正祛邪、戏文故事、风俗时事是它的主要题材，同时风景名胜、仕女娃娃、走兽花鸟、神仙鬼怪等也占有一定的比例,如:吉庆如意的有《天官赐福》《福寿双全》《花开富贵》等;纳福迎祥的有《福禄寿》《大福字》《四季平安》等;扶正祛邪的有《消灾降福》《秦叔宝与尉迟敬德》《姜太公》等;戏文故事有《三国演义》《水浒》《岳飞传》《西游记》《杨家将》等;风俗时事有《端阳喜庆》《岁朝图》《虎丘灯船》等。桃花坞木版年画还采用连环画式的表现手法,表现内容取材于《水浒传》《三国演义》《西厢记》《红楼梦》《白蛇传》《牡丹亭》《玉蜻蜓》《珍珠塔》等戏曲、小说、弹词,配上戏文唱词,成为既能唱文又能看画的戏文年画。这些题材内容都是市民大众喜闻乐见的,表现了人民的情感和追求,因而受到民众的欢迎。特别在清代末期,桃花坞木刻年画运用西洋画风刊印了很多反对列强帝国的时事画,成为当时全国各地年画中最为突出的作品。

桃花坞木版年画的艺术特点是:创作手法多样化,既夸张适度、淳朴无华、色彩鲜艳、装饰性极强,充满乡土气息,也有西洋风景铜版画式的讲究焦点透视、强调明暗对比、表现线条疏密排列。但基于年画的特定内涵,构图丰满、色彩鲜艳、谐音寓意、吉祥喜庆、形象俊美、情节动人、体裁多样、形式新颖,是其根本的艺术特色。在色彩上,桃花坞木版年画与北方年画喜欢采用大红大绿不同,一般使用单纯、明快而又素雅的颜色,如粉绿、粉蓝、品红,与江南地区的粉墙黛瓦颇为相融。

桃花坞年画作者均为民间画师,题款均署别号,如杏涛子、墨浪子、墨樵主人、桃坞主人等,即使有题姓名者如曹升、陈仁柔、沙氏等,其生卒年份、事迹也无从查考。

早期的民间年画以手绘为主。但桃花坞年画是以木版印制而负盛名的,一般采用的是水印套色,创作和生产需要经过起稿、刻版、印刷三道工序,每幅年画需由画师和刻版师、印刷工共同合作才能完成。

二、苏州刺绣

苏州刺绣已有2000多年的历史。春秋战国时,吴地就以刺绣服饰作为礼仪国服。至宋代,苏州刺绣逐渐以技艺精细、形象生动而闻名,并具有相当的生产规模,出现了滚绣坊、绣线巷、绣衣坊等集中生产的街坊。虎丘云岩寺塔和瑞光寺塔发现的北宋刺绣经帙,是苏绣现存最早的实物。自明代起,苏州设官办刺绣作坊,专为朝廷绣制包括帝王袍服在内的官服图案。清代的苏绣品种更为繁多,技法也更为娴熟。能在同时完成双面相同画面的

双面绣,因艺术品位较高而在刺绣业中独树一帜。刺绣在清代已普遍应用于日用品上,如绣屏、团扇、手帕、头巾、门帘、帐幔、椅披、床帏、枕套、被面、袄裙、鞋帽、扇套、褡裢等。苏绣分为闺阁绣和商品绣两类。闺阁绣出于名门闺媛之手,以国画为绣稿,精工细绣,不计工本。闺阁绣要求既有熟练的绣技,又要善于绘画书法,这类绣品用于高档装饰。商品绣是较为大众化的产品,绣稿出于民间工匠之手,装饰性强,丰满质朴,用于普通装饰和日用品。

在苏绣发展过程中涌现出大批著名的艺人,特别是清末民初的沈寿,她吸收了西洋绘画的表现技法,创造了有明暗关系变化的仿真绣,还创办了传习所传授技艺,有《雪宧绣谱》传世,为提高苏绣技艺、培养人才做出了贡献。20 世纪 30 年代,丹阳正则女子职业学校绘绣科主任杨守玉教授,在苏绣传统针法基础上,吸收西洋绘画长处,创造了乱针绣,丰富了苏绣针法和艺术表现力。清末民初无锡华琪、薛芳等在上海传徒教习刺绣,亦为世人所重视。

苏绣在图案、针法、色彩等方面形成了独特的风格,并以其"精细雅洁"(明·王鏊《姑苏志》)而闻名天下,与湘绣、粤绣、蜀绣一同被誉为我国"四大名绣"。

三、南京云锦

云锦是南京传统提花丝织品的总称。云锦纹样大多采用云纹,如四合云、如意云、和合云、七巧云、行云、卧云等,其织造材料又多采用金银线,辉煌闪耀。其色彩丰富,再加上高超的织造技巧,如天空美丽的彩云,故称为"云锦"。

元至明、清时,历代王朝均在南京设置官府织造机构,从事织造。南京民间锦缎作坊也蓬勃兴起,其质量可与官府织品相媲美。乾隆、嘉庆、道光年间,南京云锦织机发展至 5 万台,从业人员达数十万之众。由于云锦吸收了宋锦、蜀锦的精华,所以在工艺、图案、色彩上都有很高的艺术价值,是织锦工艺之大成。

云锦品种有三大类:库锦、库缎和妆花。

库锦又称库金、织金,因用真金银线织造,织成后送往宫廷内务府"缎匹库"而闻名。库锦在缎纹底上用金或银织出花纹,有显金的效果。用金银织的称为"二色金库锦",还配以彩色线织的称为"彩花库锦"。库锦主要作为御品贡用及民族服饰、帽子的镶边用。

库缎,也因织成后进贡入库而闻名。库缎分为素缎和花缎二种。素库缎以八枚缎纹组织造,花库缎是在缎纹底上提上本色花纹。另外还有“装金库缎”,因在花纹处使用金线织花而得名。库缎图案大多采用团花,古朴素雅、华美富丽。其主要作为衣料,又称“袍料”。

妆花是云锦织造中最复杂、最精美的一种。它边织边配色,配色自由而丰富,其只能手工织造。妆花图案多以饱满的大朵花卉为主,纹样浑厚古朴,色彩富丽庄重,气势宏伟豪放。妆花主要用于宫廷服装或宫殿、庙堂装饰等。妆花的代表品种是金宝底,运用不同光泽的金线做锦底,衬托五彩缤纷的花纹,产品富丽辉煌,是云锦中最具特色的传统产品。

四、苏州缂丝

缂丝又名刻丝、剋丝、克丝。缂丝工艺以真丝为原料,生丝为经,各色熟丝为纬。经丝贯通,以小梭子织花纹局部,这叫“通经断纬”。其主要优点是织物精巧细密,色彩丰富,图形明暗清晰,浓淡层次相宜,变化自然融合,具有立体感,能经受摸、揉、摺,图案正反如一,平整光洁,胜于“双面绣”,故称为“织中之圣”。图案以国画为稿本,是高级的工艺欣赏收藏品。

缂丝在隋唐流行,到宋代兴盛起来。北宋时以河北定州缂丝为最有名气,南宋时缂丝技艺传到南方,吴地出现了两位著名的缂丝工艺家:云间(旧时松江府的别称,今属上海)朱克柔和吴郡沈子蕃。朱克柔是画家,对人物、动植物、山石的形象把握极其准确。在她的缂丝作品《茶花图》中,连被虫咬过的花叶都被逼真地表现了出来。她的作品受到宋朝皇帝的青睐,成为官僚文人争相抢购的对象。沈子蕃的缂丝作品《梅花寒雀图》《青碧山水图》等惟妙惟肖,让人惊叹不已。她在牡丹团扇中,使用金丝勾勒,表现了宋代缂丝独创的艺术风格,显得高雅野逸。她们最大的贡献在于使缂丝由实用转为装饰化、欣赏性强的独立艺术,使技术与艺术得到完善的结合,达到了巧夺天工的境界。明清两代,苏州、南京已成为缂丝的主要产地,苏州缂丝名家朱良栋、吴圻分别以传统的《瑶池献寿图》和沈周绘制的《蟠桃仙图》等为蓝本的缂丝艺术品负有盛名,并作为贡品为清皇室征用。

五、宜兴紫砂陶器

宜兴紫砂陶器的生产始于北宋,盛于明清,直至今日仍兴盛不衰。

紫砂陶器是用紫砂泥制作的无釉陶器。紫砂泥有紫、绿、红三种，是质地细腻、可塑性很强的天然黏土。它深藏于宜兴山中的岩石层中，需经陈腐、粉碎、过筛、加工拌和并经真空炼泥后，才能有理想的可塑性。它的加工方法以泥片镶接的手工成型为主，经 1100℃—1200℃烧成。宜兴紫砂以其优良的质地、精湛的制作技艺取胜。造型千变万化，即所谓“圆无一相，方非一式”。装饰可分为素色、筋瓤和浮雕三种。要求简练大方，色泽古雅淳朴。由于紫砂陶器不施釉彩，故而有较好的吸附气体和透气的性能，最适合于制作茶具。用紫砂壶泡茶能长时间保持茶的色、香、味。因此紫砂壶在宜兴陶器中占有较大的比重，享有“世间茶具紫砂为首”的美誉。

紫砂壶的造型有几何形和仿生形两大类。几何形可分为圆器和方器。这两种形制需按照产品尺度，将泥料打成厚薄均匀的泥片，规范成方圆后，镶接成壶体；再制作把手、提梁、流盖、足等附件与壶体粘接匹配，最后进行刮、勒、压、削，使壶体线条清晰，造型规整，表面光润。这类器具又称为“光货”。仿生型是仿自然形态的造型，称为“花货”。它对自然形态如松竹梅、荷花、菊花、南瓜等进行概括提炼，成型也采用泥片镶接法，以模印、捏塑、雕镂等方法表现自然物体的质感和肌理特征。如竹壶，先捏塑粗竹段为壶体，捏塑细竹弯成把手、流盖和盖钮。最后用刻刀雕镂出壶体和壶盖上的竹节、竹叶，使局部与整体自然和谐，达到了高于自然的艺术境界。

紫砂陶还可制成餐具、酒具、文具、花盆等日用器皿和人物、动物、瓜果等雕塑艺术陈设品。

宜兴紫砂陶器在明清鼎盛时期，名家迭出。其中最为有名的是明正德、嘉靖年间的供春，其制壶新颖别致，自成一家，称“供春壶”，有“供春之壶，胜于金玉”之说。现藏于中国历史博物馆的紫砂树瘿壶是“供春壶”仅有的一件手迹。这件仿银杏树瘿的茶壶，树瘤肌理质感极强，造型浑厚质，是明代不可多得的珍品。① 宜兴紫砂陶器的名家有万历年间的董翰、赵良、元畅、时鹏“万历四名家”和时大彬、李仲芳、徐友泉“妙手三大家”，清康熙年间的陈鸣远、惠孟臣以及嘉庆年间的杨彭年、杨宝年、杨凤年兄妹，道光、咸丰年间的瞿应绍、邵大亨，同治光绪年间的黄玉麟、陈光明，等等。

---

① 钱定一编著：《美术艺人大辞曲》，上海古籍出版社 2005 年版，第 110 页。

六、吴地泥塑

吴地泥塑历史悠久，唐代吴郡杨惠之有极高的声誉，他的泥塑佛像可与画圣吴道子的画媲美，是古今第一泥塑大师。宋代吴县木渎人袁遇昌以擅塑泥孩儿闻名，被称为“天下第一”。平江（今苏州）人包成祖、孙荣也是当时捏塑泥孩儿的名家，镇江宋代遗址中，发现有他们捏塑的神像、儿童嬉戏等陶像，其神采奕奕，极为生动。明清以来，无锡惠山的泥塑声名鹊起。清乾隆帝南巡至无锡惠山时，曾命惠山泥塑艺人王春林塑造装饰有锦片和金箔的泥孩儿，作品得到了乾隆的赞赏。

惠山泥人分为粗货与细货两大类。粗货就是以模具印坯、批量生产的儿童玩具，也叫耍货。耍货历史悠久，销路广，生命力强，最著名就是“大阿福”。“大阿福”怀抱金毛大青狮，带着甜甜的微笑，令人见而生爱。此外，还有“花囡”“老寿星”“皮老虎”等。细货是手捏戏文，是惠山泥塑后来发展成熟的品种。惠山泥塑采用当地生产的黏土制成，其成型方法有手捏成形、模印成形和半捏半印成形。生产过程分捏泥、打稿、捏塑、整修、上粉、上色、开相、上油等十几道工序。惠山泥人绘塑结合，有“绘七塑三”的独特风格。

明清时惠山泥人名家辈出，以清王春林最为有名。其所作泥人精巧异常，变化万端。[①] 周生观在同治年间创作的大型群像彩塑“蟠桃会”曾轰动一时。他所塑人物动态和谐夸张，可以看出其作品受到佛像雕塑的影响。[②] 丁福亭、丁兰亭两兄弟均是清末惠山著名彩塑艺人，尤其是丁兰亭，他对戏曲有深入的观察，善于把握戏曲人物的神态，所塑戏曲人物形象生动、性格鲜明突出、接近生活原形。他对周生观的“捏段镶手”技法进行了改进，为惠山泥塑的发展做出了贡献。[③] 另有陈杏芳、虞富茂、胡春喜、冯金山等都是著名的惠山泥塑艺人。[④]

苏州虎丘泥塑在吴地也极有名，其技艺高超，清代曾盛极一时。虎丘捏塑分捏粗与耍货两种，尤以捏相的艺术水准为高。捏相人替人塑像时眼不观手，在袖中手捏泥丸，与顾客谈笑自若，少顷，相已捏成。相比其本人，惟

① 钱定一编著：《美术艺人大辞曲》，上海古籍出版社 2005 年版，第 182 页。
② 钱定一编著：《美术艺人大辞曲》，上海古籍出版社 2005 年版，第 184 页。
③ 钱定一编著：《美术艺人大辞曲》，上海古籍出版社 2005 年版，第 184 页。
④ 钱定一编著：《美术艺人大辞曲》，上海古籍出版社 2005 年版，第 184 页。

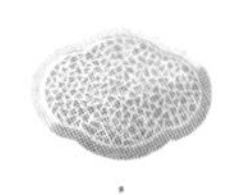

妙惟肖。虎丘捏相的精湛技艺，远近闻名，甚至远传北京清廷，对后来闻名于世的天津“泥人张”也产生了极大影响。虎丘捏相名家中以项天成、项春江、项琴舫等项氏一门最为杰出。①

泥塑佛像也是吴地的优秀传统工艺，杨惠之、雷潮夫妇、王竹林、朱谷生等都是著名佛像泥塑高手。相传苏州角直保圣寺的罗汉塑像和东山紫金庵的彩塑十六罗汉像分别为唐代杨惠之和南宋雷潮夫妇所塑。②

七、常州梳篦

梳篦是木梳和篦箕两种洁发用具的合称。梳篦古称“栉”，是古代妇女梳妆打扮的主要用具。新石器时代晚期已有象牙梳，商代又有铜梳，以后木制梳篦渐多，发展到后来还在木制梳篦上用彩漆描绘花纹。古时梳篦除作为梳发挽髻的用具外，还作为首饰插于发际。常州梳篦历史悠久，湖北拍马山楚墓中出土的战国梳篦上刻有“延陵西门”的字样，说明其至少已有2000多年的历史。史书中就有“梳篦世家延陵地”的记载，常州西门有条篦箕巷，南门有条木梳街，过去从西门到南门，约有近万人从事梳篦生产。常州梳篦精美的制作工艺赢得了“常州梳篦甲天下”和“宫梳名篦”之盛誉，近百年来先后多次获得国内外金银大奖。

常州梳篦选材精良，工艺讲究。一把木梳需28道工序，一张篦箕更要72道工序才能完成。木梳一般以黄杨、楠木、枣木等优质木材为原料，其中黄杨木梳最为名贵，也有用象牙、牛骨等其他非木质原料的。篦箕则采用质地坚韧、富有弹性的毛竹“竹青”和牛骨作原料。常州梳篦产品繁多，特别在梳背和篦箕梁面的图案式样设计上变化多端，主要采用雕、描、刻、烫、嵌五种工艺，其中用火绘（烫）刻制历史故事、名胜古迹、花鸟鱼虫、飞禽走兽、仕女、戏剧脸谱等木梳传统的表现图案的技巧。火绘是用烧红的铁笔在梳背上刻画，技艺高超的能操纵烫色的浓淡，产生毛笔勾画皴擦的韵味。这种工艺性极强的木梳非常畅销，受到女性的喜爱。

八、其他工艺美术

吴地工艺美术除了上述享誉中外的产品外，还有大量的品种亦同样声

---

① 钱定一编著：《美术艺人大辞曲》，上海古籍出版社2005年版，第181—182页。

② 钱定一编著：《美术艺人大辞曲》，上海古籍出版社2005年版，第177页。

名卓著，受到人们的称赏。这些工艺品涵盖了人们日常生活的方方面面。如地毯、丝毯、戏剧服装、玉器、牙雕、红木雕刻、竹雕、仿古石雕、砖雕、核雕、青瓷、美术瓷、编织、漆器、金银首饰、铜锡器、儿童玩具、绢花、工艺画、各类制扇、湖笔、裱画、剪纸、风筝、灯彩、蓝印花布、颜料、烟花爆竹、苏式家具、中西乐器等，不胜枚举。

明人《核舟记》真实描绘了吴地艺人在桃核上雕刻的精湛绝技。王毅在长约3厘米的小小核舟上雕刻苏东坡与朋友等五人栩栩如生、毫发毕现的形象，其中一位和尚挂着的佛珠，历历可数。船上窗门均可开启，并可见两旁雕花栏杆，闭窗后可见刻在左右窗上的“山高月小，水落石出”和“清风徐来，水波不兴”十六小字。其他火炉、水壶、扇子、桌椅等结构清晰，形态完美，堪称如鬼斧神工。在明清之际有此绝技的吴地雕刻艺人，还有常州人丘山，苏州人金老、杜士元、沈君玉，等等。吴地玉雕明代时已居全国之首，明代《天工开物》中记载“良玉虽集京师，工巧则推苏郡”。苏州陆子冈善琢玉器，其技艺精巧，声震明代，被誉为“吴中绝技”，作品称“子冈玉”，为皇家贵族收藏。还有清代无锡人尤通，以擅雕犀牛角饮器而闻名。明清两代吴地雕刻名家辈出，誉满朝野，直至今日绵延不绝。

苏式家具与江南园林富有文人气息的造园风格、情趣和环境氛围有着惊人的协调性，被称为“姑苏园林家具”。其以名贵的紫檀木、花梨木、酸枝木等硬木为原料，造型讲究简洁、明快、典雅，且做工精致，结构合理，并结合雕刻与镶嵌技艺，其中以使用玉、竹、牙雕为多，苏州是我国明式家具的主要发源地，苏式家具与京式、广式家具并称于世。

吴地传统工艺产品中还有闻名遐迩的灯彩工艺，这是南宋时灯中极品，以苏州灯彩最有名。当时京师的元宵灯会，一般均要选用苏州或南京、无锡等地的灯彩作为灯会的重头戏。直至今日，全国大型灯彩会展中都有吴地灯彩艺人的精品佳作。吴地民族乐器在全国也享有盛誉，清咸丰年间，宫廷就多次专门派人来苏州为皇家戏班采办乐器。中央民族乐团使用的民族乐器中苏州生产的就占了大半。

吴地的工艺美术行业有着辉煌的历史，它孕育着不同历史时期吴文化的主体内涵，构成了各个时期的文化层，是千百年来吴地历史文化的积淀，具有极为丰富的哲学、美学、历史学、民族学、社会学和人类文化学的积极意义。

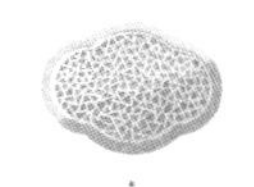

第七章　吴地园林

中国建筑,有着悠久的历史传统与光辉的成就。我国著名的建筑学前辈梁思成先生曾说过:“历史上每一个民族的文化都产生了它自己的建筑,随着这文化而兴盛衰亡。世界上现存的文化中,除去我们的邻邦印度的文化可算是约略同时诞生的弟兄外,中华民族的文化是最古老、最长寿的。我们的建筑也同样是最古老、最长寿的。在历史上,其他与中华文化约略同时,或先或后形成的文化,如古埃及、巴比伦,稍后一点的古波斯、古希腊及更晚的古罗马都已成为历史陈迹。而我们的中华文化则血脉相承,蓬勃地滋长发展,四千余年,一气呵成。”①建筑是历史的见证,建筑是文化的遗存,修筑在崇山峻岭之上的万里长城,坐落于首都北京气势磅礴的故宫,点缀于粉墙黛瓦之间的吴地园林……这些蜚声中外的建筑杰作,无不向人们彰显着中华文化的光荣与伟大。应该说,在众多建筑艺术中,园林艺术,可谓中国建筑集大成者。

园林,是指在一定的地域运用工程技术和艺术手段通过改变地形(筑山、叠石、理水)、种植花草、营造建筑和布置园径等途径创作而成的休闲与游憩境域。就世界范围而言,园林风格大体可以分为欧式、日式、中式。欧式园林主要均依地势而建,以占地绿化和宏大建筑为主体,典型代表是意大利台地园和英国式的风景园;日式园林常以写意象征手法表现自然,构图简洁、意蕴丰富,其典型表现便是禅宗寺院的“枯山水”园林,而后期的“枯山水”,只用几尊石组,一块白砂,便可以凝练成一方净土;中式园林的风格是造景手法写意,讲究在自然山水之间,修建亭台楼阁、水榭、长廊等,追求人与自然的和谐统一。在我国,由于南北地域文化存在差异,园林的样式也有差异:一是以气势恢宏见长的北方皇家园林,以北京的颐和园为典型;二是以精致小巧见长的南方私家园林,主要分布在吴地的南京、镇江、常州、无

---

① 梁思成:《梁思成全集》卷5,中国建筑工业大学2001年版,第92页。

锡、苏州一带，这其中，以苏州园林为典型。

总体而言，我国的园林艺术历史悠久，风格独特，在世界园林史上也享有盛誉。中国的造园者，从一开始，就注重追求人造景观与自然景观的浑然一体，中国的造园艺术，以追求自然的精神境界为最终目的，以达到“虽由人作，宛自天开”①为宗旨。

第一节　吴地园林发展概述

早在春秋战国时期，吴地就有了园林艺术的萌芽。据文献记载，吴王夫差所筑姑苏台，已经初步具备了园林艺术的要素。到了魏晋南北朝时期，苏州出现了私家园林。《苏州府志》记载：“笮家园在保吉利桥南。古名笮里，吴大夫笮融所居。”②明清时期，是中国造园史上的一个黄金时代，同时，也是吴地园林的大发展时期。这一时期，不仅园林的数量众多，而且造园的艺术也日趋完美。明代中晚期，苏州的拙政园、留园等，相继建成。清代，吴地著名的私家园林就更不胜枚举了。

除了私家园林之外，吴地园林中还有宗教园林。佛教传入中国后，宗教园林就开始出现，如建于东晋的有“吴中第一名胜”之称的虎丘云岩寺和镇江的金山寺，建于南齐永明七年(489)的南京栖霞寺，建于南齐的常熟兴福寺等，都是寺观园林的代表。

南京中华门城墙

同时，随着魏晋南北朝时期人们崇尚自然美的审美意识的觉醒，吴地园林建设开始朝着与自然山水相结合的自然山水园林方向发展。一般都以湖为中心，沿湖造园，将自然美景与精心雕琢的楼台建筑结合在一起，如南京的玄武湖、莫愁湖，无锡的鼋头渚公园，等等，都是这一类自然山水园

① 计成：《园冶》，中华书局2011年版，第27页。

② 顾震涛：《吴门表隐》，江苏古籍出版社1999年版，第3页。

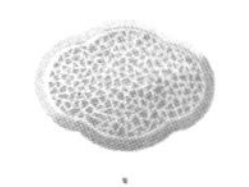

林的代表。

一、春秋时期:吴地园林的发轫

春秋时期,十九世吴王寿梦领导吴国与楚国分道扬镳,逐渐走上自己的兴霸道路。于是,吴国最早的宫苑园林就开始出现在典籍记载中。唐代陆广微在《吴地记》中写道:"夏驾湖,寿梦盛夏乘驾纳凉之处。凿湖为池,置苑为囿。"[①]南宋范成大的《吴郡志》中也写道:"夏驾湖,在吴县西城下。吴王寿梦避暑,驾游于此,故名。"[②]当然,从现存的典籍看,我们已经无法确切了解夏驾湖的建筑规模和建筑样式,但是,至少我们可以看出夏驾湖临水而建的特点与后世园林尤其是以苏州园林为代表的吴地园林注重水文化的契合之处。

公元前514年,寿梦的嫡孙、二十四世吴王阖闾上台后,令伍子胥筑阖闾城,即现在的苏州城。接着,吴起兵破楚,大获全胜。越王勾践深知吴王夫差嗜好盖造宫室,兴建亭台楼阁,便运用辅国大夫文种"伐吴计谋",用重金财物献给吴国君王与臣下,使他们财迷心窍,对越失去警惕;送去美女消磨吴王的意志;送去能工巧匠、建筑良材,让吴国大造宫殿、高台,耗尽其资财,疲乏其民力。

一次,越王勾践命木工三千入山伐木,一年不归,伐得大批上等木材。其中有一对巨木粗二十围,高四十丈,一棵是有斑纹的梓树,另一棵是梗楠树,木质硬朗而挺拔,令匠人精工雕刻成盘龙花纹大柱,抹上丹青,又镶嵌白玉,错彩镂金,金光闪闪,光怪陆离。还将所有采伐的上好木材进行加工,然后派文种大夫献于吴王夫差,建造富丽堂皇的宫殿与高台。吴王夫差见之,龙心大悦,他不听伍子胥的劝阻,立刻如数照单全收了这批良材。

常州淹城遗址公园内景

---

① 陆广微:《吴地记》,江苏古籍出版社1999年版,第42页。

② 范成大:《吴郡志》,江苏古籍出版社1999年版,第259页。

当时这批来自会稽的粗大木材，把山下所有的河道、沟渠塞满，现在苏州吴中区的“木渎”也是因此得名。阖闾在世时曾在山上筑烽火高台，以观察、预防外来之敌，而吴王夫差却将其改建成规模宏大的馆娃宫殿、响屧廊、玩花池、琴台，山顶开凿吴王井。

我们暂且抛开历史，对夫差的政绩不加评论，单从园林建筑看，姑苏台已经初见了中国园林的基本要素。因此，夏驾湖、姑苏台可视为吴地园林的滥觞，它们从一开始就与西方规则图案式的园林有着泾渭分明的区别，也对后世吴地园林的建造产生着重要的影响。

二、魏晋时期：吴地园林的发展

魏晋南北朝时期，由于大规模的战乱多发生在北方并且时间持续很长，因此北方经济遭到严重破坏。而南方则相对稳定，南方的经济得到迅速发展。这样，南北经济开始趋于平衡，以北方黄河流域为重心的经济格局开始改变。随着江南地区生产力的发展，北方大批士族南迁，这些士族阶层多受魏晋以来玄学文化的影响，多追求自然环境的雅丽，大有“翛然林木中”之趣。他们将自己的爱好带到江南，兴建宅园。于是，这一时期，私家园林开始兴起，并逐渐发展、定型。

位于苏州吴县的辟疆园就是这一时期园林艺术的典型。辟疆园，是东晋名士顾辟疆的名园。园址在今江苏省吴县，亦作“辟彊园”。顾辟疆，字不传。吴郡吴（今江苏苏州）人。生卒年不详，事迹见于东晋孝武帝司马曜年间。顾辟疆历仕郡功曹、平北将军参军。《晋书·王献之传》记载：东晋大书法家王献之自会稽经吴，闻辟疆名园，径来访之。王献之与顾辟疆不相识。王献之来时，值顾辟疆方集宾友酣宴。王献之入园游赏，指麾好恶，旁若无人。顾辟疆勃然大怒，指责王献之无礼，于是逐他出门。这是著名的“辟疆驱客”的故事，而辟疆园至唐宋时尚存。这是史书记载的第一例苏州私家园林。而南宋范成大的《吴郡志》中，也记载了该园的规模：“晋辟疆园，自西晋以来传之。池馆林泉之胜，号吴中第一。”①

除了辟疆园之外，三国时期，吴国建都建康（今南京），相继造了太初宫、显明宫等皇家园林。孙权之孙孙皓也曾大造苑囿，堆土山，兴工程。这一时期，吴地较为著名的皇家园林有建康的华林园和乐游园。

---

① 范成大：《吴郡志》，江苏古籍出版社1999年版，第259页。

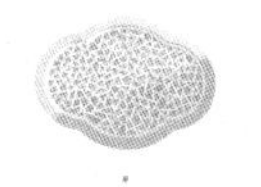

自佛教传入中国以来，这一时期，还出现了宗教园林。同时，随着人们对自然的崇尚意识的觉醒，魏晋南北朝时期，山水园林也不断出现。

总之，这一时期，各种园林样式不断涌现，园林的造园技艺与人们的审美情趣相结合，也成了吴地园林日趋发展的历史时期。

三、唐宋时期：吴地园林的成熟

唐朝，是中国历史上统一时间最长、国力最强盛的朝代之一。唐朝全盛时在文化、政治、经济、外交等方面都达到了很高的成就，是当时世界的强国之一。那时的新罗、高句丽、百济等周边属国在其政治体制与文化等方面都受到唐朝的很大影响。唐朝前半叶，社会经济处于上升阶段，文化先进，是历史上中国向周边国家文化与技术大输出的一个时期，兼容并蓄的社会风气也给五胡十六国以来进居塞内的各个民族提供了一个空前的交流融合的环境，在这过程中中原文化亦从外族文明中汲取诸多养分。这种经济文化的背景，使得唐代吴地园林的建造也日趋成熟。特别是一些文人雅士，把当时具有最高艺术水平的诗歌带入生活中，使生活诗意化，也在园林建造中运用写意的手法，追求浑然天成的美。当时的江南太湖流域，处处可见各式园林建筑。

镇江西津古渡

赵宋王朝，是中国古代历史上文化教育与经济最繁荣的时代。儒家复兴，科技发展亦突飞猛进。这一时期，也是吴地园林的成熟期，因为园林的建造需要有富足的经济与和平的环境作为支撑。而唐代安史之乱后，中国的经济和文化重心逐渐南移，熊月之在论及“唐代以后的江南”的时候，就说到这一时期的江南是“中国经济、文化最发达的地区”。因此，园林的修缮也就日臻兴盛。苏州现存最早的园林就是这一时期建造的沧浪亭。沧浪亭，开始为五代时吴越王钱镠之子钱元亮的池馆（一说，沧浪亭原为五代吴越广陵王的孙承佐所筑）。北宋庆历年间（1041—1048），诗人苏舜钦遭贬谪流寓来苏，因感其原址高爽静僻，野水萦洄，便以四万钱购得，因其在水旁筑亭，取“沧浪之水清兮，可以濯我缨；沧浪之水浊兮，可以濯我足”之意，遂取名曰

"沧浪亭"。后该园几经荒废。清康熙三十五年(1696)重修,改移沧浪亭于土阜之上,并建轩、廊等建筑,临池造石桥作为入口处,现在的沧浪亭基本保留的就是清代的布局。

苏州虎丘

沧浪亭古朴幽静,在苏州诸园中别具一格。苏州园林大都以高墙四围,自成丘壑。沧浪亭则外临清池,一泓清水绕园而过,河流自西向东,绕园而出。这种布局巧妙地融园内外景色于一体,借助"积水弥数十亩"的水面,扩大了空间,造成深远空灵的感觉。

元代,吴地园林建造基本保持了唐宋园林建造的风格,未有太多的变化。但是,这一时期吴地建园数量大大增多,苏州著名的狮子林就是这一时期建造的。

四、明清时期:吴地园林的兴盛

明清时期,吴地已经成为全国经济最为发达的地区之一。当时吴地的农业在全国具有举足轻重的地位。同时,手工业也极度繁荣,苏州是当时重要的丝织业中心,而南京则是棉织业的重要产地。与此同时,吴地商业、货运等在全国都占着重要的比重。唐寅有"世间乐土是吴中"的诗句,描述的即是当时苏州商业的繁盛景象。而王锜《寓圃杂记》中更是形象地记载了明代中叶苏州繁盛景象:"……以至于今,意益繁,闾檐辐辏,万瓦甃鳞,城隅濠股,亭馆布列,略无隙地。舆马叹盖,壶觞罍盒,交驰于通衢水巷中,光彩耀目。游山之舫,载妓之舟,鱼贯于绿波朱合之间。丝竹讴舞,与市声相杂。凡上供锦绮、文具、重果、珍馐、奇异之物,成有所增。若刻丝累漆之属,自浙宋以来,其艺久废,今皆精妙,人性益巧而物产益多。至于人才辈出,尤为冠绝。"①

园林的建造,在一定程度上依赖于经济的繁华。社会经济高度发展,手工业和建筑等行业的极度繁盛,也为园林的兴盛提供了重要的物质保证。

① 王锜:《寓圃杂记》,中华书局1984年版,第42页。

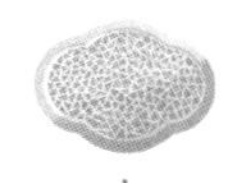

另外，明清时期的吴地人才辈出，在教育及科举人才的培养方面在全国都占有领先地位。仅以苏州为例，据有关资料统计，明朝自明太祖洪武四年(1371)至明思宗崇祯十六年(1643)的前后272年间，全国共录取文状元90名，而仅苏州一府就产生了状元8名，约占全国状元总数的9%。到了清代，自顺治三年(1646)开科取士，至光绪三十年(1904)期间，全国共录取文状元114名，而江南则占了49名。[①] 封建社会的科考是入仕的重要条件。而入仕之后，或腾达，或隐居，为了满足文人"城市山林"的一种传统的心理积淀，他们往往会为自己修建私家宅院，很多即是流传至今的园林建筑。如苏州的拙政园，即为明弘治年间苏州进士王献臣所建，取"拙者之为政"之意。因此，明清时期，吴地的教育、人文、书法、绘画等的兴盛，为吴地园林在明清时期的兴盛提供了重要的精神文化方面的保障。

苏州天平山风景区

这一时期，吴地著名的园林有：始建于明代的南京瞻园和无锡的寄畅园；建于明代中晚期的苏州著名的拙政园、留园；等等。

第二节　吴地园林的特点及园林理论研究

中国古典园林是风景式园林的典型，是造园者试图将自然美与人工美相结合的尝试。它以自然界的山水为蓝本，将曲折之水、错落之山、迂回之径、参差之石、幽奇之洞荟萃一处，从而借景生情，托物言志。而吴地园林是中国古典园林的代表，它集中体现了中华民族性格和文化中端庄、含蓄、幽静、雅致的一面，它可以使人不出户而尽览天下奇景，可以使身临其境的人们在潜移默化之中享受大自然的陶冶和艺术的熏陶。

---

① 商衍鎏：《清代科举考试述录》，百花文艺出版社2004年版，第191页。

一、吴地园林的特点

（一）以私家园林为代表

中国的园林，按照不同的分类标准，可以划分成不同的类别。按照占有者的身份分类，我们一般将其分为皇家园林、私家园林和寺观园林。皇家园林，以北方园林为代表，以北京为中心，其规模宏大，建筑体态端庄，色彩华丽，风格上趋于雍容华贵，着重体现帝王威风与富贵的特色，如颐和园、北海公园、承德避暑山庄等，其中承德避暑山庄是我国现存最大的皇家园林。寺观园林主要指佛寺、道观、历史名人纪念性祠庙中的园林。其狭者仅方丈之地，广者则泛指整个宗教圣地，范围包括寺观周围的自然环境，是寺庙建筑、宗教景物、人工山水和天然山水的综合体。一些著名的大型寺庙园林，往往历经成百上千年的持续开发，积淀着宗教史迹与名人历史故事，特别是历代文化雅士的摩崖碑刻和楹联诗文，使寺庙园林蕴含着丰厚的历史和文化游赏价值。

而私家园林一般面积较小，以精取胜。其风格潇洒活泼，玲珑素雅，曲折幽深，明媚秀丽，富有江南水乡的特点，且讲究山林野趣和朴实的自然美。吴地园林以私家园林为代表，多在江南，以苏州园林为典型。据资料显示，吴地私家园林始见于魏晋南北朝，至五代时期，随着江南园林的发展，苏州的造园艺术日趋繁盛。明中期以后，私家园林建造之风再度兴盛，南京、无锡、苏州等地的私家园林无论从数量还是质量上都是对前代的一次超越。据清同治《苏州府志》所载，当时吴县、长洲、元和三县（现在的苏州大市范围）私家园林至少有200多处。这些园林，虽然没有皇家园林那么气派恢宏，但其善于把握有限的空间，并将它们巧妙地组合成千变万化的园林景色，充分体现了我国造园的特有风格，并广泛吸取了中国山水画的理论，追求山林野趣和朴实的自然美。

苏州网师园

（二）将自然美与艺术美有机结合

吴地园林是自然美与艺术美有机结合的产物。自然美是吴地园林遵从

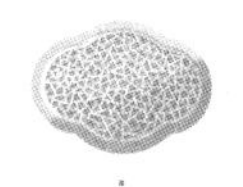

了“虽由人作，宛自天开”的园林建筑美学而产生的。园林里的叠山理水，都顺应自然，具体体现在：布局师法自然、构景融于自然、建筑顺应自然、花木表现自然。

首先，园林的总体布局、组合顺应自然规律，如亭台轩榭在布局上“绝不讲究对称”。另外，在处理园林中山与水的关系，以及假山堆叠与涧、溪的构造等时，都提出要合乎自然的规律，尽量减少人工斧凿的痕迹。

其次，吴地园林试图在有限的内部空间里完美地再现外部世界的空间和结构，使得构景融于自然。园内庭台楼榭，游廊小径蜿蜒其间，内外空间相互渗透，显得流畅、流通、流动。透过格子窗，广阔的自然风光被浓缩成微型景观。

第三，在园林的建筑中，时时刻刻流露出自然之美和自然之趣。如人工的山，从选料、石纹到堆叠的形状等，处处要显示自然天成之趣；再如拙政园的东园，是在明朝王心一所设计的“归园田居”基础上扩展而成的，据记载有放眼亭、夹耳岗、啸月台、紫藤坞、杏花涧、竹香廊等诸胜。中为涵青池，池北为主要建筑兰雪堂，周围以桂、梅、竹屏之。池南及池左，有缀云峰、联壁峰，峰下有洞，曰“小桃源”。步游入洞，如渔郎入桃源，桑麻鸡犬，别成世界。兰雪堂之西，梧桐参差，茂林修竹，溪涧环绕，为流觞曲水之意。北部系紫罗山、漾荡池。东甫为荷花池，面积达四五亩，中有林香楼。家田种秫，皆在望中。这是典型的追寻自然之趣的园林建筑设计风格。

第四，园林的花草树木的点缀表现自然。造园时，考虑到四季的更替，将各种花卉、树木巧妙地布局，再通过借景与隔断，使得花草时时刻刻出现在居住者或游人眼中，构成“不出城廓而获山林之怡，身居闹市而有林泉之趣”的情致。

而所谓“艺术美”，指的是吴地园林件件都可以称得上是精美的艺术品。“中国古典园林，是以建筑和山水花木的组合为主旋律，以文学、书法、绘画、雕刻、工艺美术、盆景以及音乐、戏曲等门类艺术作为和声协奏的既宏伟繁复而又精丽典雅的交响乐。它是把各种不同门类的作品有机地荟萃在一起，从而给人以丰富多样的审美感受的综合艺术博物馆。”①在吴地的私家园林，则更加鲜明地体现出中国古典园林的艺术美。江南私家园林风景中的形象美、色彩美、音响美、节奏韵律美，主要给人视觉和听觉等的艺术享受和浸润。如吴地园林中的题景、门楣、对联、匾额设计，它们就是书法、雕刻、文

① 金学智：《中国园林美学》，江苏文艺出版社1990版，第388页。

学等多种艺术门类的集合。作为艺术语言,这些匾额又是一种符号、工具和建筑物典雅的装饰品,是园林中一道亮丽的风景线,具有文化景观美。在江南私家园林中,各种造型典雅别致的园林楹联匾额遍及园林建筑内外,有的装裱华丽,有的素雅;有的布置在室内,有的在室外的石头或建筑上;有的字体大,有的字体小;有的是楷体、行体,有的是隶书、草书。它们本身就是一种园林景观,具有极高的审美价值。它们具有历史的、人文的、审美的价值,是园林中不可或缺的艺术珍品。再如园林中的家具摆设,吴地现存的古典园林中,大部分的家具都是明清两代的。其用料上乘,多是珍贵的木料,有紫檀、黄花梨、红木、乌木、榉木等。明代家具是中国家居发展的一个高峰,其特点是造型简洁大方,构架严谨,色彩素雅,雕饰图案少而精;而清代家具则日趋繁复,用料粗重,装饰琐碎,色彩注重漆饰,与明式家具迥然不同。如果细细逛一下江南的私家园林,无异于徜徉于明清家具的博物馆一般,可以尽情领略明清两朝各式造型独特、做工精美的家具精品。

（三）丰富的人文内涵和完美的居住条件相结合

吴地的文化是精致的、灵动的,同时也是实用的。而吴地的园林文化恰巧与这一文化特色相吻合。它既具有丰富的人文内涵,同时,又是适合人居的实用建筑。

首先,吴地的私家园林,不仅是历史文化的产物,同时也是中国传统思想文化的载体。从民族文化心态来看,“天人合一”的理念是中国人一直强调的精神之一,这也是吴地古典园林艺术的灵魂。其主要观点是追求在尊重自然的前提下改造自然,创造出宜人的和谐的园林生态。从文化内涵看,吴地园林产生于江苏这一个“文萃”之地,而园林的建造自然与艺术、文学、哲学等巧妙结合。因此,在园林的各个角落,都储存了大量的历史、文化、思想和科学信息,物质内容和精神内容都极其深广。其中有反映和传播儒、释、道等各家哲学观念、思想流派的;有宣扬人生哲理、陶冶高尚情操的;还有借助古典诗词文学,对园景进行点缀、渲染,使人于栖息游赏中,化景物为情思,产生意境美,获得精神的满足的。

其次,从实用性角度看,吴地的园林大多数是可供居住的,即园林、宅园合一,可赏,可游,可居,可以让人体验舒畅的生活。这种建筑形态的形成,是在人口密集和缺乏自然风光的城市中,人类依恋自然,追求与自然和谐相处,美化和完善自身居住环境的一种创造。如苏州的拙政园、留园、网师园

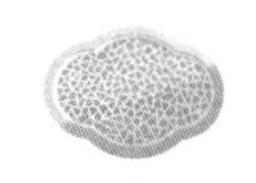

等，它们建筑类型齐全，保存完整，系统而全面地展示了苏州古典园林建筑的布局、结构、造型、风格、色彩以及装修、家具、陈设等各个方面的内容，是明清时期江南民间建筑的代表作品。同时，其建筑规制又反映了中国古代江南民间起居休憩的生活方式和礼仪习俗，是了解和研究古代中国江南民俗的实物资料，是这一时期中国江南地区高度的居住文明的典型，体现了当时城市建设科学技术水平和艺术成就。

二、园林理论研究

吴地历来经济繁荣，人文荟萃，园林建造更是经久不衰。历代的造园实践使得吴地也产生了一批重要的造园巧匠与专家。其实，早在明清代以前，吴地就有很多知名文人、画家参与过造园工作及园林设计，如元代的倪云林。到了明代，有唐寅、祝允明、文徵明、沈石田等。正是有了一代代的造园实践的积累与总结，明代开始，中国的造园理论才开始进入总结期。这时，出现了中国造园史上最著名的两部造园理论研究著作:《园冶》和《长物志》，其作者分别是江苏吴江人计成和江苏长洲人文震亨。

《园冶》，是中国第一部园林艺术理论的专著，也是世界上最古老的一部造园学理论著作。计成于清崇祯四年(1631)成稿，崇祯七年(1634)刊行。全书共3卷，附图235幅。主要内容为“园说”和“兴造论”两部分。其中“园说”又分相地、立基、屋宇、装折、门窗、墙垣、铺地、掇山、选石、借景10篇。《园冶》首先阐述了作者造园的观点，次而详细地记述了如何相地、立基、铺地、掇山、选石，并绘制了200余幅造墙、铺地、造门窗等的图案。《园冶》一书的精髓，可归纳为“虽由人作，宛自天开”“巧于因借，精在体宜”两句话。这两句话的精神贯穿于全书，也一直为后世所引用。《园冶》一书既有实践的总结，也有作者对园林艺术具独创性的见解和精辟的论述。它是计成将园林创作实践总结提到理论高度的专著，全书论述了宅园、别墅营建的原理和具体手法，反映了中国古代造园的成就，总结了造园经验，是一部研究古代园林的重要著作，为后世的园林建造提供了理论框架以及可供模仿的范本。同时，《园冶》采用骈文的手法写成，在文学上也有一定的地位。

《长物志》是明代晚期苏州文人文震亨所撰的一部关于生活和品鉴的笔记体著作。所谓“长物”，即多余之物，但是实际上书中所指又并非多余之物，而是生活中的必需品，这些物品多是投射和沉积了文人的选择和品格意志的物品。文震亨(1585—1645)，字启美，号木鸡生，明末苏州府长洲县人，文徵明的嫡曾孙，文震孟的弟弟。《长物志》被称为晚明士大夫生活的“百科全书”，因为全书分为室庐、花木、水石、禽鱼、书画、几榻、器具、衣饰、舟车、位置、蔬果及香茗十二卷，内容齐全，架构清晰。《长物志》的内容涉及相关园林美学的范畴，是私家造园专著的代表作之一，也是古典园林自两宋发展到明末清初时期的理论总结。《长物志》一书中与造园有直接关系的为室庐、花木、水石、禽鱼、蔬果五卷，而另外七卷书画、几榻、器具、衣饰、舟车、位置、香茗与园林有着间接的关系。全书时刻体现着当世文人在园林建造中的自我塑造。如对于园林的选址，文震亨认为“居山水间者为上，村居次之，郊居又次之”；在建筑设计上，需要“随方制象，各有所宜；宁古无时，宁朴无巧，宁俭无俗”；等等。此外，其“花木”卷分门别类地列举了园林中常用的42种观赏树木和花卉，详细描写它们的姿态、色彩、习性以及栽培方法，还提出园林植物配置的若干原则，比如说“草木不可繁杂，随处植之，取其四时不断，皆入图画”等。最难能可贵的是指出造园应突出大自然生态特征，使得各种植物能够在宛若自然界的环境中和谐生长。

第三节　吴地园林拾翠

一、帝王宫苑：南京瞻园

瞻园，位于南京市瞻园路208号，又称“大明王府”和“太平天国历史博物馆”。瞻园始建于明朝初年，是中山王徐达的府邸花园，现仍留存的石矶及紫藤，距今已有600多年历史。

明朝初年，太祖朱元璋因念功臣徐达“未有宁居”，所以在自己的吴王府前大兴土木，给中山王徐达建成了这所规模宏大的府邸花园，并建“大功”牌坊一座，成为富有皇家气派的一代名园。清顺治二年（1645），该园成为江南行省左布政使署。乾隆帝巡视江南，曾驻跸此园，并御题“瞻园”匾额。太平天国时，瞻园先后为东王杨秀清府、夏官副丞相赖汉英衙署和幼西王萧有和府。天京失陷后，该园毁于兵燹。同治四年（1865）、光绪二十九年（1903），瞻园两度重修。新中国成立后，瞻园经过多次重修，园林建筑日渐恢复，现为南京太平天国历史博物馆。

瞻园分东西两个部分，大门在东半部，上悬一大匾，书“金陵第一园”，字

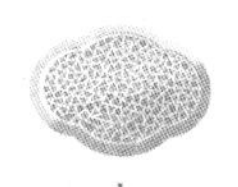

系赵朴初所题。对面有照壁，照壁前是一块太平天国起义浮雕。进门正中是一尊洪秀全半身铜像，院中两边排列着当年太平天国用过的大炮20门。二进大厅上有郭沫若题写的“太平天国历史陈列”匾额，主要陈列文物有天父上帝玉玺、天王皇袍、忠王金冠、大旗、宝剑、石槽等300多件，总陈列面积约1200平方米。

西半部是一座典型的江南园林，园内古建筑有一览阁、花篮厅、致爽轩、迎翠轩及曲折环绕的回廊，这些建筑和回廊把整个瞻园分成5个小庭院和一个主园。静妙堂位于主园中部，是园内的主题建筑，一面建于水上，宛如水榭，把全园分成南北两部分，结构对称，动静搭配。堂之南北各有一座假山，水是相通的，西边假山上还有岁寒亭一座。园虽不大，却颇具特色，是江南名园之一。

瞻园素以假山著称，全园面积仅8亩，假山就占了3.7亩。南、北、西面均是假山，西假山最高，为土山；北假山均由太湖石堆砌而成，可见其明代手法；南假山是现在重新堆叠而成的，山洞曲折幽深，山峰挺拔多姿。进园门后，透过漏窗便隐约可见一座奇秀的石峰“仙人峰”，传说是宋徽宗时“花石纲”的遗物。瞻园的回廊也颇具特色，串联南北，蜿蜒曲折。

刘敦桢所著《中国园林》巨幅集锦画册中，将瞻园作为古金陵园林唯一的代表作，载入中国园林史册，这也可见瞻园在江苏园林建筑中的重要地位。

二、城市山林：镇江“三山”

镇江，古称“宜”“朱方”“丹徒”“京口”“润州”，是一座有着深厚底蕴、人文荟萃的历史文化名城。历史上，与镇江相关的传说、故事很多，如《三国演义》中的“甘露寺刘备招亲”，《白娘子传》中的“白娘子水漫金山”，等等；镇江也是《文心雕龙》《昭明文选》《梦溪笔谈》等巨著的诞生地。镇江更以其“三山”而闻名。

镇江金山寺

所谓“三山”，指的是金山、焦山、北固山。它们既是镇江著名的风景名胜，也是镇江深厚文化底蕴园林景观的代表。

金山，位于镇江市西北，海拔43.7米，占地面积41.6公顷。金山素以绮丽著称，风景幽绝，形胜天然。古代金山原是屹立于长江中流的一个岛屿，由于大江东流，至清光绪末年（1908）左右与陆地连成一片，有“江心一朵美芙蓉”之称誉。北宋沈括曾赞颂曰：“楼台两岸水相连，江北江南镜里天。”山上建有江天禅寺，也就是为大家熟知的“金山寺”。金山寺始建于东晋，距今已有1600多年的历史。金山寺打破了寺院坐北朝南、分三路的布局，依山就势，大门西开，正对江流，各色建筑散布其上，风格奇特。且寺庙建筑把金山山体包裹住，从远处看，只见寺院，不见山，因此，也就有了“金山寺裹山”之说。寺依山而建，山以寺闻名，更重要的是，金山与金山寺承载着几千年来为人们所传诵的“白娘子与许仙”的神话故事传说。

焦山，是“京口三山”名胜之一，向以山水天成、古朴幽雅闻名于世。其碧波环抱，林木葱郁，是万里长江中唯一四面环水的游览岛屿，与对岸的象山夹江对峙，正所谓“万川东注，一岛中立”，有江南“水上公园”之喻，被誉为“江中浮玉”。焦山自古以来名称很多，有樵山、谯山、狮子山、狮岩、双峰山等。这些名称均是根据当时特定的情形或山体的自然特点而命名的。如樵山，取自于樵夫砍柴；谯山，取自于在此设有海防和瞭望哨所；狮子山、狮岩、双峰山等则取其形。而焦山之称，来自于汉末隐士焦光。东汉末年，名士焦光游历大江南北，当他来到焦山之时，被这人间仙境所吸引，便在此结庐隐居，日出而作，日落而息，采药炼丹，济世救贫，并留下许多民间传说故事。当时的皇帝闻其贤，三下诏书请其出山做官，均被他以年老体弱、妻子多病或远游等方式婉拒了，后人为纪念他而将他隐居的山洞改成三诏洞，山名改为焦山。焦山上有定慧寺，施耐庵在《水浒传》中对焦山定慧寺景观有所描述：“焦山有座寺，藏在山凹里，不见形势，谓之山裹寺。”这是焦山定慧寺的特点，定慧寺原名普济禅寺，是江南最早的寺庙之一，清朝康熙皇帝南巡经过焦山时，亲自题写了寺名匾额。其实，焦山的寺庙楼阁等建筑均藏于林木深处，因此，其“山裹寺”的特色与金山的“寺裹山”形成了鲜明的对比。焦山碑林也是其知名景观之一，内存六朝以来历代碑刻460余方，与西安碑林齐名，为江南第一大碑林。其中被称为“碑中之王”的《瘗鹤铭》碑为稀世珍宝。笔法之妙为“书家冠冕”，极富史料及书法艺术价值，故有“书法山”之称。

北固山，镇江“三山”名胜之一，由于北临长江，形势险固，故名北固，高约58米，长约200米。山壁陡峭，形势险固，南朝梁武帝曾题书“天下第一江

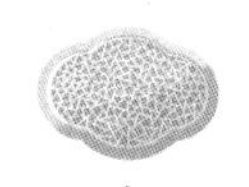

山”来赞其形胜。北固山由前峰、中峰和后峰三部分组成，主峰即后峰，是风景最佳处。前峰原为东吴古宫殿遗址，现已辟为镇江烈士陵园；中峰上原有气象楼，现改为国画馆；后峰为北固山主峰，北临长江，三面悬崖，地势险峻，山上到处都是树木，名胜古迹多在其上。北固山的景点多与三国时期孙刘联盟的历史传说有关。相传“刘备甘露寺招亲”即在此。甘露寺，始建于东吴甘露年间(265—266)，故名“甘露寺”。现在山上的甘露寺，是在唐代宝历年间由润州刺史李德裕所建，他为了纪念镇江曾作过东吴都城，使人们永远记住三国鼎立的史实，故将三国时刘孙联盟的史迹、孙刘联姻的传说及遗物移上山来。古甘露寺规模宏大，宋代有僧侣500多人。明、清是全盛时期，寺宇、殿堂、僧屋计有200多间。康熙、乾隆二帝曾在此建有行宫。甘露寺又是中国古代著名的古刹之一，其建筑特点与金山、焦山不同，采用了“以寺镇山”的手法，故有飞阁凌空之势，形成了“夺冠山”的特色。

三、野趣盎然：无锡鼋头渚和寄畅园

除了私家园林之外，吴地园林建筑中有一类为山麓园林。山麓园林一般利用自然山水而建，多野趣。江苏的山麓园林，主要分布在以太湖为中心的苏州、无锡地区。南京的玄武湖也属于山麓园林之一。而无锡的鼋头渚景区则是山麓园林的代表。鼋头渚，因深入太湖中的半岛顶端，形似鼋头，因此得名。该园依山傍水，因其别具一格，所以，民间有“来无锡必游太湖，游太湖必游鼋头渚”之说。鼋头渚的风光是山清水秀，浑然天成，为太湖风景的精华所在，有“太湖第一名胜”之称。当代大诗人郭沫若的“太湖佳绝处，毕竟在鼋头”的赞誉，更使鼋头渚风韵流扬境内海外。

而在惠山东麓的寄畅园，则是另一派山麓园林的景色。寄畅园坐落在无锡市西郊东侧惠山横街的锡惠公园内，毗邻惠山寺。寄畅园原来的园主姓秦，是宋代著名诗人秦观的后裔，所以又叫做“秦园”，秦氏是无锡的名门望族，以诗书传家，名人辈出。寄畅园，元朝时曾为僧舍，明正德年间，曾任南京兵部尚书的秦金得到此处，辟为园，名“凤谷山窝”。秦金，号凤山，而园子又建在惠山的山谷里，因此“凤谷”包含人名、地名两层意思；行窝区别于皇帝的行宫，也表明这座别墅还处于草创阶段，以山林野趣为主。万历年间，第三代园主人秦燿曾任湖广巡抚，后因受牵连而被罢官。回无锡后，寄抑郁之情于山水之间，疏浚池塘，改筑园居，构园景二十，每景题诗一首，并取王羲之《答许椽》诗：“取欢仁智乐，寄畅山水阴”句中的“寄畅”两字名园，

寄畅园由此得名。

园景布局以山池为中心，巧于因借，混合自然。假山依惠山东麓山势作余脉状，又构曲涧，引“二泉”伏流注其中，潺潺有声，世称“八音涧”，前临曲池“锦汇漪”。而郁盘亭廊、知鱼槛、七星桥、涵碧亭及清御廊等则绕水而构，与假山相映成趣。园内大树参天，竹影婆娑，苍凉廓落，古朴清幽，其以巧妙的借景，高超的叠石，精美的理水，洗练的建筑，在江南园林中别具一格。

总体上说，寄畅园因其“自然的山，精美的水，凝练的园，古拙的树，巧妙的景”扬名海内外。清朝时，康熙、乾隆二帝也一再来此题诗。北京颐和园内的谐趣园，圆明园内的双鹤斋，都是仿寄畅园而建，足见该园的重要地位。

四、园林精华：苏州名园沧浪亭、狮子林、拙政园、留园

“上有天堂，下有苏杭”，苏州园林吸收了江南园林建筑艺术的精华，是中国优秀的文化遗产。1997 年，在意大利那不勒斯召开的联合国教科文组织世界遗产委员会第 21 届会议批准将以拙政园、留园、网师园、环秀山庄为典型例证的“苏州古典园林”项目列入世界遗产名录。2000 年 11 月，在澳大利亚召开的世界遗产委员会第 24 届会议又将沧浪亭、狮子林、艺圃、耦园和退思园作为“苏州古典园林”的扩展项目，列入世界遗产名录。在项目评定报告中，联合国教科文组织是这样评价苏州园林项目的：“没有哪些园林比历史名城苏州的园林更能体现出中国古典园林设计的理想品质，咫尺之内再造乾坤。苏州园林被公认是实现这一设计思想的典范。这些建造于 11—19 世纪的园林，以其精雕细刻的设计，折射出中国文化中取法自然而又超越自然的深邃意境。”

苏州园林善于把有限空间巧妙地组成变幻多端的景致，结构上以小巧玲珑取胜。沧浪亭、狮子林、拙政园、留园分别代表着宋、元、明、清四个朝代的艺术风格，被称为“苏州四大名园”，素有“江南园林甲天下，苏州园林甲江南”之誉。

（一）“沧浪之水清兮，可以濯吾缨”：沧浪亭

沧浪亭，位于苏州市城南三元坊附近，是在江南现存诸园中历史最为悠久的古典园林之一。踱步沧浪亭，未进园门便见一池绿水绕于园外，临水山石嶙峋，复廊蜿蜒如带，廊中的漏窗把园林内外的山山水水融为一体。园内以山石为主景，山上古木参天，山下凿有水池，山水之间以一条曲折的复廊

相连。沧浪亭外临清池，曲栏回廊，古树苍苍，垒叠湖石。人称“千古沧浪水一涯，沧浪亭者，水之亭园也”。

沧浪亭主要景区以山林为核心，四周环列建筑、亭及依山起伏的长廊。又通过复廊上漏窗的渗透作用，沟通园内外的山、水，使水面、池岸、假山、亭榭融成一体。著名的沧浪亭建在山顶上，它高踞丘岭，飞檐凌空。亭体结构古雅，与整个园林的气氛相协调。亭上石额“沧浪亭”为俞樾所书。

园中最大的主体建筑是假山东南部面阔三间的“明道堂”。明道堂取“观听无邪，则道以明”意为堂名，为明、清两代文人讲学之所。墙上悬有三块宋碑石刻拓片，分别是天文图、宋舆图和宋平江图。堂南有“瑶华境界”“印心石屋”“看山楼”等几处轩亭。折而向北，有馆三间名“翠玲珑”，四周遍植翠竹，取“日光穿竹翠玲珑”意而成名。

同“翠玲珑”相邻的是五百名贤祠，祠中三面粉壁上嵌594幅与苏州历史有关的人物平雕石像，为清代名家顾汀舟所刻。五百名贤只是取其整数而言。每五幅像合刻一石，上面刻传赞四句，从中可知这些古贤的概况，他们是从春秋至清朝约2500年间与苏州历史有关的人物。名贤中的绝大部分是吴人，也有外地来苏为官的名宦。名贤像多数临自古册，也有的来自名贤后裔，具有文献价值。

沧浪亭古朴幽静，在苏州诸园中别具一格。苏州园林大都以高墙四围，自成丘壑。沧浪亭则外临清池，一泓清水绕园而过，游人需要漫步渡桥才能进入园中，因此，颇有“未入园林先成景”之效果。

（二）“五复五反看不足，九上九下游未全”：狮子林

“五复五反看不足，九上九下游未全”，这是清代大学者俞樾对狮子林的赞誉。狮子林，至今已有650多年的历史，为元代园林的代表。它位于江苏省苏州市城区东北角的园林路23号，平面成东西稍宽的长方形，占地1.1公顷，开放面积0.88公顷。园内假山遍布，长廊环绕，楼台隐现，曲径通幽，有迷阵一般的感觉。长廊的墙壁中嵌有宋代四大名家苏轼、米芾、黄庭坚、蔡襄的书法碑及南宋文天祥《梅花诗》的碑刻作品。

狮子林，原为寺庙园林。狮子林原为菩提正宗寺的后花园，公元1341年，高僧天如禅师来到苏州讲经，受到弟子们拥戴。至正二年（1342），弟子们买地置屋为天如禅师建禅林，初名“狮子林寺”，后易名“普提正宗寺”“圣恩寺”。因园内“林有竹万，竹下多怪石，状如狻猊（狮子）者”，又因天如禅

师得法于浙江天目山中峰禅师，为纪念佛徒衣钵、师承关系，取佛经中狮子座之意，故名“师子林”“狮子林”。亦因佛书上有“狮子吼”一语（“狮子吼”，是指禅师传授经文），且众多假山酷似狮形而命名。建园前，天如禅师邀请了著名的画家倪瓒等人设计样图，倪瓒参与造园，并题诗作画（绘有《狮子林图》），使狮子林名声大振，成为佛家讲经说法和文人赋诗作画之胜地。

狮子林的布局，东南多山，西北多水，四周高墙深宅，曲廊环抱。以中部水池为中心，叠山造屋，移花栽木，全园布局紧凑，有“咫足山林”的意境。狮子林既有苏州古典园林亭、台、楼、阁、厅、堂、轩、榭之人文景观，更以湖山奇石、洞壑深邃而盛名于世，素有“假山王国”之美誉。

狮子林的湖石假山既多且精美，湖石玲珑，洞壑宛转，曲折盘旋，如入迷阵，有“桃源十八景”之称。假山全由一色太湖石堆砌成姿态各异、神情迥然的石狮子的样子。洞顶奇峰怪石林立，均似狮子起舞之状。有含晖、吐月、玄玉、昂霞等名峰，而以狮子峰为诸峰之首。

园内建筑以燕誉堂为主，堂后为小方厅，有立雪堂。向西可到指柏轩，为二层阁楼，四周有庑，高爽玲珑。指柏轩之西是古五松园。西南角为见山楼。由见山楼往西，可到荷花厅。厅西北傍池建真趣亭，亭内藻饰精美，人物花卉栩栩如生。“真趣”为清乾隆皇帝下江南时手题“真有趣”中二字。亭旁有两层石舫。石舫北岸为暗香疏影楼，由此循走廊转弯向南可达飞瀑亭，是全园最高处。园西景物中心是问梅阁，阁前为双仙香馆。双香仙馆南行折东，西南角有扇子亭，亭后辟有小院，清新雅致。

据史载，1703 年 2 月 11 日，康熙皇帝南巡狮子林赐额“狮林寺”后，乾隆皇帝六游狮子林，先后赐“镜智圆照”“画禅寺”及现存“真趣”等匾额。乾隆还下令在北京圆明园、承德避暑山庄内仿建了两座狮子林。可见当年帝皇对狮子林情有独钟。

除了帝王、学者的赞誉之外，当代园林专家童寯评述狮子林假山“盘环曲折、登降不遑，丘壑宛转，迷似回文”的赞语，也可以视为对狮子林十分贴切的概括。

（三）“是亦拙者之为政也”：拙政园

拙政园，位于苏州市东北街 178 号，是苏州园林中面积最大、最具有代表性的古典园林，也是我国江南古典园林代表作品，人称“江南名园，园中精品”，同时，又被誉为“中国园林之母”。

拙政园，初为唐代诗人陆龟蒙的住宅，元朝时为大弘寺。明正德年间，明弘治进士、明嘉靖年间御史王献臣仕途失意，归隐苏州，将其买下，聘著名画家、吴门画派的代表人物文徵明参与设计蓝图，历时16年建成，借用西晋文人潘岳《闲居赋》中“筑室种树，逍遥自得……灌园鬻蔬，以供朝夕之膳……是亦拙者之为政也”之句取园名。“拙政”之名，贴切地表达了王献臣的归隐之心，他把浇园种菜作为自己的“政”事。园建成不久，王献臣去世，其子在一夜豪赌中，把整个园子输给徐氏。500多年来，拙政园屡换园主，且东、中、西三园屡被分隔，直到20世纪50年代，三园才完璧合一，恢复初名“拙政园”。

苏州拙政园冬日雪景

多水、豪华，是拙政园的重要特色。它与承德避暑山庄、苏州留园、北京颐和园齐名，是中国四大名园之首，以其布局的山岛、竹坞、松岗、曲水之趣，被胜誉为“天下园林之典范”。拙政园内的水面占全园面积的五分之三，总体布局疏密自然，其特点是以水为主，水面广阔，景色平淡天真、疏朗自然。它以池水为中心，楼阁轩榭建在池的周围，其间有漏窗、回廊相连，园内的山石、古木、绿竹、花卉，构成了一幅幽远宁静的画面，代表了明代园林建筑风格。拙政园形成的湖、池、涧等不同的景区，把风景诗、山水画的意境和自然环境的实境再现于园中，富有诗情画意。

全园由东园（归园田居）、中园（拙政园）、西园（补园）三部分组成。中部是拙政园的主景区，为精华所在。其中水池约占了三分之一。“远香堂”是中园的主要建筑，取宋代周敦颐《爱莲说》中“香远益清”之意，中园中多数建筑取名与莲相关，可见，在建筑之中融入了建园者自身的人格塑造和期许。“远香堂”是一座三开间四面厅，建于原“若墅堂”的旧址上，为清乾隆时所建，青石屋基是当时的原物。它面水而筑，结构精巧，周围都是落地玻璃窗，可以从里面看到周围景色，堂里面的陈设非常精雅，堂的正中间有一块匾额，上面写着“远香堂”三字，是明代文徵明所写。

远香堂的东面，有一座小山，小山上有“绿绮亭”，这里还有“枇杷园”“玲珑馆”“嘉实亭”“听雨轩”“梧竹幽居”等众多景点。从“梧竹幽居”向西远望,还能看到耸立云霄之中的北寺塔,北寺塔影可清晰地倒映入拙政园的池水内,这是苏州园林精湛的借景手法的绝好实例。水池的中央还建有荷风四面亭,亭的西面有一座曲桥通向“柳荫路曲”。在这里转向北方可以见到“见山楼”。亭子的南部有一座小桥连接着“倚玉轩”,从这里向西可以到小飞虹,这是苏州园林中唯一的廊桥。桥的南面有小沧浪水阁,桥的北面是香洲。

东园的面积约31亩,其规模大致以明朝王心一所设计的“归园田居”为主,现在的景多为新修。西园面积约为12.5亩,也以池水为中心,有曲折水面和中区大池相接。有“塔影亭”“留听阁”“浮翠阁”“笠亭”“与谁同坐轩”“宜两亭”等景观。又新建“三十六鸳鸯馆”和“十八曼陀罗花馆”,装修精致奢丽。其中,建筑以南侧的鸳鸯厅为最大,方形平面带四耳室,厅内以隔扇和挂落划分南北两部,南部称“十八曼陀罗花馆”,北部名“三十六鸳鸯馆”,夏日用以观看北池中的荷蕖、水禽,冬季则可欣赏南院的假山、茶花。

拙政园设计精良,但总的格局仍保持明代园林浑厚、质朴、疏朗的艺术风格,是中国园林建筑史上的精品之作,代表着江苏古典园林,尤其是私家园林的精髓。

苏州拙政园奇石馆(1)

苏州拙政园奇石馆(2)

(四)“但留风月伴烟梦”:留园

留园,位于苏州阊门外,始建于明代嘉靖年间。原是明太仆寺卿徐泰时的私家花园。清嘉庆年间,刘恕购得此园,更名“寒碧山庄”,又因园随主姓,亦称“刘园”。同治年间,又为著名实业家盛宣怀购得,重加扩建,修葺一新,取“留”与“刘”的谐音,始称留园。庚申年战事中,该园大部分被焚毁,仅存旧刘园的部分,因此,“留园”亦有经历劫难而留存下来的意思。清代俞樾曾作《留园游记》,称其为“吴下名园之冠”。留园内,厅堂、走廊、粉墙、洞门等

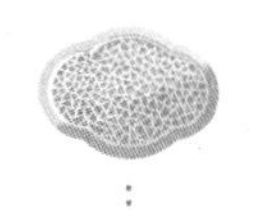

建筑与假山、水池、花木等组合成数十个大小不等的庭园小品，其建筑数量居苏州各园之冠。

留园景区分成四个部分。中部以山水为主体，池水明洁清幽，峰峦环抱。东部以古典建筑和石峰为主，曲院回廊、引人入胜，这也是全园的精华所在，蜚声中外的冠云峰即在此。冠云峰是太湖石中的绝佳品，是苏州园林中最大的一块太湖整石，集太湖石"瘦、皱、漏、透"四奇于一身。相传这块奇石还是北宋末年"花石纲"中的遗物。北宋末年，虽然战事吃紧，金兵压境，宋徽宗却在东京城内大兴土木，建造"延福宫""万寿山"。他下令在全国范围内征集奇花异石，夸口要搜罗天下珍品于宫廷之中。徽宗崇宁四年(1105)特地在苏州设立了苏杭应奉局，专门负责搜罗名花奇石。因地方官搜刮民脂民膏过甚，最终激起方腊农民起义，不久，北宋政权由于国库空虚、民不聊生终于为金所灭，徽宗自己也做了俘虏。冠云峰就是未来得及运的"花石纲"的遗物。留园的西部环境僻静，富有山林野趣；北部则竹篱小屋，完全是一派田园风味。

留园的设计者巧妙地将山水、田园、山林、庭院四种景色融于一园之中，匠心独运。首先是其层层相叠的建筑，布局紧密：厅堂宽敞华丽，装饰精雅巧妙；书斋安静闲适，环境深幽宜读；风亭月榭与凉亭小榭更是高高低低，迤逦相属。园内建筑的名称也取得十分典雅别致："明瑟楼""恰杭""闻木樨香轩""濠濮亭""自在处""汲古得修绠""佳晴喜雨快雪之亭""亦不二""待云庵"等，亦佛亦道，亦儒亦庄，莫不体现着园主人造园时融入的卓越智慧。

留园建筑艺术的另一重要特点，是它对内外空间处理巧妙，善于利用各种建筑群，把全园的空间合理地分隔、组合，从而划分成不同的景区。比如在设计，若建筑面对山池时，想要有湖山真意，则取消面湖的整片墙面；建筑各方位对着不同的露天空间时，就以室内窗框为画框，室外空间作为立体画幅引入室内。同时，留园更以其"三绝"闻名全国，它们分别是上文提及的冠云峰、五峰仙馆的楠木殿和五峰仙馆内保存的大理石天然画"雨过天晴图"。

总之，留园重门叠户，园内移步换景，是清代园林的代表作。它的紧密结构与拙政园的疏朗境界，实可并称为苏州园林的双绝。

第八章　吴地方言

语言,是思维的物质外壳,是人类文化的核心部分,是“一个人类社会的传统的机构”①。语言文字是信息和文化最重要的载体,同时也是一种特殊的文化形态。但是,世界上很少有单一民族、单一语言或方言的国家,只使用单一语言或方言的国家几乎是不存在的。许多国家虽然都有“官方语言”,但在很多场合都会长期稳定地使用多种语言。中国是一个多民族的国家,民族语言具有多样性。而正是有了丰富多彩的民族、各不相同的地区语言的存在,中华民族的语言文字体系才显得生动、活泼。西汉扬雄所写的《辅轩使者绝代语释别国方言》(简称《方言》),是我国古代第一部方言学著作。《方言》不仅是中国语言学史上第一部对方言词汇进行比较研究的专著,也是世界语言学史上一部开辟语言研究新领域、独创个人实际调查语言研究新方法的经典性著作。这部书是他在收集了周代记录的方言资料和实际调查了当时方言的基础上整理出来的。《方言》被誉为中国方言学史上第一部“悬之日月而不刊”的著作,在世界的方言学史上也具有重要的地位。

现代汉语方言,可以分为七大方言区,即北方方言区,吴方言区,湘方言区,赣方言区,闽方言区,粤方言区,客家方言区。方言之间的差异,主要表现在语音上,词汇方面的差别较小,语法上的差异更小。

第一节　吴方言概述

吴地方言主要指的是南京、镇江、常州、无锡、苏州一带的方言。它们是中国方言区域中特征鲜明、性格突出的种类。其中,南京、镇江属于江淮方言区,而常州、无锡、苏州等地则属于吴方言区。

① 周振鹤:《方言与中国文化》,上海人民出版社1986年版,第4页。

根据著名语言学家鲍明炜教授主编的《江苏省志·方言志》中的介绍，江苏省的方言可以分为“三区七片”，江淮方言区，又分扬淮片、南京片、通泰片；吴方言区，又分苏州片、常州片；北方方言区，又分徐州片、赣榆片。江苏的这三个方言区，大致上按流经江苏的长江、淮河（今为废黄河故道，其尚有苏北灌溉总渠）这两条大河把省境所分的三大块划分：长江以南主要是吴方言，长江以北至淮河两岸主要是江淮方言，淮河以北约100千米以外是北方方言。由此可见，吴地方言的地域范围大致包括两大片：以南京、镇江为典型的江淮方言区和以常州、无锡、苏州为典型的吴方言区。江淮方言区南京片的地域范围主要包括南京、江宁、句容、溧水（北片和县城新派）、江浦、六合6个市县。主要特征为声母共21个，即 b、p、m、f、d、t、l、g、k、h、j、q、x、zh、ch、sh、r、z、c、s 和零声母。与普通话的22个声母相比，少了一个 n。韵母共46个。声调共5个，即：阴平，调值31，如“高、专、粗、天、边、拉”；阳平，调值24，如“陈、船、寒、扶、麻、文”；上声，调值22，如“古、走、染、网、老、有”；去声，调值44，如“近、厚、汉、阵、撰、唱”；入声，调值5，如“急、出、宅、国、节、削”。语音上的典型特点，一是保留了古代的入声声调，二是多数市县声母 n、l 不分。

吴地方言的第二种类则是吴方言。由于吴方言在吴地的使用人群多，占主体地位，本章节将重点展开论述。

一、吴方言的历史沿革

吴方言，即吴语，又称江东话、江南话、吴越语，是中国境内最古老的语言之一，其形成的历史可以追溯到春秋战国时代，距今已有两千多年，底蕴深厚。在中国分布范围涉及今浙江、江苏、上海、安徽、江西、福建，使用人数近一亿。

应该说，吴语源远流长。西汉扬雄《方言》有对其的记载。东汉许慎《说文解字》：“吴”，“大言也。从矢口”。即侧首大声呼叫之意。早在两千多年前，周太王之子泰伯、仲雍南奔，到达今常熟、无锡一带，他们的语言和当地土著（所谓“百越”人）的语言结合，构成吴语的基础。

秦汉时期是吴语稳步发展的时期。汉代吴语流传到东南地区，形成闽语。晋代永嘉南渡，吴语受到北方话影响，当时吴语的使用范围还包含了当时的政治中心南京，成为士大夫必学的方言，在六朝民歌及笔记小说里都可以看到其踪影。六朝初，“吴语”这一名称已经产生，指吴地的方言。同时，吴语在公元5—6世纪的南北朝时期对日语产生了很大的影响。

唐时国家安定兴盛，使得吴语得到了进一步的巩固、分化。明清时期，随着苏州经济文化水平的提高，吴语对全国的影响力达到巅峰。吴语口语大量出现在文献记载当中，其中，以冯梦龙编的10卷本《山歌》为代表。清初吴语继续发展，吴语人口占全中国的20%，白话小说《豆棚闲话》真实记录了当时的吴语口语面貌。清末和民初，出现了大批"吴语小说"，又称"苏白小说"，代表作有《海上花列传》《九尾龟》等。其中，《海上花列传》是最著名的吴语小说，作者是江苏松江府人韩邦庆。全书由文言和苏白写成。对话皆用苏州方言是该书的鲜明特点，使用苏白也是19世纪兴起的吴语小说的共同特点。

二、吴方言的通用范围及分区

吴语，在中国分布于浙江、江苏、上海、安徽、江西、福建等地区。可以分为北部吴语、太湖片、南部吴语与西部吴语区。其中，以太湖为中心，东至上海，南到浙南永嘉，西至皖南，北含南通、兴化这片区域为吴语使用的大片区域。在江苏省境内属吴语或以吴语为主的县市共有21个：丹阳、金坛、高淳、溧阳、宜兴、武进、常州市、江阴、沙洲、靖江、南通、海门、启东、常熟市、无锡市、苏州市、吴县、吴江、太仓、昆山。溧水县南部孔镇、新桥、白马等乡镇也属吴语区。

根据语音特点，又可以分为东、西两片，即苏州片、常州片。

（一）苏州片

包括苏州、吴江、太仓、昆山、常熟、无锡的全部和启东、海门、通州使用启海话的区域。

本片苏州音系声母共27个，韵母共46个，声调共7个，即阴平、阳平、上声、阴去、阳去、阴入、阳入。

（二）常州片

包括常州、武进、江阴、张家港、宜兴、溧阳、金坛、丹阳、高淳的全部和靖江的大部分，溧水的南部，以及启东、海门、通州使用通东话的区域。

本片常州音系声母共28个，韵母共42个，声调共7个，即阴平、阳平、上声、阴去、阳去、阴入、阳入。

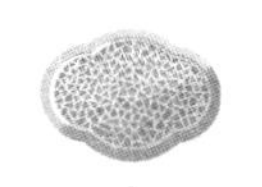

三、吴方言的语言特征

和普通话相比,吴语保留了更多的古音因素。吴语语音和北方官话差别很大,词汇和语法独特,吴语强迫式的、在句子中连读变调的发音特征是另一个与官话相区别的显著特征。这也是吴语与其他众多中国方言(如粤语、闽南语、客家话等)的重大区别(徽语除外)。

总的来说,吴语的特征在发音上尤为明显。

首先,保留古汉语中的全浊声母。中古汉语分全清(不送气)、次清(送气)、全浊、次浊四类。古代《切韵》《韵镜》提到清浊概念。声带振动的音为浊音。全浊为浊阻碍音(塞音、塞擦音和擦音),次浊为响音(鼻音、边通音和通音)。除吴方言外的其他汉语方言很少有浊辅音(仅湘语、闽南语有少许),吴语有全部浊音。

其次,声调普遍较多,如世界上声调最多的语言就是吴语的太湖片苏州吴江话,有12个单字调。吴地的不少地区具有古汉语整齐的八声调,如常熟。这八声调为阴平、阴上、阴去、阴入、阳平、阳上、阳去、阳入。在古汉语中,这八声调都有体现,如唐人说话就是八声调,但现代汉语自入派三声之后,八声调变为了阴平、阳平、上声、去声四声调。

第三,保留古汉语平仄音韵。保留全部入声。吴语有深厚的历史文化的积淀,不仅是一种语言,同时还是一种文化,用吴语读诗,朗朗上口,平仄合韵。现代汉语中由于入声分别归入平、上、去声中,已经不再见入声的身影,因此导致读诗或作诗时不分平仄。舒、促音为汉语语音的一种划分,入声为促音,短而刚劲有力,是最基本的仄音之一,是汉语的重要组成部分。入声字如:黑[heh]、灭[mieh]、阔[kuoh]、百[bah]、药[yah]等。

第四,保留古汉语中强制性的规则连续变调。吴语的声调是汉语方言中较为有特色的一类。吴语具有汉语中独一无二的广用式连读变调系统。形象地说,在讲吴语的时候,一句话,或者一个短语,只有第一个字是保持了其原本的声调,后面的字,根据第一个字的声调(甚至在不少时候,首字也要发生声调变化),以及说话者想要表达的意思,改变了声调的高低和走向,称作变调。这种变调是广泛存在的,即变调可能超越句子、短语或者词汇等语音单位而存在,所以称为广式连续变调。同时,这种变调是有倾向性的,即将原先不平整的声调变成平整的,而且同时以词、短语为单位,加强了词里面的字,或者短语里面的字之间的联系,使之看上去像一个整体,所以又称为连读变调。如“亭台楼阁”四字，按照普通话的四声调划分，皆为第二声，但按吴语读法，仅第一个字保持原声调，后头三字均变调，四字分别为第二、四、三、一声，读之抑扬顿挫。连续调是吴语独一无二的特性，富有神韵。

第五，保留古汉语尖团分化音。如：箭 zian—剑、清 cing—轻、小 siao—晓，每对读音都不同，前者为尖音、后者为团音。尖音是汉语发音重要的组成部分，而随着语言的发展变化，现代汉语中尖音已经消失。而随着语言的发展，在吴语区尖音团化的现象也比较严重。

第六，鼻音、边音声母有紧喉和带浊流的区别。

除此以外，在语法上，吴语也有自己的特点：修饰词后置，如：闹热（热闹）、闹忙（热闹）等；宾语前置，如饭吃过哉、衣裳洗过哉、苏州要到哉、扶手拉拉好、拉链拉拉好、奈字识否等。另外，吴语中多语气助词，如：哉（某人来哉、某地到哉、困觉醒哉）、啦（卬吃啦？做啥啦？）、煞（痛煞、吃力煞）等。吴语句末用语气词的习惯十分明显，这可以说很好地继承了古汉语的习惯。

第二节　吴方言与人类非物质文化遗产

方言是灿烂多姿的地方文化的重要组成部分或载体之一。方言是地方戏曲和曲艺的脊梁，在吴地，以苏州方言为载体的评弹、昆曲以及吴歌都是人类文明史上的光辉灿烂的非物质文化遗产，吴方言与这些非物质文化遗产之间的关系是休戚相关的。

一、评弹

评弹起源于明末清初，流行于江浙沪一带。苏州评弹是“苏州评话”和“苏州弹词”的合称。评话为大书，弹词为小书，是运用苏州方言进行说唱的地方曲艺，老百姓一般笼统地称其为“说书”。苏州评弹作为江南吴文化的奇葩，历史悠久，具有极高的文学价值和艺术欣赏价值。清乾隆时期已颇流行，最著名的艺人有王周士，他曾为乾隆皇帝演唱过。嘉庆、道光年间又有陈遇乾、毛菖佩、俞秀山、陆瑞廷四大名家。继咸丰、同治年间的马如飞、赵湘舟、王石泉之后，名家流派纷呈，发展繁衍，形成了苏州评弹流派唱腔千姿百态的兴旺景象，历经 200 余年而不衰。

特别要提的是，乾隆四十一年（1776），著名评弹艺人王周士创建了评弹

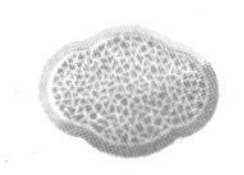

史上第一个行会组织——光裕公所(光裕社),地址在苏州市第一天门8号,现为苏州市评弹团团部。光裕社供奉三皇祖师吴泰伯神位,每逢正月廿四和十月初八举行祭祀仪式。200多年来,光裕社出了一大批评弹名家响档,有“千里书声出光裕”之称。清代后期陆续建立“润余社”“普余社”等行会组织。苏州评弹是江南人文精神的反映。弹词音乐优美委婉、曲调丰富、风格独特,有很高的艺术价值。由于评弹书目中保存了丰富的历史知识、传统道德、民风民俗等,折射着民众的传统道德观念及生活理想,不少听众,尤其是过去社会底层的劳苦大众,他们往往是通过听评弹接受教化的。百年来,听评弹成为广大市民文化生活重要内容之一,一直是苏州人民娱乐审美的主要手段和依托。

二、昆曲

昆曲,原名“昆山腔”或“昆腔”,清代以来被称为“昆曲”,现又被称为“昆剧”。昆曲发源于苏州,糅合了唱念做表、舞蹈及武术的表演艺术,是我国传统戏曲中最古老的剧种之一,也是我国传统文化艺术,特别是戏曲艺术中的珍品,被称为百花园中的一朵“兰花”。昆山腔早在元末明初之际(14世纪中叶)即产生于江苏昆山一带,它与起源于浙江的海盐腔、余姚腔和起源于江西的弋阳腔,一起被称为明代四大声腔,同属南戏系统。昆山腔开始只是民间的清曲、小唱。其流布区域,开始只限于苏州一带,到了万历年间,便以苏州为中心扩展到长江以南和钱塘江以北各地,并逐渐流布到福建、江西、广东、湖北、湖南、四川、河南、河北各地,万历末年还流入北京。这样昆山腔便成为明代中叶至清代中叶影响最大的声腔剧种。很多剧种都是在昆剧的基础上发展起来的,昆剧有“中国戏曲之母”的雅称。昆剧是中国戏曲史上具有最完整表演体系的剧种,它的基础深厚,遗产丰富,是我国民族文化艺术高度发展的成果,在我国文学史、戏曲史、音乐史、舞蹈史上占有重要的地位。

三、吴歌

吴歌,是文学史上对吴地民歌民谣的总称,是江南水乡孕育的民歌,是吴文化的重要组成部分。包括“歌”和“谣”两部分,“歌”一般说是唱山歌,也包括一些俗曲之类,“谣”就是通常说的“顺口溜”。吴歌历史悠久,是底层人民创造的口头文学,也是具有浓厚民族特色和地方色彩的民间文学韵文。

在唐代大诗人李白的诗篇中也有过关于“吴歌”的精彩描述:“吴歌楚舞欢未毕,青山欲衔半边日。”“郢中白雪且莫吟,子夜吴歌动君心。动君心,冀君赏,愿作天池双鸳鸯,一朝飞去青云上。”从内容上看,吴歌既包括情歌,也包括劳动歌、时政歌、仪式歌、儿歌等。吴文化地区孕育的吴歌,有其鲜明的特色,自古以来,就具有温柔敦厚、含蓄缠绵、隐喻曲折、吟诵性强的特点,与北方民歌的热烈奔放、率直坦荡、豪情粗犷、高亢雄壮有天壤之别。明代冯梦龙的《山歌》收集有356首吴歌。它和唐诗、宋词、元曲并列于文学之林,在中国文学史上占有一席地位,在明代曾被称为“一绝”。

四、吴方言与评弹、昆曲、吴歌的关系及保护措施

评弹、昆曲、吴歌,这三种文化艺术样式,有着共同的特点,那就是都以苏州方言为载体。20世纪80年代改革开放以来,苏州评弹、昆曲、吴歌相继走出国门,面向世界,到美国、加拿大、法国、日本、新加坡等展示吴地文化的风采。苏州评弹还被誉为“中国最美的声音”。而随着青春版《牡丹亭》的公演,海内外也掀起了昆曲热潮。这些艺术门类,无疑是吴地魅力的文化名片。

但随着经济的发展,人口的流动,吴方言的应用人群日益缩小,大部分外来人口听不懂吴方言,因此,吴方言的式微带来的连锁反应是造成这些艺术门类的相应式微。这些古老的艺术形式一度面临传承的极大挑战。

当然,这期间,吴地各市政府也采取了一系列的保护与抢救措施,以苏州为例,昆曲于2001年5月18日被联合国教科文组织授予人类口述遗产和非物质遗产“代表作”称号。2004年8月,我国加入《保护非物质文化遗产国际公约》,并成为这一公约的发起国之一。2006年5月20日,昆曲经国务院批准列入第一批国家级非物质文化遗产名录。2006年6月,苏州评弹进入首批国家级非物质文化遗产代表作名录和首批江苏省非物质文化遗产名录及首批苏州市非物质文化遗产名录。而吴歌也被苏州市列入非物质文化遗产保护的名录中。

联合国教育、科学及文化组织大会于2005年10月3日至21日在巴黎举行第三十三届会议,确认文化多样性是人类的一项基本特性,认识到文化多样性是人类的共同遗产,应当为了全人类的利益对其加以珍爱和维护。正是由于文化多样性创造了一个多姿多彩的世界,它使人类有了更多的选择,得以提高自己的能力和形成价值观,并因此成为各社区、各民族和各国

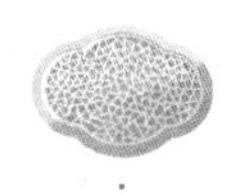

可持续发展的一股主要推动力。同时，认为语言多样性是文化多样性的基本要素之一，并重申教育在保护和促进文化表现形式中发挥的重要作用。

语言文字及其记录和传承的民间文化，是非物质文化遗产的重要内容。一种语言消亡，它所承载的文化常常也会随之消亡，这将是人类文化的严重损失。语言资源是重要的信息资源和文化资源，所以，保护吴地方言，对于非物质文化遗产的保护和传承尤为重要。

第三节 苏州方言

苏州，是一座有着2500年悠久历史的文化名城。小巷幽深，庭院错落。双棋盘式的水陆街道上，点缀着形态各异的各式桥梁。昆曲、评弹，浅酌低唱，韵味绵长。提及苏州，人们就自然就会想到“杏花春雨江南”的温柔与缠绵，而这一切，也归功于苏州方言这一文化的载体和媒介。

苏州方言是吴方言的代表。早在商代泰伯奔吴时期，苏州话的前身——上古吴语就已经形成。汉代的时候，上古吴语流传到东南地区，形成闽语。吴县（今苏州）是当时东南地区最大的城市，也是吴郡的郡治。因此，当时的苏州方言也具有一定的代表性。汉代末年，中国北方出现大动荡。西晋末年永嘉南渡，使得上古吴语受到中原话影响，形成了中古吴语。同时，吴语也包围了当时的政治中心建康（今南京），很多士人学习吴语。起初，在建康的中原人是看不起吴语的，认为吴语鄙俗。但是随着时代的变化，当地人渐渐掌握了实权，因此，在南朝后期，吴语的影响力也逐渐增大。明代开始，由于江南地区的发达，较多苏州人能够从劳动中解放出来，从事其他行业，苏州读书人数量大幅增加。从唐代到清代，苏州地区的状元占所有状元很大比例，明清一度达到五分之一；上层社会的精英中，较多是苏州籍。苏白在明代从江南的流行语言上升为全国士大夫阶层的流行语言。越剧、昆曲、评弹都以苏白为标准音，甚至一开始京剧都曾使用过苏白。王士性在《广志绎》中说：“姑苏人……善操海内上下进退之权，苏人以为雅者，则四方随而雅之，俗者，则随而俗之。”[1]上层社会，尤其是江南地区的上层人物大多以会说苏州话为荣，甚至不同地区的人交流也有使用苏州话的。另外，

---

① 王士性：《广志绎》，中华书局1981年版，第219页。

当时戏剧业开始发展，苏州话成了全国的四大白话之一，四大白话的另外三者是京白、韵白、和粤白。姑苏城被士绅名流列为游学天下必得一游的五大都会之一，上至后妃宫眷、官宦妻女，下至民间匹妇、江湖艺女，都将穿着苏式服装，学说苏白，操唱吴歌，引为骄傲。尤其是当时的歌妓，衣必吴妆，话必苏白，擅长吴歌。应该说，到明代，现代苏州话的基本面貌已经形成。宋代词人辛弃疾的《清平乐》有“醉里吴音相媚好”之句，虽然并不是直接描述苏州方言的词句，但是，用在形容苏州方言的软媚缠绵上，是十分精准与恰当的。

一、苏州方言的特征

从大概念讲，苏州方言是吴语的一部分，是吴方言的代表。因此，苏州方言保留了吴方言的很多发音及语法特征。对苏州方言进行真正语言学意义上的研究肇始于20世纪20年代。

1925年和1926年，钱玄同和赵元任两位语言学前辈先后分别发表了《苏州注音字母草案》和《北京、苏州、常州语助词研究》，揭开了对苏州话研究的序幕，而赵元任于1927年对吴语进行了大范围调查，随后在1928年出版现代汉语方言学的开山著作《现代吴语的研究》，这在奠定对整个吴语研究基础的同时，也奠定了对苏州方言研究的基础。新中国成立，随着全国汉语方言普查工作的开展，对苏州方言的研究成果有1958年廖序东的《苏州语音》，1959年南京师范学院方言调查工作组的《苏州人学习普通话手册》。在众多的研究者中，较为出色的是苏州大学文学院的汪平教授。其《苏州方言语音研究》（华中理工大学出版社，1996年）和《苏州方言研究》（中华书局，2011年）分别从语音及方言学传统各方面对苏州方言展开了全面而翔实的论述。

这些研究成果表明，吴语区范围内，各地方言是有差别的。就太湖大区而言，可分为苏嘉沪、常州、湖州、杭州、临绍、宁波六个小区，即使在苏嘉沪小区内，方言也还有所差别。一般认为，苏州方言的范围包括苏州城区（即姑苏区）、工业园区、虎丘区、吴中区、相城区。① 在这个范围内，也有地理上的语言差异，苏州城里人习惯上将城区以外的方言称为“乡下口音”，可见，城里话与“乡下口音”有所不同。这种差异并不完全与离城的距离远近成正

① 2012年10月，苏州市进行了区划调整，但笔者为了行文方便，仍然沿用旧的区域划分。

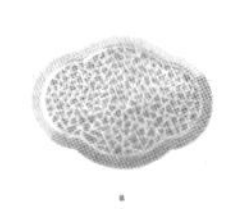

比，如相城区的湘城、北桥远在最北，与常熟、无锡交界，语音却与城区非常接近；而葑门外的语音却迥然不同，工业园区娄葑街道大荡里的土音很重，属于典型的“乡下口音”；吴中区的东山、西山口音较硬，称为“山浪闲话”，也就没有吴侬软语的甜糯了。

叶祥苓的《苏州方言词典·引论》分析了苏州城区与其他各区方言的差别，汪平的《苏州方言研究》则总结与归纳了苏州方言的语音及语法特征。

应该说，苏州方言与昆山、吴江、常熟、无锡等周围地区的方言都有北部吴语的共性，但苏州方言还有自己的特点，可以区别于周围的其他方言。

一是苏州方言保存了中古语音系统的全浊声母，分尖团音，韵母大多由一个单元音构成，与入声相应，有一套促声韵母，声调有 7 个，有成批的文白异读和复杂的连读变调。即以文白异读为例，苏州方言的文读，多半是历史上随着新词语一起进入苏州话的读书音，一般接近官话；白读是苏州原有的说话音，比较接近古音。如“味精”和“味道”、“日历”和“日脚”、“喂养”和“喂饭”、“生产”和“生熟”、“耳目”和“耳朵”、“儿童”和“儿子”、“事物”和“物事”、“家庭”和“人家”、“凤凰”和“凤仙花”、“眉目”和“眉毛”等。文白异读往往与特定的词凝固在一起，不能随意换读。

二是苏州方言的人称代词，第一人称单数作“吾”，复数作“伲”“吾伲”；第二人称单数作“倷”，复数作“唔笃”；第三人称单数作“俚”“俚倷”“唔倷”，复数作“俚笃”。苏州城区第一人称说“奴”，只限于老年妇女，东郊、西郊则都说“奴”。

三是苏州方言的指示词，近指作“哀”“该”，中指作“搿”，远指作“弯”“归”。如“哀杯茶是吾葛，搿杯茶是倷葛，弯杯茶是俚葛”。“搿”指时间时，无须与近指、远指对举，中指的作用十分显然，如“搿歇（弯歇）辰光日脚勿好过”。在不指时间时，近指“哀”和中指“搿”可以互换，如“搿个人吾勿认得”中的“搿”可以换作“哀”。另外，“哀”“该”“搿”“弯”“归”都不能单独作主语、宾语，要与后面的量词、方位词等结合才能表意，如“哀个”（这个）、“哀歇”（这时候）、“哀枪”（这阵子）、“哀搭”（这里）、“哀歇啥辰光则”（现在什么时候了），“哀枪倷身体好啘”（这阵子你身体好吗）等。

四是苏州方言有五个常用的合音词，即“覅”“勦”“朆”“柠”“尚”。“覅”字即“勿要”的合音，最早见于《海上花列传》，其书例言写道：“惟有有音而无字者，如说‘勿要’二字，苏人每急呼之，并为一音，若仍作‘勿要’二字，便不合当时神理；又无他字可以替代，故将勿要二字并为一格。阅者须知‘覅’字本无此字，乃合二字作一音读也。”“朆”字是“勿”“曾”的合音，意思相当于“没有”。“嚌”字是“曾”“阿”的合音，疑问副词，用在形容词、动词之前，构成问句，如“隔夜饭嚌馊脱”（昨天的剩饭馊了没有）。“柠”字是疑问词“纳”“亨”的合音，意思相当于“如何”，在日常谈话中常用合音，强调时也可以不用合音，如“倷柠会讲苏州闲话葛”（你怎么会讲苏州话的）。“尚”字是指示代词“实”“梗”的合音，意思相当于“这样”，在日常谈话中常用合音，强调时也可以不用合音，如“天气尚冷，覅出去白相哉”（天气这样冷，不要出去玩了）。

总的来说，苏州方言较之其他北部吴语，更有“清、轻、柔、美”之独特韵味。那么，苏州方言为什么会更加“柔软绵长”呢？这主要表现在以下几个方面：

第一，发音上有一些特别的音，如“抱、老、告”[ʔ]和“爸、矮、街”[ɑ]的韵母，很有包容感，发音辗转悠长，给人软的感觉。再如，将普通话中的若干单元音读成后响复元音，是苏州话的一个内部特点，也是使其听着绵软的一个重要方面。如“数”、“胡”、“歌”、“河”，其韵母在北京话中是单元音，但到了苏州方言中发音为[ʔu]，复元音的发音特征使得苏州方言更为饱满、婉转。

第二，声调类型特别，如“照”“瘦”“冻”（去声）的声调，先下降然后略升，是曲折的，听起来就比直降调的发音“软”。此外，多字组合时，声调的变化较多，如“好人”“九胜巷”，都是先降后升；如“瘦”和“替”，在组合成“瘦小”“替身”等词时，又读成高平调；而且，这些组合还有吐字轻重的分别，一般是前一字重，后一字轻，节奏感明显，也强化了“软”的音乐质感。

第三，在表达方式上，苏州话也十分“婉转含蓄”，如吵架时，有人会说：“阿要拨倷记耳光搭搭！”用普通话说就是：“给你一个耳光尝尝，好吗？”连吵架和打架都那么婉转，这些因素共同构成了苏州话“清、轻、柔、美”的特点，因此，苏南地区有句俗话，那就是“宁愿听苏州人吵架，也不听宁波人说话”。

当然，苏州方言并不是一成不变的，而是随着历史的发展而演变，苏州方言有老派、新派的差别。1928 年，赵元任《现代吴语的研究》记录了当时苏州等地吴语的语音、词汇和语法现象，至 20 世纪五六十年代，苏州方言中的翘舌音已经消失，如“说”与“塞”同音。20 世纪 70 年代中期开始，青少年有明显的音变，如尖团音不分。苏州话的语音特征中，有尖团音之分，这是普通话所没有的。但 70 年代中期开始，尖音改读团音的现象比较普遍，如“尖”“千”“先”读作“兼”“牵”“轩”等。说话时，如“我吃（七）点钟要搭晓

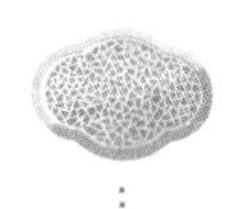

(小)几(姊)妹一淘去听香(相)声”,普通话的意思是“我七点要和小姐妹一起去听相声”。在这句话中,所有的尖音都变成了团音,而且,这种语言现象被越来越多的苏州的年轻人所接受并在使用。

在词汇上,苏州话也出现了一些变化,如苏州话中方言词汇逐渐减少,大量普通话词汇逐渐替代了方言词汇在日常口语中的使用,最典型的例子可以听一下评弹《旧货摊》,其中讲到的旧货摊上的很多物件和名称,现在的小孩子已经完全听不懂,也不再知道了。其次,苏州话中越来越多的俗语、谚语慢慢为人们所淡忘。如老苏州知道的“五湖四海夹条沟,虎豹狮象夹只狗,鼋鼍蛟龙夹条鳅,彭宋潘韩夹家周”,这是说清初苏州有彭、宋、潘、韩四姓,都是名门大族,独有白塔子巷周姓,富而不能显达,只得捐纳一花翎顶戴,夸耀邻里,时人便讥笑作此语。再如苏州人常说的“狮子回头望虎丘”,是指在新区的狮子山(现在苏州乐园所在地),山顶像一只回头张望的狮子,而其张望的地方正对着虎丘。还有“苏空头”“冷水盘门”“真剑池,假虎丘”“吃煞临顿路,着煞护龙街,晒煞十全街”等与老苏州历史相联系的俗语、谚语,恐怕现在的苏州人都不一定能够确切知道其含义了。

总之,苏州方言属于北部吴语的一种,也是吴方言的重要代表之一。其来源于吴方言,同时,又有自己的特色。纵向来看,苏州方言在不同的历史时期呈现着不同的风貌,符合了方言变化的特征。

二、苏州方言的现状调查

苏州方言是苏州的文化之根,苏州方言的传承延续是苏州传统文化传承发展的基础。虽然苏州方言这种吴侬软语深得人们的喜爱,但随着人口的大流动、大迁移,各种语言的混杂应用以及普通话的普遍使用,现在不少苏州人不会讲流利的苏州话,大多数新苏州人基本上听不懂苏州话,更不会讲苏州话,苏州方言正面临着被削弱的危机。

2007 年,闫淑琴、吕虹在《从苏州话的变异看方言保护》[①]一文中提及为了摸清苏州方言的使用情况,对部分苏州市民进行了“苏州话使用情况”的调查。此调查得出结论:“现在的苏州人并不都会说苏州话”,“虽明确自己不会说苏州话的只有 11.54%,但加上不太会说的人,比例达到 30%。而在

---

① 闫淑琴、吕虹:《从苏州话的变异看方言保护》,《常熟理工学院学报》(哲学社会科学版),2007 年 5 月,第 99—103 页。

7岁以下,8—14岁这两组中,不会与不太会说苏州话的二者比例之和竟占到56%、45.46%"。

那么,时隔五年,随着苏州地方经济的飞速发展和外来人口的不断涌入,苏州方言的使用情况与五年前相比,情况发生了什么样的变化呢?于是,本文笔者就同样的调查内容、被调查人数对苏州市民进行了"苏州话使用情况"的随机调查。共选取不同年龄、不同职业、不同阶层的市民150人,其中有效问卷130份。问卷就苏州话的使用情况、平时使用的语言等各方面展开。数据分析表列举如下:

表8-1　2012年苏州话的使用情况

年龄	人数	会(很流利地听说)		不会(听不懂、不会说)		不太会(听懂小部分或会说单个词句)	
		人数	百分比(%)	人数	百分比(%)	人数	百分比(%)
7岁以下	25	6	24	12	48	7	28
8—14岁	44	14	31.82	18	40.91	12	27.27
15—19岁	27	12	44.44	10	37.04	5	18.52
20—35岁	12	5	41.67	6	50	1	8.33
36—55岁	11	7	63.64	4	36.36	0	0
56—80岁	8	6	75	1	12.5	1	12.5
80岁以上	3	3	100	0	0	0	0
合计	130	53	40.77	51	39.23	26	20

表8-2　2007年苏州话的使用情况①

年龄	人数	会		不会		不太会	
		人数	比重(%)	人数	比重(%)	人数	比重(%)
7岁以下	25	11	44	10	40	4	16
8—14岁	44	24	54.55	2	4.55	18	40.91
15—19岁	27	25	92.59	0	0	2	7.41
20—35岁	12	12	100	0	0	0	0
36—55岁	11	11	100	0	0	0	0
56—80岁	8	5	62.5	3	37.5	0	0
80岁以上	3	3	100	0	0	0	0
合计	130	91	70	15	11.54	24	18.46

① 2007年的调查数据均出自闫文,此处说明,以下不再一一注明。

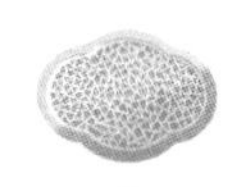

上述表格，表 8-1 为笔者 2012 年 7—8 月在苏州市区、园区、新区随机对各苏州市民做的调查问卷数据，这里的苏州市民既有纯正的苏州人，即土生土长的苏州人，也有在苏工作生活的新苏州人。表 8-2 为 2007 年闫淑琴、吕虹所做的调查问卷。从两张表格的对比可以看出，能够熟练运用苏州方言进行交流的苏州市民的人数从 2007 年的 91 人下降到 53 人，完全不会说苏州话的人数由 2007 年的 15 人上升到 51 人，不太会说苏州话的人数基本持平，由 2007 年的 24 人上升到 26 人。其中 7 岁以下、8—14 岁、20—35 岁年龄组不会说苏州话的人数明显上升。

表 8-3　2012 年苏州市民平时使用语言的情况

年龄	人数	普通话		苏州话		其他方言		普通话与苏州话并用	
		人数	百分比(%)	人数	百分比(%)	人数	百分比(%)	人数	百分比(%)
7 岁以下	25	14	56	7	28	2	8	2	8
8—14 岁	44	30	68.18	5	11.36	2	4.55	7	15.91
15—19 岁	27	22	81.48	2	7.41	3	11.11	0	0
20—35 岁	12	5	41.67	5	41.67	2	16.66	0	0
36—55 岁	11	3	27.27	5	45.46	3	27.27	0	0
56—80 岁	8	1	12.5	4	50	3	37.5	0	0
80 岁以上	3	0	0	3	100	0	0	0	0
合计	130	75	57.69	31	23.85	15	11.54	9	6.92

表 8-4　2007 年苏州市民平时使用语言的情况

年龄	人数	普通话		苏州话		其他方言		普通话与苏州话并用	
		人数	百分比(%)	人数	百分比(%)	人数	百分比(%)	人数	百分比(%)
7 岁以下	25	18	72	7	28	0	0	0	0
8—14 岁	44	41	93.18	3	6.82	0	0	0	0
15—19 岁	27	24	88.89	2	7.41	1	3.7	0	0
20—35 岁	12	2	16.67	7	58.33	0	0	3	25
36—55 岁	11	0	0	11	100	0	0	0	0
56—80 岁	8	0	0	5	62.5	2	25	1	12.5
80 岁以上	3	0	0	3	100	0	0	0	0
合计	130	85	65.38	38	29.23	3	2.31	4	3.08

从表8-3与表8-4的比较可以看出,2007年平时使用其他方言的苏州市民只有3人,普通话与苏州话并用的人数也只有4人。而2012年,这两项的人数分别为15人与9人;2007年36岁以上组平时几乎都是使用苏州话进行交流,而2012年,则新增了使用普通话及其他方言进行交流的情况;同时,在14岁以下组中,2007年未出现使用其他方言和普通话与苏州话并用的情况,而2012年,则出现了这两种情况,且人数不少。

以上表格的分析比较,可以得出如下结论:

首先,能够讲一口流利的苏州话的人数减少,完全听不懂苏州话的人数增多。数据显示,能够熟练运用苏州方言进行交流的苏州市民的人数从2007年的91人下降到53人,完全不会说苏州话的人数由2007年的15人上升到51人;其中不会说苏州话的儿童人数明显上升。

其次,平时使用普通话进行交流的人数逐年增多。这其中,在7岁以下儿童组中,不乏父母亲双方,甚至祖父母辈都是土生土长的苏州人,有相当好的学说苏州方言的语言环境者。但是,即使有这样好的学说苏州方言的环境,这部分儿童中有很多人在家或者在学校都用普通话进行交流,很多幼童甚至只能听懂零星的苏州方言的词汇,已经不会用完整的苏州话进行交流。

分析其原因,首先,随着苏州城区的扩大和苏州经济的飞速发展,大量外来人口涌入苏州。截至2012年4月,苏州市人口增至1300万,而根据公安部门最新数据,作为江苏省第一人口大市的苏州,外来人口已超过本地户籍人口,达到了700万。作为全国知名度很高的外向型城市之一,目前在苏境外人员达5.4万人,占江苏省内的一半以上。苏州已成为仅次于深圳的全国第二大移民城市。大量移民的涌入,必将带来自己的语言与文化。庞大而复杂的人员构成,降低了苏州话作为交流媒介的主流话语地位。人们需要有一种共同的话语体系进行交流,而普通话就成为了一种通用语言。

其次,普通话的推行是出现上述调查结果的另一个重要原因。1956年国务院颁布了《关于推广普通话的指示》,普通话开始在全国大力推广。1982年,我国《宪法》规定了"国家推广全国通用的普通话",将普通话的推广纳入国家法律层面。

在任何一个多语言并存的国家里,除了有一般的方言存在外,都有超方言的变体。一般的地域方言称为"低层语体"(low variety),超方言变体称为

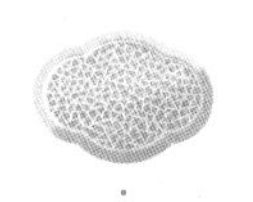

“高层语体”(high variety)。[1] 双层语言可以是同一种语言的两种变体，也可以是两种不同的语言。

在苏州，目前的现实是：普通话是“国语”，也是高层语体，苏州话则是低层语体。高层语体用于书面语言和较正式的场合，例如政府办公场所、政府工作会议、课堂教学、电视新闻、机场播音等，低层语体则多用于非正式的场合，用于一般市民日常生活沟通，如家庭生活交流、日常闲聊、小商店购物、地方戏曲或曲艺表演等。

另外，社会语言学范畴内，有“双重语言”(bilingualism)的概念。这是就语言的使用能力而言的，即社会成员个人有能力运用两种或两种以上的语言或方言，例如在香港有许多人具备使用英语和粤语两种语言的能力。有这种能力的人称为“双重语言人”(bilingual)。

10年前，绝大多数苏州人都是双重语言人，即兼备苏州话和普通话的能力。不同的调查报告表明，随着外来人口的不断补充，苏州地区的双重语言能力情况有所改变。普通话慢慢占主导地位，而苏州方言的运用呈下降趋势。一部分外来人也是双重语言人，但是，他们用的另一种语言是他们自己家乡的方言，而不是苏州地区的苏州话。近20年来，苏州人的苏州话能力有了很明显的下降。

在社会语言学中，还有所谓“双层语言现象”(diglossia)。这是就语言的社会功能而言的，即在同一个社会的日常生活中，有两种或两种以上语言并存的现象，在不同的场合使用不同的语言，在语言使用上有层级之别。双层语言现象在中国是普遍存在的，方言区的居民大多也会说普通话，因场景不同选用普通话或本地方言。苏州社会即是一个双层语言社会，即在公共场合通常使用普通话，在一些私人场合则使用苏州话。但调查研究的数据表明，在苏州，特别是在年轻一辈的人中，很多私人场合用普通话进行交流的几率在逐年提高。调查结果还表明，会说苏州话的成年人相互进行交谈时，几乎都使用苏州话，但是在与会说普通话的小孩交谈时却有三分之二的成年人会选择用普通话，这说明小孩更喜欢讲普通话，而大人在语码转换(code switching)上倾向于迁就小孩。还有，当要郑重其事地表达自己的观点的时候，多数人选择普通话，这说明普通话在苏州具有高层语体的特征。

---

[1] 游汝杰：《略谈普通话和方言的社会功能与和谐发展》，《语言文字周报》，2006年12月6日第4版。

总之，苏州是一个存在双重语言现象和双层语言现象的言语社区。而在这一社区中，普通话始终是高层语体，苏州话是低层语体。而且，在苏州话的使用者中，儿童的苏州话使用能力在不断减弱，成年人相对稳定，但是较10年、20年前还是有明显的下降。

三、苏州方言保护与传承的意义

苏州方言一直是吴方言的典型代表。正是文化的多样性创造了一个多姿多彩的世界，它使人类有了更多的选择，得以提高自己的能力，形成价值观，并因此成为各社区、各民族和各国可持续发展的一股主要推动力。国家推行普通话，是一项有远见卓识的举措，促进了各民族的沟通与融合，但同时，方言作为人类文化遗产，是人类文明的载体，方言的使用与普通话的推行并不矛盾。随着苏州方言应用范围和使用人群的日益减少，对苏州方言的传承问题作保护性的研究意义重大。

（1）从汉语史的角度看，保护苏州方言更加有利于国家推广通用语言政策的实施，更加有利于教师开展普通话的教学、有利于学者开展以普通话为主要研究对象的学术研究工作。同时，为在全国创建“以普通话为主要交流语言，多民族、多地区语言共存”的和谐的语言生活环境奠定良好的基础。

首先，方言向来是汉民族古今共同语（雅言、官话、普通话）的重要养分。现代普通话是以北方方言为基础方言的，其语音则以北京方言语音为标准。同时，普通话在发展过程中也不断吸收南方方言的有用成分，以增强自己的表现力。普通话词汇库因方言词汇而日益丰富。方言，特别是它的词汇，承载着地方文化，中华文化的内涵也因不断新生的方言词汇而日益丰富，最明显的是普通话从方言吸收词汇。

苏州方言中有一系列词具有生动的表现力。其构词法是使用叠词。如形容颜色的有：

苏州话	普通话
碧碧绿	翠绿色，绿得很鲜亮
蜡蜡黄	黄色
雪雪白	雪白
生生青	青色，常常形容人受伤后的淤青
墨墨黑	乌黑

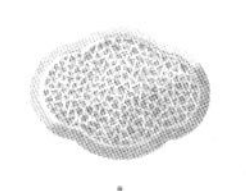

表示动物类的名词：

苏州话	普通话
鸡咕咕	鸡
羊咩咩	羊
猪罗罗	猪
鸭连连	鸭
牛哞哞	牛

其他叠词：

苏州话	普通话
胖嘟嘟	形容人的体型稍胖
麻健健	形容人对别人的事情过分关心、热情过度
定定心心	形容人十分淡定
吃吃力力	形容做事很费劲
尴里尴尬	形容处境十分窘迫

这些方言词汇都为普通话提供了十分鲜活生动的语素材料，这是普通话发展至今天不断强大、保持鲜活生命力和表现力的一大养分供给的源泉。

在语法方面，普通话中“动词 + 掉 + 了”（如“输掉了”）这样的结构也是从吴语吸收的。“输掉了”用吴语苏州话说是“输脱哉”。吴语中的“脱”作为补语，有表示结果（如“滑脱哉”）和表示动作简单完成（如“死脱哉”）两种用法。北方方言中的“掉”本来只有结果补语一种用法（如“滑掉了”），但是因受吴语中相应同形结构的影响，“掉”有了表示“简单地完成”的新用法，如“输掉了”。[1]

因此，只有承认方言的重要性，不抹杀方言的特性，才能够在全社会更好地推广普通话，让群众更好地理解普通话中某些语音、语调，某些语法元素和句式结构的来源，更好地接受普通话，从而创建“以普通话为主要交流用语，多种民族、地区语言并存”的和谐的语言生活环境。

（2）从社会心理和文化学的角度看，保护苏州方言更加有利于体会历史文化积淀，更有利于增强市民的城市认同感和自豪感，从而进一步增强国家民族自豪感。

---

① 赵元任：《赵元任语言学论文选》，中国社会科学出版社 1985 年版，第 78 页。

语言是文化的核心,语言的变迁意味着文化的变迁,语言认同实际上就是文化的认同。德国语言学家威廉·洪堡说:“一个民族的精神特性和语言形成的结合极为密切,只要有一个方面存在,另一个方面必定能完全从中推演出来。语言仿佛是民族精神的外在表现;民族的语言即民族的精神,民族的精神即民族的语言。”①

从古至今,方言的认同对于一个地区的长治久安也十分重要。中国疆域广袤,虽有通用的语言,但与之并存的还有十分复杂的方言。方言认同可以作为一种政治姿态。东晋南迁,必须依靠拉拢南方地主与士族,故北方人王导也须学会一点吴语。《世说新语·排调》载:“刘真长始见王丞相,时盛暑之月,丞相以腹熨弹棊局,曰:何乃渹!刘既出,人问见王公云何?刘曰:未见他异,唯闻作吴语耳。”王导以北人而作吴语,就是一种以方言认同为手段的政治姿态。汉语方言十分复杂,以至于操不同方言者之间不可通话,所以方言的认同很重要。唐代著名诗人贺知章写了一首脍炙人口的诗《回乡偶得》:“少小离家老大回,乡音无改鬓毛衰。儿童相见不相识,笑问客从何处来。”这首诗写他早年离开家乡,年老退休回家以后,他整个身心已经变样了,但是他口音未改。诗中所说的乡音就是方言,也就是他的方音。贺知章如果说京城官话,孩子们也许更会疏远他。

语言是维系民众的重要纽带,而民众又是语言赖以存在的底座。语言的发展同民众的发展密切相关。语言在民众构成诸要素中占有重要地位,是由于它和社会每一个成员息息相关,最深刻地反映了各民族、地区的风俗和历史文化积淀。

苏州话包含了丰富的历史文化的积淀与传承。苏州话中蕴藏着丰富的苏州历史文化元素,如“破么破介,倒是苏州货”,这句方言显示了明清时期苏州由于资本主义萌芽的发生,苏州工艺的优质。再如苏州话中有一句俗语叫“托人托了王伯伯”。这句话的意思是说对方办事不牢靠,交办的事情十有八九办不成。关于“王伯伯”的典故众说纷纭。有的说法是:相传乾隆皇帝下江南,在苏州一家酒店微服私访。店小二请他带个信到北京,问候叔公,即常州籍人、文渊阁大学士刘纶。后来小二与刘纶见面,提起曾托北京“高天赐”(乾隆化名)高伯伯带信之事。刘哈哈大笑说,你托的不是高伯伯,

① [德]洪堡著,姚小平译:《论人类语言结构的差异及其对人类精神发展的影响》,商务印书馆2002年版,第17页。

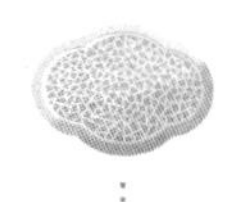

而是“皇伯伯”。由于“皇”“黄”不分,“皇伯伯”很自然演变为“王伯伯”或“黄伯伯”,后来人们就把胡乱答应受人之托,实际又未认真去办的人,统称为“王伯伯”。还有一种说法是:明清时期,人们称替皇室采办衣物珍玩的红太监为“皇伯伯”。他们来到地方上后,地方官员或为升官,或为谋美差,曲意奉承,重金巴结,指望与皇亲国戚亲近的“皇伯伯”能帮忙美言。一般情况下,皇伯伯们来者不拒地将礼品照单全收,可回京之后,他们把许诺忘记得一干二净。地方士绅敢怒不敢言,久而久之,就有了这一民间谚语的流传。

另外,在各类描写地方风俗习惯的文献中,都有苏州方言的身影。如清人顾禄的《清嘉录》,是记录吴地风俗的专著,各种风俗都有对应的方言词汇。如“请客风”,是指农历二月八日前后必有的风雨;“木樨蒸”,指秋季桂花开放时的燠热天气,反映了本地气候的特征;送“冬至盘”和过“冬至夜”,记录了吴郡人重视冬至节,冬至前亲朋间各以食物相馈,提筐担盒,十分热闹的场面。这些当时的民俗活动,都离不开特定方言的表达。

语言是民族的重要特征之一,方言则是民系的重要特征之一。所谓“民系”(sub-nation),或称“族群”,其实以方言来划分,指一个民族内部的分支,分支内部有共同或同类的语言、文化、风俗,相互之间互为认同。从社会心理和语言心理来看,方言是民系认同和身份认同的重要标志。从社会语言学的角度来看,同属一个民系的人民对自己的方言有一种“语言忠诚”(language loyalty)问题。每一个民系都有忠诚方言的倾向,只是程度有所不同。

因此,了解苏州方言,保护苏州方言,有利于历史学、民俗学研究的开展,能更好地传承文明;同时,能够增强区域人民的认同感与自豪感,从而有利于民族、国家的安定团结。

(3)苏州方言被称为古汉语的活化石,了解苏州方言,有利于古典文学经典的学习,有利于提高自身的文学及文化修养,有利于中华民族文学经典的传承与研究工作。

苏州方言的古老,可以从其用词和发音上体现出来。首先,在发音上,保留了“古无轻唇音”等中古汉语发音现象。清代学者钱大昕在《十驾斋养新录》中指出:“凡轻唇之音,古读皆为重唇。”[①]而苏州话很好地保存了这一现象。如“防”,苏州话读作旁[pā],肥皂的“肥”字读作“比”[bi],等等,这些都保留着中古汉语的语音。除此之外,还有微母(轻唇音)读成明母(重唇

---

① 钱大昕:《十驾斋养新录》,上海书店1983年版,第101页。

音)等情况的存在。关于苏州话的古老,在钱著中,还有这样的举例:“吴中方言鬼如举,归如居,跪如巨,纬如喻,亏如去平声,逵如瞿,椅读于据切,小儿毁齿之毁如许。又如苏州之葑门,读如富。”①

在用词上,苏州话也保留着很多古汉语的用词,如“齆”,读若“鼆”,《论衡》曰“鼻不知香臭曰齆”,苏州人至今还有将鼻子不灵敏的人称为“齆鼻头”的说法。再如“皵”,读若“雀”,《尔雅》曰“大而皵楸小而皵榎”,注为“老乃皮粗皵者为楸”,苏州人将手上的肉刺称为“肉皵”。

以上的这些都体现了苏州方言确是古汉语的活化石,它所保留的这些语音语调及遣词造句方面的特点,为我们更好地理解古典文学作品提供了翔实的资料,为我们在阅读古典文学作品时扫清了很多语音语料上的障碍。

另外,苏州方言保存了古汉语语音系统中的全浊声母,很好地保存了古汉语中的入声字,若了解、熟悉苏州话,在鉴赏或者研究古典诗词时,就可以借助苏州话来体会韵脚,从而准备地掌握诗词的韵律。

如宋代词人姜夔的《暗香》与《疏影》调。两首词都是姜夔同时创作以咏梅花的,是取“疏影横斜水清浅,暗香浮动月黄昏”两句的首二字作为调名。九十七字。前片四十九字,九句,五仄韵;后片四十八字,十句,七仄韵。

【序】辛亥之冬,予载雪诣石湖。止既月,授简索句,且征新声,作此两曲。石湖把玩不已,使工妓隶习之,音节谐婉,乃名之曰《暗香》《疏影》。

暗香

旧时月色,算几番照我,梅边吹笛。唤起玉人,不管清寒与攀摘。何逊而今渐老,都忘却春风词笔。但怪得竹外疏花,香冷入瑶席。江国,正寂寂。叹寄与路遥,夜雪初积。翠尊易泣,红萼无言耿相忆。长记曾携手处,千树压西湖寒碧。又片片、吹尽也,几时见得。

疏影

苔枝缀玉,有翠禽小小,枝上同宿。客里相逢,篱角黄昏,无言自倚修竹。昭君不惯胡沙远,但暗忆、江南江北。想佩环、月夜归来,化作此花幽独。犹记深宫旧事,那人正睡里,飞近蛾绿。莫似春风,不管盈盈,早与安排金屋。还教一片随波去,又却怨、玉龙哀曲。等恁时、重觅幽香,已入小窗横幅。

① 钱大昕:《十驾斋养新录》,上海书店1983年版,第117—118页。

两词意境朦胧，在咏梅时寄寓了很深的感慨。《暗香》亦如题面，侧重写梅的幽香冷艳，寄寓怀人之情。《疏影》侧重写梅花的稀疏，感伤其凋零，寄寓时事及身世之感。张炎在《词源》中赞曰："前无古人，后无来者。自立新意，真为绝唱。"两词最有特色之处是均押入声韵，而入声字发音轻涩、幽约，很好地奠定了两首词清冷的氛围，造成曲折动荡、摇曳多姿，且意境朦胧的效果。随着古汉语的发展演变，"入派三声"，现在的普通话中已经没有了入声字，所以，当用普通话朗读该两首词的时候，已经缺少了入声字那种急促、跳脱的韵律，给我们在阅读和理解上造成了很大的障碍。

再如白居易《琵琶行》中"浔阳地僻无音乐，终岁不闻丝竹声"。按普通话的发音为"平平仄仄平平仄，平仄仄平平平平"，其平仄对应关系就不符合古诗的音律了。但如果用苏州话来读的话，就是"仄平仄仄平平平，平仄平平平仄平"，根据古诗"一三五不论，二四六分明"的原则，它的平仄关系就是正确的。

因此，苏州方言的保护与传承，在某种程度上也是对优秀的古典文学经典的保护，对我们更好地提高自身的文学修养起着重大的作用。

四、苏州方言的保护措施

(1) 政府搭台，制定并组织实施有效的苏州方言保护规划，建立起有效的保护工作体系，研究制定苏州方言的相关专业标准(规范)，对有关重大项目组织调查研究。

使用方言与推广普通话并不矛盾。应该说，方言和普通话从来都不是对立的，作为汉语组成部分的方言，代表着一些地方特色文化和底蕴，有着它自身的使用价值和发展规律，并在一定领域和特定地区长期存在着。而推广普通话，旨在克服区域间的交流障碍，方便沟通和交际，它的推广并不是歧视或禁止方言。两者并不是非此即彼的关系，前者承载的是特定的生活方式，后者则是作为一种普遍的交流工具，没有前者，人们的生活将失去多样性，而没有后者，将会失去更广阔的交流平台。中国教育部语言文字应用管理司司长杨光在第八十九届国际世界语大会上说，中国推广普及普通话，不是要消灭方言，而是要使公民在说方言的同时，学会使用国家通用语言，从而在语言的社会应用中实现语言的主体性与多样性的和谐统一。杨光司长还介绍说，中国政府已正式将包括语言在内的中国民族民间文化保护工程列入了中央财政预算项目，每年度拿出相当数量的资金开展此项工作，在中国，语言的多样性将会受到保护，多语言的和谐统一、规范发展将会得到持续的政策支持。

关于苏州方言的保护，苏州市政府采取了一系列的有效措施。除了将评弹、昆曲等列入非物质文化遗产保护名录之外，近年来，苏州市政府通过苏州市教育局语委办公室组织并且开展了一系列的活动，如乘国家启动中国语言资源有声数据库建设这一重大语言工程之机，苏州市通过向社会征召苏州方言发音人，确定了老、中、青各2名共6名发音人，进行数据录制工作。2009年，苏州话语音资源通过验收，有声资料将长期保存，这为苏州方言保存了较为完备的档案资料，为方言的保护与传承提供了重要的物质保障。

(2) 利用广播、电视、报纸、书籍、光碟、网络以及公共交通工具等各种传播途径和灵活多样的手段，积极进行广泛、深入的宣传，普及保护知识，激发和培养全社会的保护意识，营造良好的社会氛围，扩大苏州方言保护与推广的范围。

电子传媒传播时代到来的标志是电脑的出现以及传媒的产业化运作。电子媒介为人类传播带来的变革并不仅仅是空间距离和速度上的突破。从人类社会历史发展的角度来看，随着摄影、录音和录像技术的进步，人们可以将声音、图像完整地保留下来，并使之流传。这样，就为千百年后的人们提供了更加直观、真实的影像和数据资料，这在很大程度上使得人类文化的传承更为便捷和确凿。当今社会，是信息高速发展的时代，除了广播、电视之外，互联网，特别是微博的出现，使得信息的传递在分秒之间实现。利用广播、电视与网络等媒介的力量，加强苏州方言的保护与推广，是十分有效的手段之一。近年来，苏州市广电总台开辟了多档苏州方言节目，如《施斌聊斋》和《天天山海经》，是两档全程苏州话录制的电视节目；广播也有相应的用苏州话主持的节目，如"阿万茶楼"等。这些栏目以讲述日常生活琐事及苏州古老文化为特点，贴近百姓生活，深受苏州市民的喜爱。

笔者认为，苏州市政府还可以利用微博、微信受众广、便捷灵活的特点，建立一个苏州方言学习的微博、微信账户，每天发布一些与苏州方言相关的知识、内容，这样既满足了想要学习苏州方言的人的求知欲望，也不会给学习者带来更大的时间、精力上的负担。

当然，市区的公共交通也是传播苏州话的很好的工具。笔者在香港乘

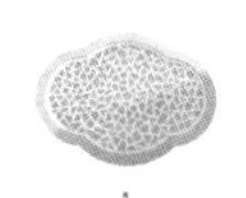

坐地铁时发现,香港政府在播报站名时同时用粤语、英语与普通话播报。这是一个十分有效的手段。市区的公交车播报站名时可以用普通话、苏州话各播报一次。还有不少苏州市民,特别是“老苏州”,对已经开通的一号轨道交通报站提出建议,认为应该在常规的普通话和英语之外,增加苏州话报站名,以体现“苏州特色”。

(3) 重视学校、家庭教育,方言学习从娃娃抓起。研究表明,3—6 岁的幼儿语音意识出现,基本上可以掌握本民族语言的全部语音,并会有意识地辨别发音是否正确,仿正纠错。同时,幼儿词汇的扩展可以体现在词汇量的增多和词类范围的扩大上。幼儿的词汇量几乎每年增长一倍,据国内外相关研究统计,3 岁幼儿的词汇量为 1000 左右,4 岁时达到 1600 ~ 2000,5 岁时为 2200 ~ 3000,6 岁时可以达到 3000 ~ 4000。尽管其中存在着个体差异,但是总的来说幼儿期是人生中词汇量增加速度最快的时期。

科学家研究发现,人类大脑中有负责学习语言的部位,叫做“布罗卡斯区”。幼儿脑内的“布罗斯卡区”在语音辨别和模仿等方面非常灵敏,幼儿的母语发展就和这一区域有很大关系,但是该区域的灵敏性会随着人们年龄的增长而直线下降。因此,对于幼儿来说,3—6 岁是学习方言的最好时机。

由此可见,幼儿期的家庭教育对苏州话的保护至关重要。父母亲应当利用一些生动有趣的儿歌、童谣等鼓励孩子学习苏州话,激发其学习苏州话的热情。

在此,笔者整理了一些与苏州方言相关的儿歌童谣如下:

· 今朝礼拜三,我去买洋伞,敓脱三角三,转来做瘪三。

· 炒、炒,炒黄豆,炒好黄豆翻被头。

· 从前有个猪头三,去爬灵岩山,前山弗爬爬后山,跌得屁股粉粉碎。

· 轰隆轰隆烧狗肉,狗肉香,请先生,先生吃仔烂肚肠。

· 邬姥姥,卖灯草,卖仔三日三夜呒人要,转去关仔房门打家小,打得家小屁股翘了翘。

· 鸡啄西瓜皮,洋枪打铅皮,翻转石榴皮,落雨落勒灰堆里。

· 笃笃笃,买糖粥,三斤胡桃四斤壳,吃仔倷个肉,还仔倷个壳。

· 大块头,呒青头,擦屎擦勒灶下头,姆妈当仔肉馒头,啊呜一口屎连头。

· 麻子麻,采枇杷,枇杷树浪有条蛇,吓得麻子丁倒爬。

· 康铃康铃马来哉，隔壁大姐转来哉，买点啥个小菜？茭白炒虾，田鸡踏煞老鸦，老鸦告状，告畀和尚，和尚念经，念畀观音，观音卖布，卖畀姐夫，姐夫关窗，关着一只苍蝇，苍蝇爬灰，爬着一只乌龟，乌龟擦屁，擦勒囝囝个嘴巴里。

· 月亮堂堂，姊妹双双，大姊嫁勒上塘，二姊嫁勒下塘，三姊吭人要，一顶花花轿，一抬抬到屈驾桥，一蒸馒头一蒸糕，砰、嘭、啪。

· 勿高兴，吃糕饼，糕饼甜，买包盐，盐咸买只篮，篮漏买包豆，豆香买块姜，姜辣买只鸭，鸭叫买只鸟，鸟飞买只鸡，鸡啼买只梨，请请你格小弟弟。

· 乌龟（音居）上街头，生意闹稠稠，尖锥尾巴橄榄头，胡椒眼睛骨溜溜。大乌龟哪哼叫？嘎！嘎！小乌龟捺哼叫？叽！叽！大小乌龟一淘叫，客客气气问你老板讨个铜板买药料，药杀乌龟开年勿来讨。

· 嗯呀嗯呀踏水车，水车盘里一条蛇，游来游去捉蛤蟆，蛤蟆躲勒青草里，青草开花结牡丹，牡丹娘子要嫁人，石榴姊姊做媒人，杏花园里铺行嫁，桃花园里结成亲，爹爹交我金桂子，姆妈交我水红裙，水红裙浪多个裥，裥裥全是玉蜻蜓，长手巾掼房门，短手巾揩茶盏，揩得茶盏亮晶晶，倒杯茶来请媒人，媒人说得三间园堂四间厅，络里晓得一间草棚两头门。

· 老伯伯，洋钿借一百，开年还你九十九，打得你屁股扭勒扭。

· 萤火虫，夜夜红，飞到东，飞到西，五笃娘勒里，五笃爷勒里，三根麻绳吊勒里，有铜钿赎仔去，吭不铜钿压勒里。

当然，随着外来人口的增多，苏州市的家庭人口构成中，本市人口的比例在逐年下降，很多家庭只有父母亲中的一方会说苏州话，有的家庭父母、祖父母都不会说苏州话。那么，就需要学校在提倡并普及普通话的同时，开展一系列的苏州方言的教学工作。学校可以在规定的必须使用普通话的正常课程外，适当地利用活动课程、课外兴趣活动、校本课程、讲座等形式教授学生说苏州话，如举办昆曲进校园，评弹进社区、进学校等活动。在这点上，苏州平江实验学校，专门编写了用苏州方言朗诵的儿歌“银杏娃”，让学生学讲苏州话；苏州第一中学，专门开课将昆曲带入学堂。而社区也积极参与到苏州方言的推广与教学中来，如为了满足贫困学生对昆曲艺术的向往，山塘地区特意开设了爱心小昆班等。

另外，要努力开拓思路，设计相关的方言比赛方案，以赛促学，通过展开

大量丰富有趣的苏州方言的比赛活动，提高学生的参与热情，寓教于乐。在这一方面，苏州市政府与市语委和语言文字培训中心联合举办了多个方言比赛项目，如“吴语幽默大赛”“普通话、苏州话（地方话）、英语”口语大赛，通过大赛，使学生学会多种语言，提高口语表达能力，保护苏州方言。

（4）建立一支高素质的专业队伍，培养一大批热爱苏州方言、专业知识过硬、具有奉献精神的科研工作者。

上文已经论述过，关于苏州方言的研究，肇始于20世纪20年代。近百年的时间里，苏州方言的研究可谓硕果累累。其中，最近、且成果显著的当为苏州大学的汪平教授。汪教授本身是苏州人，对苏州方言有着深厚的感情，发表了大量的关于苏州方言研究的论文，并出版相关著作。其中《苏州方言语音研究》（华中理工大学出版社，1996年）和《苏州方言研究》（中华书局，2011年）分别从语音及方言学传统各方面对苏州方言展开了全面而翔实的论述。年轻学者中，似乎暂时还没有涌现出像汪平教授这样的佼佼者，因此，各高校以及研究机构也要利用一切资源，定期举办研讨会、交流会，积极开展政策研究、工作研究与学术交流，提升年轻学者的研究水平。

总之，苏州话，历来被认为是“清、轻、柔、美”的吴语的代表，以苏州方言为载体的昆曲、评弹、吴歌又是人类非物质文化遗产宝库中光耀夺目的明珠。为了能让我们的后辈也能领略这一方水土赐予我们的文化宝藏，让他们可以徜徉在昆曲的绵长、吴歌的悠扬、评弹的清丽中，可以充分理解苏州的城市精神，可以自豪地诉说关于苏州每一条小巷、每一个人物、每一段历史的掌故，我们努力保护苏州方言。

第九章　吴地民俗

民俗即民间风俗，指一个国家或民族中广大民众所创造、享用和传承的生活文化。民俗的形成和传承，受一定地区的地理位置、自然生态、社会生产、文化形态、思想观念等诸多因素的影响，是一个地方社会生活的缩影和历史的折射。因此，民俗也被认为是人类活动的"活化石"。吴地在数千年的发展过程中，在衣食住行、婚丧嫁娶、传统节日等方面逐渐形成了丰富多彩的民情风俗和文化，这些民俗文化是吴文化的重要组成部分。

第一节　生活习俗

在漫长的历史和独特的地理生态环境中，吴地成为典型的以稻作经济为主要生产方式的农作区。吴地人民衣食住行的生活习俗体现出了与农业文明的适应性。

一、饭稻羹鱼

吴地位于长江下游的太湖流域，山明水秀，气候温润，雨量充沛，江湖密布，土壤肥沃，物产富饶，素称鱼米之乡。吴地的地理环境以及太湖流域的气候特点为稻谷生长提供了有利的自然条件。水乡泽国的吴地，其水面占土地总面积的17.5%。我国五大淡水湖之一的太湖古名震泽，又名具区，号称三万六千顷，湖面开阔，湖底平坦，是我国著名的淡水水产基地。湖中有青、草、鲢、鳊、鲤、鲫等鱼类30多种，螺、蚌、蚬、蟹等底栖动物40多种。此外，长江流域水产也很丰富，主要的经济鱼类有30多种，除常见的淡水鱼外，还有适应咸水域生长的鱼类及江海洄游鱼类。

（一）主食稻米

据《史记·货殖列传》"楚越之地，地广人稀，饭稻羹鱼，或火耕而水耨"

可知,吴地人民早在六七千年前就掌握了水稻的种植技术,在此种稻食鱼,火耕水耨,产生了以稻作发达为特点的原始农业。

吴地民众长期以稻米作为主粮,并且形成了以稻米为主的饮食结构体系。稻谷一般分为粳、籼、糯三大类,粳米一年一熟,性软味香,可煮干饭、稀饭;籼米有早晚两熟,性硬而耐饥,适于做干饭;糯米黏糯芳香,常用来制作糕点或酿制酒醋,也可煮饭。吴地以粥饭为主食,一般是一日三餐,“一干二稀”,早、晚吃粥(稀),中午吃饭(干)。吴地的饭有烧、煮、蒸、炒等做法,粥有淡、咸、甜、香诸味,另外还有别具一格的糕团饼粽等米制品。

吴地通常所吃的米为白米,此外,还有血糯、乌糯、鸡血糯等红糯。无锡南泉太湖边种植的鸡血糯曾作为“贡糯”进贡。吴地人民还常常将稻米煮成花色饭。“百宝饭”是在饭中添加入红枣、白果、莲心、胡桃肉、白糖等,办喜事吃。常州地区的“豆腐饭”(饭菜以豆腐为主)、常熟地区的“头肉饭”(饭菜以猪头肉为主),均为丧事所食。“阿弥饭”,又称“乌米糕”“乌米饭”“乌饭”或“青精饭”,由糯米加一种叫乌饭树的叶汁煮成,具有强身、明目、益气、止泄之功效。每年四月初八,吴地寺院及店肆煮青精饭供“浴佛节”食用。糍饭,又称粢饭,是用糯米蒸制成饭,然后将米饭捏成团,也可在饭团里加油条包捏而成。

米粥古称“糜”,也就是稀饭。吴地还常把吃剩的干饭加水煮成粥,称泡饭粥。吴地的米粥,花样颇多,按食用分,有素、荤、补、药等粥类;按原料分,有谷、瓜、果、菜、草、禽等粥类。“腊八粥”,又称“佛粥”,以莲心、枣栗、胡桃肉、松子肉、百合果、白木耳、香菇、瓜子仁等八味(如今以蚕豆、黄豆、红枣、胡萝卜、山芋丁、青菜丁、豆腐干、花生仁等代替)熬粥,农历十二月初八斋供,相传可消灾除病。“糖粥”,以桂花、枣子、糯米、红糖煮成。吴地民谚“笃笃笃,卖糖粥”,描述的便是旧时卖糖粥小贩一边挑着“骆驼担”,一边敲着梆子,沿街叫卖的情景。此外,吴地还有用雪水和白米加梅花煮成的“梅粥”,用荼蘼花、杏子与米煮成的“荼蘼粥”,滋补强身“白膏粥”,滋补产妇的“鸡丝粥”,明目亮睛的“马兰粥”,消暑降温的“绿豆粥”“百合粥”,补血滋补的“红枣赤豆粥”,等等。

吴地人民不喜面食。民间有句俗谚:“面黄昏,粥半夜,南瓜当顿饿一夜。”意思是说晚餐若以面食为晚餐,容易挨饿,则以小食点心补之。吴地把用糯米及其屑粉制作的熟食称为小食,方为糕,圆为团,扁为饼,尖为粽。吴地的糕点集色、香、味、形于一体,各式各样,花样众多,并且注重岁时食俗,讲究随节令的变化而变化饮食。吴地一年内的岁时节令几乎都有与之相应的糕点,如正月有“春饼”,二月有“撑腰糕”,三月有“青团”,四月有“乌朱糕”,五月有“秤锤粽”,六月有“薄荷糕”,七月有“豇豆糕”,八月有“月饼”,九月有“重阳糕”,十月有“子饭团”,十一月有“冬至团”,十二月有“年糕”。

(二)佐餐鱼虾

鱼、虾是吴地最大宗的土产,是人们日常的主要菜肴。银鱼、梅鲚、白虾被称为太湖三宝,鲥鱼、鲥鱼、河豚被誉为长江三鲜,大闸蟹、河虾、鳜鱼被当作阳澄湖三宝。

银鱼,因其在湖中游洄,如银箭离弦,故名,俗称面条鱼、面杖鱼,身长数寸,体形略圆,洁白光滑,晶莹透亮。相传吴王食鲙有余弃于水中,化而成鱼,古亦称鲙残鱼。银鱼肉质鲜嫩细腻,无骨刺、无腥味,营养丰富,堪称“鱼参”。太湖流域银鱼有大银鱼、雷氏银鱼、短吻银鱼和寡齿短吻银鱼四种,前两者较大,后两者较小。每年五月中旬至六月中下旬,是捕捞的旺季。

梅鲚,又名湖鲚,俗称毛叶鱼、刀鲚,宋代苏东坡称为“银刀”,又名湖鲚,其他地区也称为凤尾鱼或烤子鱼。梅鲚体形略扁薄,腹部稍阔,头尖小而口大,尾则细狭,鳞细色白,整体呈窄长的毛竹叶状。肉质细嫩,味极鲜美,含有丰富的蛋白质、脂肪、碳水化合物和磷、钙、铁等无机盐。每年三四月间产卵,六月子鱼始见,随后即为捕捞汛期,民间有“七月七,梅鲚齐”的谚语,捕捞期可直到次年的二月中旬。

白虾,俗称水晶虾,亦称脊尾白虾,属淡水虾类,体色透明,头部有须,胸部有爪,两眼突出,尾成叉形。太湖白虾色白壳薄,通体透明,肉质细嫩鲜美,营养价值甚高,含有丰富的蛋白质、维生素和多种微量元素。清《太湖备考》上有“太湖白虾甲天下,熟时色仍洁白”之说。每年五月到七月中下旬,是白虾产卵旺季。

鲥鱼,也称刀鲚,其体型狭长而薄,颇似尖刀而得名,全身呈银白色,晶莹可爱。鲥鱼肉质细嫩,腴而不腻,味道鲜美,但多细毛状骨刺。鲥鱼还有一种特殊吃法,即经蒸煮脱骨后,将剔除了骨刺的鱼肉和面,制成鲥鱼面。鲥鱼每年三四月间分布长江口岸,镇江一带素有“春有鲥鲚夏有鲥”之说。

鲥鱼,属江海洄游型鱼类,鲥鱼每年五六月沿海上溯入江,非时不出,故名。鲥鱼形秀而扁,脂眼睑发达,鳞片大而圆薄,体背和头部为灰色,略带蓝色光泽,体两侧和腹部为银白色。鲥鱼味绝腴美,鳞下多脂肪,烹调时一般

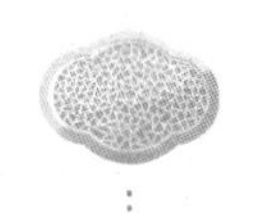

带鳞清蒸，保持真味。营养价值极高，体内含有蛋白质、脂肪、铁质、钙、磷、核黄素等多种营养，还具有很高的药用价值。唯肉多刺，刺细如毛，古人以为“五恨”之一。鲥鱼被列为我国“鲥、甲（中华鲟）、鲳、黄”四大名鱼之首。

河豚，肉极度美味，被誉为“鱼中之王”、中国“长江三鲜”之首。河豚向来是令人神往的神秘的高级食材，民间有俗语曰“不吃河豚，不知鱼之鲜”。明《江阴县志》记载：“河豚鱼，一名鲑，立春出于江中，盛于二月。无颊无鳞，口目能开及作声，凡腹子、目、精、脊血有毒。”河豚的内脏、卵、血均含有剧毒，因此也被冠以最危险的美食，吴地素有“拼死吃河豚”之说。

此外，太湖的名鱼还有鲈鱼、鳜鱼、白鱼、鲃鱼等。鲈鱼，宋代范成大《吴郡志》记载：“鲈鱼，生松江，尤宜鲙。洁白松软，又不腥，在诸鱼之上。”据说江鲈四腮，湖鲈三腮，四腮肉紧，味美于三腮。“莼鲈之思”的典故便与鲈鱼有关。鳜鱼，体侧上部呈青黄色或橄褐色，有许多不规则暗棕色或黑色斑点和斑块，背部隆起，口较大，肉味鲜美。白鱼，体狭长侧扁，细骨细鳞，银光闪烁，肉质细嫩，鳞下脂肪多，酷似鲥鱼，是太湖名贵鱼类之一。《吴郡志》记载：“吴人以芒种日谓之入梅，梅后十五日谓之入时。白鱼于是盛出，谓之时里白。”鲃鱼也是太湖中一种珍稀鱼类，以鲃鱼的肝、肺为原料烹饪出来的鲃肺汤亦是鲜美无比。

渔业生产季节性强，吴地一年到头都有时令鱼鲜上市，诚如吴地渔谚所云：“正月梅花塘鳢肉头细，二月桃花鳜鱼长得肥，三月菜花甲鱼补身体，四月汪丝氽莼鲜无比，五月莳里白鱼更加肥，六月夏鲤鲜胜鸡，七月鳗鲡正当时，八月桂花鲃鱼要吃肺，九月吃蟹赏菊打牙祭，十月芙蓉青鱼要吃尾，十一月大头鲢鱼头更肥，十二月寒鲫赛人参。”

吴地吃鱼还有一些传统规矩和忌讳。过年时鱼不能吃完，喻示“年年有余”。宴席最后一道菜上全鱼，寓意吃而有余（鱼）。鱼头上两根等腰三角形的鱼骨被当作“鱼仙人”，以此来占卦，掷在桌上直立，则表示大吉大利。居丧之家不吃鲢鱼，以避“连”字之嫌。苏州人一般不吃鲤鱼，传说鲤鱼会跳龙门变成龙；又因为鲤鱼多子，四月初八释迦牟尼佛生日这一天有“放生会”，信佛者放生也以鲤鱼为多，放一尾可以抵几尾、几十尾。此外，渔民吃鱼忌将鱼翻身或夹断，以避“翻船”；渔民忌称“鮰”，因“鮰”与“回”音同，所以改“鮰鱼”为“来鱼”。渔民节庆吃鱼时，要老大先动筷，其他人才能吃。老大吃鱼头，挡橹吃鱼尾，渔捞手吃中段，不能吃错。渔民信奉小孩吃了鱼头会捉鱼、吃了鱼尾会摇船、吃了鱼翅会游泳、吃了鱼子会变笨、吃了鱼脸上的无情肉会小气吝啬。

（三）船点船菜

清代西溪山人《吴门画舫录》曰："吴中食单之美，船中居胜。"相传吴王夫差曾与爱妃西施江湖宴游，开了船点、船菜之风。自明清以来，吴地就有"画舫在前，酒船在后"之说，诸多美食便诞生于画舫、酒船之上。据清人顾禄笔记《桐桥倚棹录》记载，清代苏州有一种餐船，名为"沙飞"，"艄舱有灶，酒茗肴馔，任客所指。舱中以蠡壳嵌玻璃为窗寮，桌椅都雅，香鼎瓶花，位置务精。船之大者可容三席，小者亦可容两筵。凡治具招携，必先期折柬，上书：'水窗候光，舟泊某处，舟子某人。'相沿成俗，寖以为礼。迓客于城，则另别雇小舟。入夜羊灯照春，凫壶劝客，行令猜枚，欢笑之声达于两岸，迨至酒阑人散，剩有一堤烟月而已"①。船菜由船上的船娘们掌勺烹饪，受场地和设备的限制，贵精而不贵多，加工精细，用料新鲜，以"精、洁、雅、俏"为特色。船菜在烹调时，多取材于湖鲜水产，以炖、焖、焐、煨为主，讲究"火候"和"功夫"，尚原汁原味，汤清而不寡，汁稠而不腻，肉酥烂脱骨而不失其形。船点是由古代太湖中餐船小食沿袭而来的，精巧别致，色香俱全。据《吴中食谱》记录，船点"粉食皆制成各种鲜果、花卉、人物、动物等形状，如桃子、佛手、荸荠、柿子等。还做'暗八仙'，如铁拐李的葫芦、吕洞宾的雌雄剑、汉钟离的风火扇、何仙姑的荷莲等，形态古朴，色彩鲜艳，馅心以玫瑰、豆沙、薄荷、水晶为最"。

二、吴服美饰

吴地传统的服饰与温润湿热的气候以及稻作捕鱼的生产习俗密切相关，是"稻作文化"的一部分。

稻草曾是制作服装的材料。草鞋一般以韧性较大的糯稻草编织，在田间劳作时可以防滑；芦花鞋以糯稻草编结的草绳为经，绳上掺以鸡毛、芦花、旧布条等材料编织而成，冬天穿着十分保暖；草帽用麦草编成，也有稻、麦混编的，用来遮雨防晒；蓑衣是一种用稻草、灯草皮或棕毛编织的衣服，可以遮雨防湿。

吴地一般以当地盛产的棉、丝、麻等材质制衣，有长短之分。长衫一般为非体力劳动者穿着，短装则为田间劳动的农民所穿。吴地水乡农民一般

① 顾禄：《桐桥倚棹录》，中华书局2008年版，第387页。

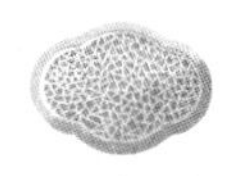

都上穿短衫(分为对襟和大襟),下着裤、裙。男子多穿对襟,女子多穿大襟。

(一) 儿童服饰

吴地水乡儿童多戴虎头帽。该帽前部呈虎腹形,用彩色绒绣上眼、耳、鼻以及黄色“王”字,或绣上花卉图案、“长命富贵”字样,并缀以“福禄寿喜财”等银饰件。脑后垂彩色飘带。男童穿虎头鞋,女童穿猫儿鞋。虎头鞋额上有“王”字,眼呈椭圆形;猫儿鞋没有“王”字,眼为圆形。

(二) 男子服饰

吴地男子日常穿对襟短衫和襡裙。对襟短衫一般正领,两襟相对,缝制纽袢相连接,以白、靛蓝色土布缝制。襡裙一般是两幅靛青色土布前后叠压做成,束在加衫或棉袄的外面,裙长可至脚面,秋冬之季能起到护腰保暖的作用。水乡男子普遍穿包裤,又称“笼裤”,深裆大腰,大裤脚管,前后有密裥,束在外衣上。夏季穿赭色拷布制成的短裤、背心,凉爽耐湿。冬天戴毡帽、棉帽,夏天戴斗笠、草帽。

(三) 妇女服饰

吴地妇女“青莲衫子藕荷裳”的传统服饰颇具水乡文化特色,其色彩以青、蓝、黑为主,配以红、绿色点缀,雅中显俏,被誉为“江南少数民族服饰”。

在插秧、耘稻、收割时,为了防止头发被风吹乱蒙住眼睛,或是田间飞虫以及脱粒的稻芒钻进头发、耳孔,吴地妇女将头发在头顶上挽成髻,梳成盘盘头,还配以眉勒和包头巾,将眉勒扎于额前,包头巾包裹住头发,并以簪、花、梳、笄等饰品修饰。盘盘头上扎的绒线按年龄进行区分,中青年妇女以桃红、玫瑰红和翠绿色为主,老年妇女多用大红色。

稻作劳动时,上衣的肘部、肩部极易破损,吴地水乡妇女一般在易破损的袖口、袖肘、前胸襟、肩背部、下摆、后背补上不同颜色的布料,这样衣服的颜色、花纹、图案各不相同,就形成了独特的拼接衫。拼接衫面料多以花布、土布为主要基调,色彩对比鲜明,鲜而不艳、艳而不俗,具有大襟、襻纽、衣长、腰宽、身紧、袖口小、袖底大的特点。拼接衫既能延长衣服的使用寿命、经济划算,又丰富了服装的色彩,独具美感。衣长,在劳作时可以避免风吹日晒之苦;腰宽,便于弯腰、扬臂、摆动身体,通风透气;袖口小,劳作时不易下滑,同时可以防止泥水、小虫、杂草的侵入;袖底大,则避免胳肢窝处牵扯摩擦。农妇穿的裤子,一般是腰肥裆大,舒适宽松不致湿热,裤脚短而裤管小,既无须揎卷又避风避虫。

作裙由两幅或多幅布拼接而成,长度过膝,束在拼接衫外,因在农田劳作时穿着,因此称为“作裙”。作裙中间开裆,便于下蹲劳作,再加上外面围系穿腰(穿腰上缝着一个大口袋,穿腰四周及带上绣着各种图案的花纹)、束腰,不仅使腰背不易受寒风侵袭,而且站立时能增加腰部的力量。卷膀(类似“绑腿”,裹在小腿上,上、下用系带扎紧)具有抵御风寒、防止杂草虫土侵入的作用。

吴地村妇夏季纳凉、劳作时爱穿“兜肚”,也叫肚兜。肚兜是一种贴身配饰,用尺许布料裁成菱形,遮前不遮后,有的用一块同色布做成,有的在领口处用另一色拼接,领口的左右两端用红丝带或银链子系在脖上,腰部位置的左右两边以两根腰带系在背后。心灵手巧的妇女还在肚兜上绣上牡丹、莲花、鸳鸯等图案或镶上花边。

吴地妇女的百衲绣花鞋一般用青、蓝、黑色布料做成,造型别致,有“船形鞋”(鞋帮由两块合成)与“猪拱鞋”(鞋头外拱)两种,色彩鲜艳,鞋面和鞋头还绣上各色各样的装饰图案,一般不分左右脚。

三、民居建筑

吴地建筑古朴恬淡,精巧紧凑,大多缘水而建,依河成街,桥街相连,河街相邻,形成了独特的“粉墙风动竹,水巷小桥通的”水乡风光。

(一)临水枕河

吴地水乡村庄布局与河湖江海密切相关,也体现了水稻作物在住房建筑中的应用以及稻作生产对农舍结构、布局的影响。吴地传统农舍常以稻草来筑屋造门,搭建草棚。农舍前有一晒场,可以用来打谷、晒粮、堆柴火。农舍大多临河而造,便于汲水、泊船、养鱼,有条件的宅地周围种些果树林木。这种自给自足、田园式的布局,有利于农、林、副、渔活动的开展。

灶台

吴地传统民居的大门颇有讲究,有六扇头墙门、石库门、塞板门、矮闼门等多种。民间对门极为重视,认为“千金大门四两屋”。民居客堂北面墙壁靠西部的顶

端，称为“家堂”，用来悬挂、供奉祖先牌位。房间内的陈设以床、柜、橱为常规，外人一般不能擅入房间，民间有“房门大于衙门”之谚。灶头的朝向颇有考究，不能与房屋同向，否则就成了“烧出火”。民间有“亮灶发禄，暗房聚财”一说，即灶间要亮，便于早起做饭烧菜、节省灯油；房间要暗，财不外露，符合吴地百姓藏富的心理特点。

根据民居与河道的关系，大致可以将吴地传统民居划分为三类。第一类是水巷式民居，即河道居中，两岸屋宇压驳岸而建，高低起伏，错落有致，形成可供一条船只往来的水巷，各式水踏步、水码头镶嵌其间，以便于拾级而下，利用河道取水、洗涤和上下船。这就形成了“家家尽枕河”的水乡风貌。第二类是一巷沿河式民居，即街巷与河道两岸平行，民居在街巷边，多联檐通脊、成排建造，这样的地形便于前店后宅、下店上宅式建筑的形成。前街作为店面经营各种商品，后河具有很浓的生活气息。第三类是跨水式民居，即以廊、桥跨河建宅，楼在桥边，窗在水上，水道与主道一起直通主人家的客厅，形成“轿从门前进，船从家中过”的格局。

（二）深宅大院

吴地富家望族的深宅大院布局规整，讲究对称，主落居中，轴线明确，少则三进，多则五进、七进，多有精美的砖雕门楼。这类建筑多围以封闭式的高墙，前厅后楼，前堂后寝，厅堂连进。宅邸内筑有门楼、天井庭院或建有私家园林，多辟备弄。建筑排列有序，依次为门厅（门屋）、轿厅（茶厅）、正厅（主厅）、内厅（女厅）、楼厅（卧房）、附房，两侧有花厅、书房、卧室及至小花园、戏台等。

吴地民居不论建筑规模大小，都体现出与北方民居的显著区别，即以黑、白、灰系列色为主，淡雅精致。白墙灰瓦，不施彩绘，木料以棕黑色、棕红色为主，色调雅素明净。设计精致，布局紧凑，一亭、一榭、一梁、一阶，无不精心推敲；室内外雕刻繁复，“无雕不成屋，有刻斯为贵”，石雕、砖雕、木雕、竹雕，无不精细玲珑。雕刻多取材于历史故事、民间传说、民俗风情，内容有花卉、鸟兽、人物、戏曲、典

苏州同里退思园

故等，寓意深远而通俗。园内讲究景观布局，叠石为山，凿池引流，亭阁参差，小径通幽。

（三）建宅习俗

吴地建造民宅，十分讲究吉利。从选地、选材、择日、立柱、上梁到落成庆贺均按一套传统方式进行，反映了人们追求美好生活的愿望。建宅前要请"阴阳先生"用八卦盘定地点、朝向。吴地民居宅基地多立河两岸，如果选不到理想的地点，便人工开挖绕宅河、架桥通宅或是借用船型建筑等来营造水意，寓意"财水进门"。民间建房一般坐北朝南，风水理论中讲求"负阴抱阳"。苏州建宅朝向讲究"坎宅巽门"，即大门要朝南或东南方。吴地建房有的用老宅基，有的择新址。据苏州风俗，如建在老宅基上建宅，拆除老宅前要先祭祖；江阴习俗，工匠在拆旧宅时忌用"拆"字，而称"砍屋"。上梁是建宅最重要的环节，一般选在"月圆""涨潮"之时，取合家团圆、钱财涌来如潮水之意。梁上张贴"福星高照""紫气东来"等横批，两边栋柱张贴佳联，上梁时喊"上梁，大吉大利"，鞭炮齐鸣，工匠边上梁边唱"上梁歌"。梁上好后将馒头、红枣、糖果等抛下。宅屋建好后在装饰上讲究辟邪、镇宅，如苏州地区门楣辟邪物有镜子、八卦、五彩布条、利器和竹簸箕等。苏州旧俗禁在屋前栽桑，屋后种槐，因吴语中"桑"与"丧"、"槐"与"坏"读音近似，民间认为不吉利。

四、舟楫桥梁

吴地水网交织，村村有河，河河有桥，旧时"不可一日废舟楫"。船是最主要的交通工具，桥是最重要的交通设施。船沟通了吴地的水上交通，桥则沟通了吴地的陆上交通。

（一）门泊东吴万里船

吴以船为车，以楫为马，"出入江湖，动必以舟，故老稚皆善操舟"（《太湖备考》），因此，造船业历史悠久。春秋时期，吴国已经能够制造楼船、戈船、桥船、方舟等各种类型的船只。吴王阖闾时出现了能容百人以上、上下数层的楼船——艅艎。常州淹城遗址发掘出了三条春秋时期的独木舟，其中最大的一条舟船长达 11 米，宽 9 米，深 0.45 米，为整段楠木火烤斧凿而成，被誉为"天下第一舟"。吴国当时在太湖和一些河道旁设有专事造船的手工工场，称作"船宫"，此外还兴建多处中、小船场，称为"石塘"。可以毫不夸张地

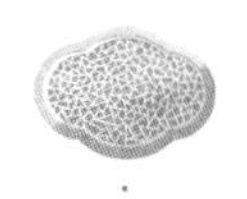

说，吴地是中国造船业的摇篮。千百年来，吴地各式渔船小艇、楼船画舫、漕运官船，荡漾在水乡泽国，穿梭于街镇城乡。吴地的粮食、丝绸、手工艺品通过水上交通源源不断地运往京城及各地。舟楫船舶成为吴地标志性的符号。

旧时苏州山塘河上出现的以饮宴、聚会、观光、消闲、寻欢为功能的游船舟楫，大小参差，蔚然可观，其形制各有不同，《桐桥倚棹录》择要介绍了五种：一是“沙飞船”，原本为只可摆一席、坐五六人的“荡湖船”，后经扬州一姓沙的师傅改制并装修后，又称为“沙飞船”，分为“卷艄”“开艄”两款；二是“灯船”，苏州官民所依赖的舟楫中，最豪贵者为“灯船”；三是“快船”，是一种比“灯船”略小、用双橹驾摇、行走甚速的游船，苏州俗话称“摇杀船”；四是“逆水船”，蓄歌姬以待客，其船行走故作迟缓之势，似逆水行舟，以吸引游客；五是“水果船”，为诸船服务，专在山塘河中卖水果为生。

（二）画桥三百映江城

吴地江河众多，桥梁亦多，唐代仅苏州一地就有“红栏三百九十桥”之说，于是构成了船桥相望的独特美景。从宋代绘刻的《平江图》碑上统计，当时姑苏城区共有桥梁314座；在表现苏州兴盛的《姑苏繁华图》图中，胥门万年桥和阊门吊桥、山塘桥的河面上南来北往的各类船只近400艘。吴地的桥种类很多，按材质可分为石桥、木桥、竹桥、索桥，按桥型可分为半圆形、弧圆形、椭圆形、波浪形等。吴地的桥讲究立碑石、布楹柱、雕栏板（杆）等桥梁建筑艺术，具有纤巧细腻的特点。吴地桥多，有些地名便以桥为名，如苏州有长桥、枫桥、花桥等。桥名本身也讲究雅致韵味，或以花卉草木命名（如香花桥、草桥），或以飞禽走兽为名（卧龙桥、乌鹊桥），或取吉祥富贵之意（吉利桥、寿星桥），或按桥型美景附名（宝带桥、日晖桥）。

吴地的桥

吴地修建桥梁历代有民间集资捐款之俗。造桥习俗主要表现在选择桥址、开工及落成等方面。桥址一般要请风水先生选定，桥面中线不能对准民房，否则会受冲；在河水之上“加锁”造桥，可以防止急流带走本地财富。开工建桥要选择良辰吉日，请工匠喝开工酒，举行祭鲁班、敬土地和桥神等祭祀仪式。桥放最后一块大梁时，即合龙之日，俗称“圆桥”，鞭炮齐鸣，人群欢腾，要请工匠们喝合龙酒。桥快建成时要举行通桥开彩奠礼，由当地德高望重之人或是出资建桥之人开剪，并请当地德高望重、多子多福的老夫妇双双上桥，从上面走过，以求此桥经久耐用。此外，吴地还有诸多民俗与桥有关，如元宵或正月十六夜吴地妇女要结群“走三桥”，以避灾求福；孩子满月走太平、吉利、状元三座桥。

第二节　礼仪习俗

人在一生中要经过诞生、成年、结婚等几个重要阶段，不同的生活和年龄阶段会举行不同的仪式和礼节，以此来寄托人们对美好生活的向往与祈福。

一、婚嫁礼俗

男婚女嫁是人生礼仪中“合二姓之好，上以事宗庙，下以继后世”的大事。吴地民间男女结亲时，程序繁复，礼节周备，据乾隆《吴县志》，“初则请帖，帖至而卜，卜既吉，或拜门，或缠红，或即送礼一次，名曰‘允盘’”，由此可见传统婚礼中“六礼”（“纳采”“问名”“纳吉”“纳征”“请期”“亲迎”）的痕迹。

（一）请帖“纳吉”

男家遣媒向女家提亲，女家同意后，将女子年庚八字，裹以红封，附以红米、千年红，转交男方媒人，供于男方家的灶座下。如男方三日内家中平安，则求签占卜合婚；倘有碎碗破碟之事，即认为不祥，便托言不合，退还八字。

（二）允盘“纳征”

“盘”即装订亲礼品用的长方形的木制盘子。男方向女方下聘礼，俗称“堆盘”。男方用金“求”字一个、金锭一锭、金如意一枝、兔毫毛笔两支为聘礼，隐喻男女婚后“必定如意”。将果品四色或八色（如荔枝、桂圆、胡桃、蜜枣之类，谐“富贵安康”“早生贵子”之意），以及茶叶、首饰送至女方家。女

方回报“允”字,加上泥金年庚一扣、银发禄一只以及百果喜糕数十盒(取甜蜜之意),让男家亲友传观。男方得喜糕后,便散发诸位亲友;女方也以茶瓶赠送诸位亲戚。礼物送到之后须由夫妇双全有福之人启封,称为“开盘”。

(三) 择日“请期”

男方想要迎娶,则要选择逢双、逢六(寓“六六大顺”)的良辰吉日。双日中忌十四,俗称“十事(四)九不成”。选定吉日后由媒人送至女方,苏州人又称“送日脚”。

(四) 暖床铺床

婚前十余日,男方邀请未婚的男性朋友或亲戚同床(据说这样能生男孩),称为“暖床”;成婚前一日,女方邀请亲戚中“全福”(即子女双全、夫妇同在)之人,至男家为新人按时铺设床褥,称为“铺床”,以借福于新婚夫妇。在床上、被中放些枣子、花生、桂圆、糖块、喜蛋等,取其甜甜蜜蜜、早生贵子之意。

(五) “发妆”求吉

成婚前一日,女家将妆奁送至男家,称“发妆”礼。其中不可缺少的是一对红漆马桶,俗称“子孙桶”,以寓“子孙绵延”“多子多福”。在子孙桶中则要放上五只涂上红色的熟鸡蛋,“蛋”与“诞”谐音,又称“鸡子”,此举象征“诞子于桶”“五子登科”。再置放一些枣子、花生、桂圆、胡桃之类的干果,寓意早生贵子、团团圆圆、和和美美;放入云片糕一包,以祝福新人高高兴兴。

(六) “带亲”迎娶

迎亲前男家要行“催妆”礼,有凤冠霞帔、婚衣、镜、粉等,苏州一带称之为“担上头盘”。男家在良辰吉日发轿迎亲。媒人先导,新郎、伴娘、花轿、乐队浩浩荡荡,鸣炮奏乐,彩旗飘舞,称为“带亲”。花轿落地,新郎叩拜岳父岳母大人,然后到堂屋行礼。

(七) 开面上笄

大喜之日,新娘通常要赖床,等到彩轿临门,方才起身、洗沐、更衣,剃去脸上的汗毛,称为“开面”;在头髻中加入新郎的头发,称为“结发”。等到吉时,由父兄或舅舅抱上花轿,另请四位少年送行,谓之“送亲”。新娘上轿时,要放声大哭,半途方止,俗称“哭嫁”。

（八）拜堂成亲

喜堂高燃龙凤花烛，中间悬挂寒山、拾得和合二仙之像，旁悬贺联贺幛。新娘来到礼堂，由掌礼三请新人出轿。新娘头覆红帕，名曰“方巾”。新郎立左，新娘立右，跪拜天地与和合。礼毕，新人各执红绿牵巾一端，对面而行。新郎行退走，足不沾地，脚下铺麻袋，麻袋口对口，一路传入洞房，称为“传代”，寓意“传宗接代”。

喜堂

（九）洞房花烛

洞房新床挂有各式刺绣吉祥图案的“发禄袋”，床中央放红纸包的甘蔗、秤杆、如意等讨口彩的物品，墙上挂有麒麟送子图，画面上男孩骑在麒麟身上，一手持莲，一手抱笙，寓“连生贵子”之意。新人偕入洞房，双双坐在床沿，称“坐富贵”。苏州婚礼中还由长辈用秤（或甘蔗）放在肩上，背面而立，挑起新娘覆头的方巾，称为“挑方巾”。用秤，是称心如意的意思；用甘蔗，则寓节节甜之意。掌礼把果盘里的红枣、桂圆、莲子、松子、栗子等随手抛撒，让客人们争抢，称为“撒帐”。撒帐后夫妇共饮交杯酒，行合卺之礼，寓有同甘共苦之意。

（十）祭祖、“待新人”

吴地旧俗，新人们在行过“拜堂成亲”和“入洞房”诸般仪式后，必须再从洞房中出来，双双至堂屋中供放男家祖宗牌位的“家堂”前祭拜祖宗。新娘也只有经过此仪式后，才算是夫家成员。祭祖后设宴“待新人”，时在寅卯之间，又称“坐卯筵”。喜筵桌数不等，新人上坐。“待新人”后新娘向长辈依次叙礼跪拜。

（十一）喝喜酒、闹新房

结婚大摆筵席谓之喝喜酒。吃过喜酒，宾客要进入洞房闹新房，既有祛邪避凶之意，也寓意兴旺发达，民间有“不闹不发，越闹越发”之说。

（十二）分朝、回门

新婚第二天早晨，行见面礼，新妇拜见翁姑和尊长，叫“分大小”。吴地

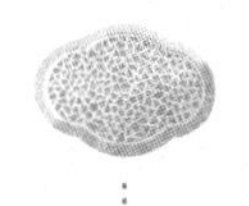

新妇行见面礼要赠送绣品，或送鱼肉等熟菜，称“房里盘”。又以红蛋、干果装盖碗内，称作“子孙茶汤”。在堂上喝白糖开水，称作“满茶”。苏州吴县一带，新娘清晨持扫帚扫地，由屋门口往里扫，谓之“扫金地”“扫财进门”。见礼之后，再次来到女家，称为“回门”。新娘回门，有的在当天，有的在第二或第三天。来到女家，开筵南坐，由善于应对的年轻人数位陪新客，劝酒加餐。

二、生育礼俗

传统文化以为结婚不仅是男女双方的结合，更重要的是承担着传宗接代的使命。诞生是人生的开端。吴地的生育习俗，不仅体现了家族血缘伦理关系，还反映了民间重男轻女、祈福子孙的观念。

（一）求孕、怀孕

古代“七出”之首就是“无子”。妇女婚后不育的，便到处祈福求子。吴地有观音求子、麒麟求子、祭太姆求子、发禄袋求子等习俗，寄寓人们对于子息繁衍的愿望。旧时还有“偷瓜祈男”的求子习俗，又叫“摸秋”。中秋夜，妇女们出门赏月，顺便到田里去偷摘南瓜（“南”与“男”谐音），藏于绣被之中，以企盼男孩。怀孕俗称“有喜”，民间有胎教与孕期禁忌的习俗，认为妊娠妇人必慎所感，感于善则善，感于恶则恶。

（二）催生

分娩临近，为使女儿分娩顺利，娘家要送“催生盘”到婿家催生。“催生盘”有红枣、鸡蛋、红糖、糕点等，也有海参、鱼圆、鸡块、鱼片等。还有向乡邻亲友赠送“邋遢团子”，又称为“催生团”。娘家亦有置办“催生包”的，内有毛衫、抱裙、棉衣裤、斗篷、尿布等婴儿用物以及益母草、红糖、桂圆等食品。

（三）报生、送喜

产妇生产后要报喜，一般送染红的鸡蛋，名曰“喜蛋”，送单数，还有送糯米粥的。被送的人家要还礼，一般应还所收到数的双数。亲戚要给产妇“送汤”，通常送四样，品种有馓子、老母鸡、蹄子、烧饼、香油、红糖等。产妇的娘家在月子里也要送汤三次。婴儿未满月不能露天行走，出屋要打伞。产妇月子里忌串门。初生婴儿的人家，门前要挂一张筛，筛底朝外，上面要结红头绳，正中挂一面镜子，俗称“照妖镜”；筛上插一把剪刀、一把镰刀、一杆秤，形成一张“百眼筛”，传说能驱鬼避邪。

（四）开奶、洗三

婴儿出生一整日以后，喂第一顿奶，俗称"开奶"。开奶前要给婴儿吃犀黄、大黄、黄连煎熬的"三黄汤"，不仅具有清火解毒之效，而且寄托了家人希望婴儿"吃得苦中苦，方为人上人"的用意。苏州地区开奶时先吃异姓名人的奶，以求健康吉利。婴儿出生的第三天为"三朝"，又称"三朝日""汤会日"，要以菖蒲、野蒜煮的水或米饼汤洗澡，称"洗三"。"洗三"时，产妇卧室内要供"监生娘娘"，浴盆里放长生果、桂圆等食物，边洗边说些"长命百岁，聪明伶俐"等吉祥话。

（五）满月剃头

满月是婴儿第一个"庆诞"，要请亲友喝"满月酒"、吃"满月面"，照例要行初生婴儿的第一次剃头仪式。苏州习俗农历正月不给孩子剃头（吴语"正"与"蒸"同音，怕孩子"蒸笼头"，易出汗），在冬天出生者，要等到来年的二月初二，民间说法二月二日是"龙抬头"之日；五月是毒月，也不能剃头（剃头忌火日）；十二月是腊月，剃头容易变成"瘌痢头"。婴儿剃头时由舅父抱着坐在厅上，在银盆里放上水，吴语"银""人"同音，据说这样洗头才能有"人气"。开始剃头，取其胎发放入金银小盘，盛以色线结络。男孩常常在头顶留一撮桃形头发，称为"刘海头""寿桃头"；女孩在后脑勺留一块头发，叫"汪毛"。剃下的胎发，一般还要搓成"胎发团"，或用红纸包裹，或用红绿丝线串起，悬挂在婴儿的睡床上，用以驱邪避祸，保佑孩子平安。头剃好后，孩子先由母亲抱，亲友再相递传抱，然后将孩子置于厨下柴火上，将他当成犬羊，希望小儿容易养成。这天按惯例开筵请客，称为吃剃头酒。在吴地，主人要染红蛋，五枚一络，遍赠亲戚，象征"五子登科"。亲朋好友要前往祝贺，送一些装饰品，如手镯、百索、索锁、项圈等，礼品上刻有"长命富贵""状元及第"等吉祥字样。苏州旧俗婴儿满月还盛行"走三桥"，由舅父抱着，撑上一把崭新的红色油纸伞，去走"太平""吉利""万年"等具有吉利名称的桥。

（六）命名、寄名

民间有"一朝分娩三朝具名"之说，孩子出生后三朝取小名，也叫乳名。三个月后才取大名。怕孩子不易长成，要祈祷诸位神佛，在脖子上围上项圈或者五彩股索，如同犬羊一般；或寄名神佛，希望凭借神威佛法护持；或寄名于子媳众多之家，托其庇荫，得以长成，俗称"认寄爷"。寄父母给孩子的礼品中，包袱、项领、兜肚是最重要的三件东西，吴语中这三件东西合起来叫作

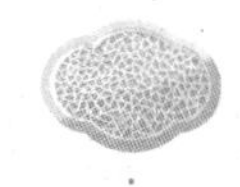

"包领大"。

（七）抓周

孩子满周岁，备酒宴请亲友喝酒、吃面和蛋糕，叫"做周岁"。亲戚尊长要送礼祝贺。外婆家要做一身衣服，称"周岁衣"。旧时，还用米粉做成寿桃、寿面"斋星官"。婴儿身着新衣，足登虎头鞋，将葱、笔、砚、书、秤、算盘、刀、尺、针线、玩具等放在盘中，任其抓取，由此卜其日后前途、志向和兴趣，称作"抓周"，又称"晬盘会"。

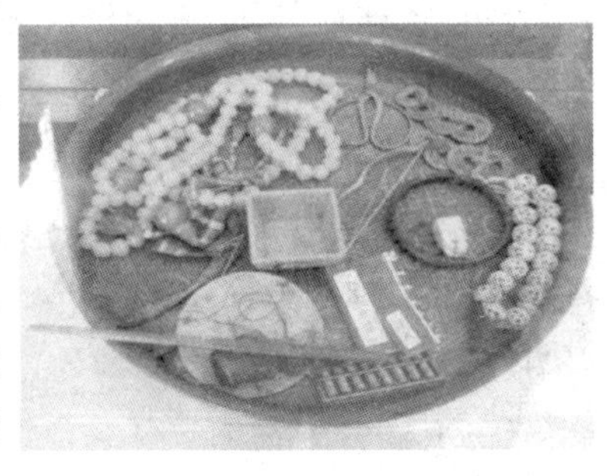

抓周盘

（八）留发

吴地男孩长到十三四岁，父母为其留头发。男孩要在当年农历二月初二"龙抬头"之日行加冠之礼行，即成年仪式，此后方能上族谱、进宗祠。女孩十三岁时开始蓄长发。女孩脸上的汗毛在出嫁以前不能剃除。

三、寿诞礼俗

寿诞礼仪包括生日礼和寿礼。吴地寿礼习俗反映了人们对健康生命的热爱和对长寿的追求。

吴地人做生日，有大小之分。整十岁生日称"大生日"，平时年岁生日称"小生日"。"大生日"以三十岁生日为重，开始贺寿，民间有"三十不做，四十不发"之说，另外还有"做三不做四"的习俗。四十岁后的生日叫作"做寿"，有"做九不做十"之说，借"九"谐音寓生命久长。此后每逢整十岁大庆。六十岁做寿，称"六十大庆"，七十岁、八十岁以后生日更为隆重。民间有过"九关"之说。岁数带"九"的年份，称为"明九"，虽不带"九"，却是"九"的倍数，称为"暗九"。民俗以为暗九是人生的关口，因此，这一年做生日也就格外隆重。除暗九以外，三十三岁还被看作是一大关口，民间有"三十三，乱刀斩"之谚，谓诸事均需当心。六十六是一道难关，吴语六与"落"谐音。吴地风俗，六十六岁生日，女儿要烧一碗红肉，切成六十六小块，让寿星一顿吃下，"六十六，女儿家里吃碗肉"，认为这样便可逢凶化吉，所谓"一刀肉，活个够"。此外，"七十三、八十四，阎王不请自己去"，也被当作人生中的关口。

吴地旧时做寿，要布置寿堂，正厅设寿堂，悬"寿"字或"八仙上寿"等画轴，四壁挂上寿联。供桌上点寿烛、寿香。祝寿礼品为定胜糕、桃、烛、面。“寿桃”之“桃”，民间隐喻是上天王母娘娘种植之“蟠桃”，称为“长寿仙桃”，寓长寿；“寿糕”则谐“高兴”“高升”“高寿”之意。寿面以龙须面为佳，上覆“松鹤延年”、寿星、寿字图案的红色剪纸。水果常用金桔、佛手、橄榄、白果、红枣、凤梨、福饼等。小辈跪拜祝贺，寿星给小辈拜寿钱。寿筵上所用碟盘贡碗等都要绘以吉祥的民间故事、神话传说及一些讨口彩的成语俗语，如麻姑献寿、八仙过海、松鹤延年、福如东海、寿比南山、三星高照等。席上菜点的总数要取九或九的倍数，以讨吉利。在数字中，九是最大的数，又是吉数。因此，以“重九”来喻高寿。有条件的寿家还请堂名等艺人表演，演唱内容大多是“八仙上寿”之类的应景戏文。

第三节　岁时习俗

岁时节俗是一种综合性的文化现象，与民间信仰、节令食品、娱乐活动等密切相关。吴地岁时节令风俗甚多，向有“俗繁节又喧”之说。

一、正月十五闹花灯

农历正月十五是一年中第一个月圆之夜，称为“元宵节”，古人也称之为“元夜”“上元节”。吴地有“闹元宵”习俗。吴地元宵前后，又称“灯节”，一般从正月十三到十八日，街市有各种彩灯出售、悬挂，形成“灯市”。有的地方灯节提早于十一日开始，延迟到二十日结束。常熟于十三之夜在城西邑庙悬灯敬神，名为“看上灯”。镇江有“香灯安床”旧俗，即在床前挂红灯、燃棒香，祝夫妇和谐到老。

吴地灯节中每家必备的是灶灯一盏，灯做成荷花形，挂在灶突前，表示对灶君的敬意，含有“民以食为天”的意思。俗谚云“上灯圆子落灯面”，即上灯节这天，家家晚餐食汤圆，点灶灯；落灯节这天，家家晚餐吃面条。元宵节煮食圆子的习俗源于宋代，各家各户要吃用玫瑰、薄荷、白果、豆沙为馅做成的团子，叫做“吃元宵”，象征着团团圆圆、和睦幸福。

正月十五夜是灯节的高潮。吴地有龙灯会、花鼓灯会等，并伴有舞龙灯、舞狮子、燃放烟花、猜灯谜、赛灯和文娱表演等。孩子们常常牵着兔灯、狮子灯奔走，大人们敲着锣鼓串村走巷，称为“走马锣鼓”。南京元宵节的活

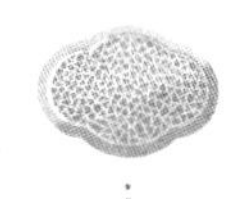

动主要有过灯节、逛灯市、猜灯谜、舞龙灯、落灯节、拜紫姑、走百病七项，前五项都与元宵彩灯相关，并以落灯节结束，后两项与民间信仰有关。南京人在城墙拆除之前，多于十六日上城头游逛，俗传当天在城头上行走一周可驱百病，叫做“走百病”。苏州“闹元宵”有划旱船、植烟杆、树桥塔等种种活动，素有“吴中风俗，尤竞上元”之说。妇女在元宵夜的皓月银空下“走三桥”，以求腰脚强健、除百病、免灾祸。

二、二月十二赏花朝

农历二月十二为花朝节，吴地俗称百花生日。吴地有在当日观天气、识年景的习俗，乡村民谚曰“百花生日晴，百样有收成”，即如果这一天气候晴朗，则百物丰收，因此，是日也称作“稻花生日”。村民一早就用红纸条围贴在自家屋前宅后的树木上，并用红纸剪成正方形的吉符，以对角的菱形状贴在存放稻种的瓮、缸等容器的盖上，以祈求稻花繁盛、稻谷丰收。

苏州人把这天称作“花节”“花朝”，有相邀出城踏青、游春赏花之俗。据《清嘉录》记载，当天人们都会虔诚地将红布或红纸剪成长方形小条，缠系在花木枝条上或插在盆中，向百花表示庆贺，民间俗称“赏红”。传说花神生日而不去赏红，花树便会气死。花农们都要前往花神庙去烧香礼拜，祈求花业昌盛。花农妇女，无不精心梳妆打扮，至花神庙中许愿、还愿，虔诚之至。传说花神十分灵验，所求必应。苏州虎丘、山塘一带，要举办一年一度的花神庙会，为花神祝寿。当天晚上，花农们要抬着花神像，手提各式彩灯在虎丘、山塘一带巡游，名曰花神灯会。彩灯通常以用作伞面的半透明油纸“谈笺”①糊成，多呈伞形、六角，也称“凉伞灯”，上镂人物、花卉、珍禽异兽。

三、四月十四轧神仙

这是苏州地区独特的节令民俗。按吴地风俗，农历四月十四是吕洞宾的仙诞，俗称“神仙生日”。相传八仙之一吕洞宾于此日化为乞丐，下凡显迹，救度众生，苏州城乡民众聚集老阊门内的“福济观”（俗称神仙庙）中以祈遇仙救度，有病之人皆到观中“天医院”求神方治病，借仙气除灾病、保平安，俗称“轧神仙”，并由此形成了盛况空前的民俗庙会。吴语“轧”即挤的意思，苏州人有“轧闹猛”一说。民间“轧神仙”是希望得到“仙气”，交好运。为了

---

① 古纸名，把花纹印入纸中，是我国最早的水印花纹。

讨得好口彩，苏州人把当天早晨提的第一桶水称为“抢仙（先）水”。据《吴郡岁华纪丽》记载，是日所卖之物无不冠以“神仙”二字，虎丘花农担卖花草，名“神仙花”，还有“神仙茶”“神仙龟”“神仙衣”等，米粉瓦色糕名“神仙糕”，帽铺制垂须钱帽，名“神仙帽”。市民剪万年青（苏州人称菖叶）弃掷大门口，任人踩踏，祝曰：“恶运去，好运来。”再到庙会上买新叶植之，谓之交好运。人们从四面八方蜂拥而来，赶到神仙庙来轧神仙，神仙庙附近人头攒动，小摊林立，各色风味小吃、特色食品、民间工艺品、日用小商品、花鸟鱼虫、古玩绣品等应有尽有。因此每年农历四月十四的“轧神仙”也是苏州城内一场盛大的民俗活动。

四、五月端午祭子胥

农历五月初五，俗称“端午节”，也称“端阳节”。这一天，相传为纪念爱国诗人屈原而形成吃粽子的习俗，吴地相传是纪念春秋时吴国忠臣伍子胥。吴地端午有吃粽子、避五毒、饮雄黄酒、挂钟馗、划龙舟等民俗活动。

五月被视为毒月，时令已近盛夏，蚊蝇滋生，百虫活跃，避讳称之“善月”，多禁忌，如忌晒床帐被褥、忌五月五日生孩子、不宜迁居、不宜盖屋。端午有“避五毒”的俗信活动，“五毒”即蛇、蜘蛛、蝎子、蜈蚣、癞蛤蟆。吴地人在瓶中供插蜀葵、石榴、蒲、蓬等物，称为“端午景”。门旁、床头悬挂菖蒲、艾蒿、蒜头，据说能避邪解毒。孩子们要穿五毒衣和虎头鞋，佩香囊①、绑五彩丝等，额头用雄黄酒书“王”字，以辟邪保平安。妇女则鬓插石榴花、健人②等端午饰品以避毒。正午，要喝雄黄酒，并洒向庭院四周，又焚兰茝、苍术，以驱蛇虫百脚。苏州人在家里悬挂钟馗像，五月要挂整整一月之期，以驱邪魅。苏州还有采百草的行动，即采集药草存藏以备疗疾，俗称“草头方”。南京城乡有“端午破火眼”的习俗，即用清水一盂，放入少许雄黄和两枚小钱（叫“鹅眼钱”），全家大小都用此水洗眼，据说可免一年眼疾。有些地方还有吃“五黄”的食俗，“五黄”指黄鳝、黄鱼、黄瓜、咸蛋黄及雄黄酒。

祭胥王、迎水仙、赛龙舟的活动，已成为苏州端午传统习俗之一。苏州龙舟竞渡最早起源于“胥门塘河”，清朝时盛极一时。据《清嘉录》描述，每条龙舟四角都有彩旗，中舱还有鼓吹手，两旁划桨的有十六人之多，俗称“划

① 香囊中常含有雄黄、菖蒲、苍术、冰片、樟脑等。

② 以金银丝制成，人骑于虎，钟铃形状，极精细，缀小钗，贯为串。

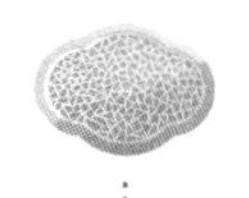

手”。船头站立一篙师，名为“挡头篙”。船尾则有身着戏装的小儿进行戏文表演，谓之“吊梢”。赛龙舟时，彩旗飘扬，锣鼓喧天，鞭炮齐鸣，观者如云。

五、八月十八游石湖

农历八月十五为中秋节，是一年一度的团圆节，也是赏月的佳节。中秋之夜，明月高悬，月光皎洁，千家万户都会围坐在一起赏月亮、吃月饼，享受合家团圆的亲情。吴地旧时有中秋祭月之俗，于庭院中设香案，供月饼，配以红菱、白藕、柿子、石榴、白果等时令瓜果祭月，称为“斋月宫”；有的还用线香编制成形如宝塔的香斗，上有纸扎月宫，焚香点烛，称为“烧斗香”。吴地妇女还有“走月亮”的习俗，即盛妆出游，互相往还，往往走到鸡鸣方回。

苏州地区有一些独具地方特色的中秋习俗。农历八月十八前后，苏州人要去位于城郊上方山麓的石湖，看一看“石湖串月”的胜景。石湖是太湖的支流，山水相衬，风景秀美。《苏州府志》记载：“十八日，士女聚于石湖，舟楫如蚁。昏时登楞伽遥望，为串月之游。”石湖之畔的行春桥下是古往今来苏城看“九洞串月”奇景之处。行春桥桥身有九个环洞，洞与洞相连，倒映水中，民间传说每年农历十七、十八的子夜时分，当清澈的月光透过行春桥九个环洞直照水面时，九个环洞各映月影一轮于湖水之中，形成“九月一串”之奇观，号称“石湖串月”。每年上方山还会举办盛大的庙会活动，城乡民众前往烧香祈神。期间上方山上，楞伽塔下，皓月当空，澄澈万里，石湖中各式灯船、游船则往来如梭，丝竹弦歌彻夜不绝，湖光山色，美不胜收。

主要参考文献

1.《民国吴县志》,江苏古籍 1991 年出版。
2.《苏州年鉴·1987》,上海社会科学院出版社 1988 年出版。
3.《越绝书》,上海古籍出版社 1985 年出版。
4.《春秋左传正义》,北京大学出版社 1999 年出版。
5.《春秋谷梁传注疏》,北京大学出版社 1999 年出版。
6.《尔雅注疏》,北京大学出版社 1999 年出版。
7.《毛诗正义》,北京大学出版社 1999 年出版。
8.《国语》,上海古籍出版社 1998 年出版。
9.《十三经直解》,江西人民出版社 1993 年出版。
10.《十三经今注今译》,岳麓书社 1994 年出版。
11. 司马迁:《史记》,中华书局 1959 年出版。
12. 班固:《汉书》,中华书局 1983 年出版。
13. 陈寿:《三国志》,中华书局 1959 年出版。
14. 房玄龄等:《晋书》,中华书局,1974 年出版。
15. 姚思廉:《梁书》中华书局,1974 年出版。
16. 李延寿:《南史》,中华书局 1975 年出版。
17. 魏征:《隋书》,中华书局 1973 年出版。
18. 脱脱等:《宋史》,中华书局 1977 年出版。
19. 杜预:《春秋经传集解》,上海古籍出版社 1978 年出版。
20. 王充:《论衡》,上海人民出版社 1974 年出版。
21. 萧统:《文选》,中华书局 1977 年出版。
22. 王锡荣、韩峥嵘:《战国策译注》,吉林文史出版社 1998 年出版。
23. 谢浩范、朱迎平:《管子全译》,贵州人民出版社 1996 年出版。
24. 陈奇猷:《吕氏春秋校释》,学林出版社 1995 年出版。
25. 许匡一译注:《淮南子全译》,贵州人民出版社 1993 年出版。

26. 刘文典:《淮南鸿烈解》,中华书局 1989 年出版。

27. 郭庆藩撰、王孝鱼点校:《庄子集释》,中华书局 1961 年出版。

28. 范文澜:《中国通史》第一册,人民出版社 1949 年出版。

29. 白寿彝总主编:《中国通史》第三卷,上海人民出版社 1989 年出版。

30. 钱穆:《中国文化史导论》,上海三联书店 1988 年出版。

31. 王文清主编:《江苏史纲》(古代卷),江苏古籍出版社 1993 年出版。

32. 苏州市地方志编纂委员会编:《苏州市志》,江苏人民出版社 1995 年出版。

33. 李学勤、徐吉军主编:《长江文化史》,江西教育出版社 1995 年出版。

34. 叶书宗、马洪林、朱敏彦主编:《长江文明史》,上海教育出版社 2001 年出版。

35. 潘力行、邹志一主编:《吴地文化一万年》,中华书局,1994 年出版。

36. 彭林:《文物精品与文化中国》,清华大学出版社 2002 年出版。

37. 王卫平、王建华:《苏州史记》(古代),苏州大学出版社 1999 年出版。

38. 吴恩培:《勾吴文化的现代阐释》,东南大学出版社 2002 年出版。

39. 熊月之主编:《上海通史》,上海人民出版社 1999 年出版。

40. 熊月之、熊秉真主编:《明清以来江南社会与文化论集》,上海社会科学出版社 2004 年出版。

41. 冯贤亮:《明清江南地区的环境变动与社会控制》,世纪出版集团 2002 年出版。

42. 陈茂同:《历代职官沿革史》,华东师范大学出版社 1988 年出版。

43. 顾颉刚、史念海:《中国疆域沿革史》,商务印书馆 2000 出版。

44. 宋行标:《中国绍兴水文化》,中华书局 2001 年出版。

45. 蒋赞初:《长江中下游历史考古论文集》,科学出版社 2000 年出版。

46. 祝穆:《方舆胜览》,中华书局 2003 年出版。

47. 韩湘亭编著:《历代郡县地名考》,北京图书出版社 2002 年出版。

48. 岳俊杰主编:《苏州文化手册》,上海人民出版社 1993 年出版。

49. 严其林、程建:《京口文化》,南京大学出版社 2001 年出版。

50. 杨瑞彬、刘明祥主编:《镇江古今建筑》,古吴轩出版社 1999 年出版。

51. 张大华:《镇江文化旅游》,上海社会科学院出版社 2000 年出版。

52. 张戬炜:《文化常州》,中国文史出版社 2003 年出版。

53. 宗菊如、周解清主编:《无锡通史》,江苏人民出版社 2003 年出版。

54. 陈江:《吴地民族》,河海大学出版社 1999 年出版。

55. 顾德融、朱顺龙:《春秋史》,上海人民出版社 2001 年出版。

56. 余冠英选注:《三曹诗选》,人民文学出版社 1956 年出版。

57. 王易鹏选注:《古代诗歌选》(第三册),少年儿童出版社 1962 年出版。

58. 龙榆生编选:《唐宋名家词选》,上海古典文学出版社 1956 年出版。

59. 谭蔚:《唐宋词百首浅释》,湖南人民出版社 1958 年出版。

60. 谢孟选注:《中国古代文学作品选》(二),北京大学出版社 1984 年出版。

61. 冯梦龙:《警世通言》,福建人民出版社 1981 年出版。

62. 冯梦龙:《醒世恒言》,人民文学出版社 1956 年出版。

63. 施耐庵:《水浒传》,人民文学出版社 1975 年出版。

64. 毛礼锐、沈灌群主编:《中国教育通史》,山东教育出版社 1986 年出版。

65. 石祺主编:《吴文化与苏州》,同济大学出版社 1992 年出版。

66. 白新良:《中国古代书院发展史》,天津大学出版社 1995 年出版。

67. 刘正伟:《督抚与士绅——江苏教育近代化研究》,河北教育出版社 2001 年出版。

68. 邓洪波:《中国书院史》,东方出版中心 2004 年出版。

69. 白新良:《中国古代书院发展史》,天津大学出版社 1995 年出版。

70. 朱有瓛主编:《中国近代学制史料》第二辑,华东师范大学出版社 1989 年出版。

71. 陈景磐编:《中国近代教育史》,人民教育出版社 1979 年出版。

72. 徐采石主编:《吴文化论坛·1999 年卷》,中央民族大学出版社 1999 年出版。

73. 沈道初编著:《吴地状元》,南京大学出版社 1997 年出版。

74. 许伯明主编:《吴文化概观》,南京师范大学出版社 1996 年出版。

75. 陈书禄主编:《江苏文化概观》,南京师范大学出版社 1998 年出版。

76. 王桂芳主编:《金陵文化概观》,南京师范大学出版社 1997 年出版。

77. 傅璇琮、谢灼华主编:《中国藏书通史》,宁波出版社 2001 年出版。

78. 范凤书:《中国私家藏书史》,大家出版社 2001 年出版。

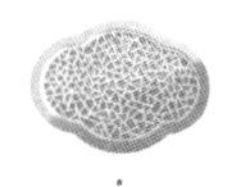

79. 曹培根:《文献史料论丛》,中国文联出版社 1999 年出版。

80. 缪咏禾:《明代出版史稿》,江苏人民出版社 2000 年出版。

81. 江澄波、杜信孚、杜永康编著:《江苏刻书》,江苏人民出版社 1993 年出版。

82. 曹培根等:《常熟藏书家藏书楼研究》,上海文化出版社 2002 年出版。

83. 叶瑞宝主编:《苏州藏书史》,江苏古籍出版社 2001 年出版。

84. 汪平:《苏州方言语音研究》,华中理工大学出版社 1996 年出版。

85. 汪平:《方言平议》,华中科技大学出版社 2003 年出版。

86. 刘丹青:《南京方言词典》,江苏教育出版社 1995 年出版。

87. 陆广微:《吴地记》,江苏古籍出版社 1986 年出版。

88. 范成大:《吴郡志》,江苏古籍出版社 1999 年出版。

89. 朱长文:《吴郡图经续记》,江苏古籍出版社 1986 年出版。

90. 姚承绪:《吴趋访古录》,江苏古籍出版社 1986 年出版。

91. 徐崧、张大纯:《百城烟水》,江苏古籍出版社 1999 年出版。

92. 程德琪等主编:《吴文化研究论丛》,苏州大学出版社 1998 年出版。

93. 顾颉刚:《苏州史志笔记》,江苏古籍出版社 1987 年出版。

94. 魏嘉瓒:《苏州历代园林录》,燕山出版社 1992 年出版。

95. 杨晓东:《灿烂的吴地鱼稻文化》,当代中国出版社 1993 出版。

96. 薛葆鼎:《吴地经济学家》,南京大学出版社 1997 出版。

97. 沈嘉荣:《江苏史纲》,江苏古籍出版社 1993 出版。

98. 王卫平:《吴文化与江南社会研究》,群言出版社 2005 出版。

99. 朱有瓛:《中国近代学制史料》第一辑(上),华东师范大学出版社 1983 年出版。

100. 张之洞:《张之洞全集》第二册,河南人民出版社 1998 年出版。

101. 张侠等:《清末海军史料》,海洋出版社 1982 年出版。

102. 张倩如:《江苏古代教育生态》,凤凰出版社 2005 年出版。

103. 陈学恂:《中国近代教育史教学参考资料》(上册),人民教育出版社 1986 年出版。

104. 璩鑫圭、唐良炎:《中国近代教育史资料汇编·学制演变》,上海教育出版社 1991 年出版。

105. 端方:《请立停科举折,端忠敏公奏稿》,台湾文海出版社 1967 年出版。

106. 沈云龙:《近代中国史料丛刊续辑(48)·钏影楼回忆录(一)》,文海出版社 1974 年出版。

107. 任继愈:《中国藏书楼》,辽宁人民出版社 2000 出版。

108. 叶瑞宝:《苏州藏书史》,江苏古籍出版社 2001 出版。

109. 李玉安、陈传艺:《中国藏书家辞典》,湖北教育出版社 1989 出版。

110. 陈茂同:《中国历代选官制度》,华东师范大学出版社 1997 年出版。

111. 赵炎:《科举制与八股文》,蓝天出版社 1998 年出版。

112. 方志钦、刘斯奋:《梁启超诗文选》,广东人民出版社 1983 年出版。

113. 李国钧、王炳照:《中国教育制度通史》第五卷,山东教育出版社 2000 年出版。

114. 李渔:《李渔全集》第一卷,浙江古籍出版社 1998 出版。

115. 陈独秀:《陈独秀选集》第三卷,上海人民出版社 1993 年出版。

116. 章培恒、骆玉明:《中国文学史》,复旦大学出版社 1999 年出版。

117. 郭杰、狄芙:《中国文学史话》,吉林人民出版社 1999 年出版。

118. 王友三:《吴文化史丛》,江苏人民出版社 1993 年出版。

119. 严其林、程建:《京口文化》,南京大学出版社 2001 年出版。

120. 吴企明:《苏州诗咏》,苏州大学出版社 1999 年出版。

121. 范培松、金学智:《插图本苏州文学通史》,江苏教育出版社 2004 年出版。

122. 沈德潜:《古诗源》,哈尔滨出版社 2011 年出版。

123. 诸葛忆兵:《范仲淹传》,中华书局 2012 年出版。

124. 吴恩培主编:《吴文化概论》,东南大学出版社 2006 年出版。

125. 周秦:《苏州昆曲》,苏州大学出版社 2004 年出版。

126. 杨守松:《昆曲之路》,人民文学出版社 2009 年出版。

127. 宋波:《昆曲的传播流布》,春风文艺出版社 2005 年出版。

128. 周兵、蒋文博主编:《昆曲六百年》,中国青年出版社 2009 年出版。

129. 周良:《苏州评弹》,苏州大学出版社 2000 年出版。

130. 邢流萍:《广播书场的出世》,《评弹艺术》第 25 集,中国曲艺出版社 1994 年出版。

131. 中国社科院文研所编:《唐诗选》,人民文学出版社 1978 年出版。

132. 苏州市建城 2500 年筹委会办公室、苏州市文学艺术界联合会编:

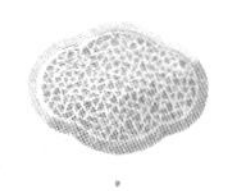

《苏州游记选》。

133. 季念贻:《光绪江阴县志》,江苏古籍出版社 1991 年出版。

134. 南京师范大学古文献整理研究所编著:《江苏艺文志·苏州卷》,江苏人民出版社 1996 年出版。

135. 上海市文化广播影视管理局编:《评弹》,上海文化出版社 2011 年出版。

136. 卢辅圣主编:《中国书画全书》,上海书画出版社 1993 年出版。

137. 王原祁等:《佩文斋书画谱》第四册,北京市中国书店 1984 年出版。

138. 宗白华:《艺镜》,北京大学出版社 1987 年出版。

139. 王道云编注:《龚贤研究集》,江苏美术出版社 1988 年出版。

140. 祝嘉:《书学史》,兰州古旧书店 1978 年出版。

141. 梁绍壬:《两般秋雨盦随笔》,上海古籍出版社 1982 年出版。

142. 叶一苇:《中国的篆刻艺术与技巧》,中国青年出版社 1993 年出版。

143. 黄宾虹、邓实编:《美术丛书》,江苏古籍出版社 1986 年出版。

144. 汪珂玉:《珊瑚网》,上海古籍出版社 1991 年出版。

145. 钱定一:《中国民间美术艺人志》,人民美术出版社 1987 年出版。

146. 计成:《园冶》,中华书局 2011 年出版。

147. 王锜:《寓圃杂记》,中华书局 1984 年出版。

148. 顾震涛:《吴门表隐》,江苏古籍出版社 1999 年出版。

149. 梁思成:《梁思成全集》,中国建筑工业大学 2001 年出版。

150. 商衍鎏:《清代科举考试述录》,百花文艺出版社 2004 年出版。

151. 金学智:《中国园林美学》,中国建筑工业出版社 2005 出版。

152. 鲍明炜:《江苏省志·方言志》,南京大学出版社 1998 年出版。

153. 王士性:《广志绎》,中华书局 1981 年出版。

154. 韩邦庆:《海上花列传》,人民文学出版社 1982 年出版。

155. 赵元任:《赵元任语言学论文选》,中国社会科学出版社 1985 年出版。

156. 洪堡特著,姚小平译:《论人类语言结构的差异及其对人类精神发展的影响》,商务印书馆 2002 年出版。

157. 钱大昕:《十驾斋养新录》,上海书店 1983 年出版。

158. 汪平:《苏州方言研究》,中华书局 2011 年出版。

159. 闵家骥、范晓、朱川、张嵩岳:《简明吴方言词典》,上海辞书出版社

1986 年。
160. 姜顺蛟修、施谦纂:《乾隆吴县志》,清乾隆十年出版。
161. 金有理:《太湖备考》,江苏古籍出版社 1999 年出版。
162. 李恺民:《沙洲县志》,江苏人民出版社 1992 年出版。
163. 苏简亚:《苏州文化概论》,江苏教育出版社 2008 年出版。
164. 顾禄:《桐桥倚棹录》,中华书局 2008 年出版。
165. 西溪山人:《吴门画舫录》,广陵书社 2003 年出版。
166. 魏采苹:《吴地服饰文化》,中央编译出版社 1996 年出版。
167. 蔡利民:《苏州民俗》,苏州大学出版社 2003 年出版。
168. 徐民苏等:《苏州民居》,中国建筑工业出版社 1991 年出版。
169. 王树槐:《中国现代化的区域研究·江苏(1860—1916)》,台湾"中央研究院"近代史研究所专刊(48)。
170. 姚伟钧:《吴地饮食文化研究——兼与扬州饮食文化之比较》,《扬州大学烹饪学报》2012 年第 4 期。
171. 游修龄:《我国水稻品种资源的历史考证》,《农业考古》1981 年第 2 期。
172. 黄维娟:《吴地禁忌语委婉语与吴文化》,《苏州教育学院学报》2008 年第 3 期。
173. 闫淑琴、吕虹:《从苏州话的变异看方言保护》,《常熟理工学院学报》(哲学社会科学版)2007 年 5 月版。
174. 严复:《论教育与国家之关系》,《东方杂志》1907 年第 3 期。
175. 童潇:《简论吴文化的内涵与特征》,《华夏文化》2002 年第 1 期。
176. 方世南、田芝健:《城市精神:城市的价值追求和精神支柱——以苏州城市精神为例》,《南京工业大学学报》(社会科学版)2004 年第 2 期。
177. 顾聆森:《论昆曲问世的人文背景》,《浙江艺术职业学院学报》2009 年第 1 期。
178. 杨海滨:《苏南乡镇茶楼书场在苏州弹词传承过程中的作用》,《中国音乐》2008 年第 2 期。
179. 苏春敏:《苏州评弹盛衰现象的思考》,《艺术研究》2002 年第 1 期。
180. 曹晓燕:《无锡方言研究》(未刊稿),苏州大学硕士学位论文,2003 年 4 月。
181. 吴琛瑜:《晚清以来苏州评弹与苏州社会》,上海师范大学博士学位

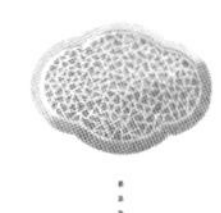

论文,2008 年 5 月。

182. 陈洁:《苏州评弹艺术生存状态初探》,南京艺术学院硕士学位论文,2006 年 5 月。

183. 晓俊:《南京与吴文化》,《江南时报》2002 年 5 月 11 日。

184. 游汝杰:《略谈普通话和方言的社会功能与和谐发展》,《语言文字周报》2006 年 12 月 6 日。

185. 芳草、夏耘、冉茂金:《评弹欢喜评话忧》,《中国艺术报》2002 年 2 月 22 日。

186. 胜境:《告海内说书家》,《申报》,1921 年 4 月 28 日。

187. 钱国华:《苏州评弹中的“噱”》,http://www.szwzmj.gov.cn/wzmjweb/。

188.《品味独特江南文化 性格无锡之锡剧》,新浪网[引用日期 2013 - 07 - 09]。

189.《锡剧忙年,好戏连台》,新华网江苏频道[引用日期 2013 - 07 - 09]。

190.《锡剧曲调终于有了一本正规教材》,无锡新传媒[引用日期 2013 - 07 - 09]。

191.《锡剧经典〈双珠凤〉再现上海舞台》,东方今报[引用日期 2013 - 07 - 09]。

192.《锡剧〈状元情殇〉》,凤凰网[引用日期 2013 - 07 - 09]。

193.《第二届武进锡剧节开幕 5 个多月吸引众名家》,新浪网[引用日期 2013 - 07 - 09]。

后 记

窗外,阳光灿烂,桂子飘香。在这个温馨的时刻写这篇后记,心里也是暖暖的。《吴文化概说》是吴文化研究院成立之后编撰完成的第一本书。在本书付梓出版之际,感激之情油然而生。

感谢苏州。晚清大诗人龚自珍诗云:“三生花草梦苏州”,一位异乡人对苏州的倾心向往之情以及苏州的独特魅力由此可见一斑。的确,能够生活在苏州这一风雅之地、人间天堂,实在幸运。苏州是吴文化的重要发源地,是历史形成的吴文化中心,是闻名遐迩的历史文化名城。文化底蕴的厚重深邃和文化内涵的博大精深,使得苏州这座城市独具特色、魅力无穷。东方水城特有的水文化特质决定了苏州人温文尔雅,灵动睿智。而且,千百年来苏州人都注重内修外引、自我完善,形成了崇文重教、自强不息、厚德载物、和谐一致的人文精神。这是一个无与伦比、天造地设的大循环。一代代的苏州人,因儒雅而美丽了这一方文化水土,因教养而铸造了这一座文化名城。生活在这座书卷气浓郁的城市,我们自然得到吴风雅韵的熏陶与浸染,不能不热爱博大深厚又精致典雅的吴文化。这也是我们一直热衷于吴文化研究的缘由。

感谢学校。苏州市职业大学虽然还是高职类院校,却一向十分重视吴文化研究与传承。2013年伊始,学校以文件形式发布《关于学校吴文化研究所更名为吴文化研究院的通知》:“为更好地发挥我校吴文化研究优势,积极参与苏州市文化建设,经研究决定,校吴文化研究所更名为吴文化研究院。”在筑梦中国、践行科学发展观的时代背景下,在经济高速发展、本土文化价值凸现的现实环境中,校领导高瞻远瞩,深知文化是学校的核心竞争力;实现中国梦的苏州职大篇章,必须以底蕴深厚的文化作精神基础。作为一所地方性高校,位于吴文化发源地的苏州,我校的科研和教育具有得天独厚的地域文化资源优势。吴地文化历史悠久,内容丰富,气象万千。学校成立吴文化研究院的目的就是把吴文化作为自己的第一优势,打造属于自己的独

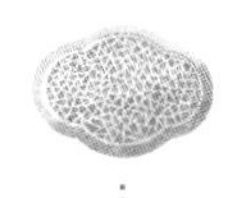

特的文化品牌。研究院的任务就是围绕吴文化的传承与创新,进一步开展前瞻性、对策性研究,提升服务地方经济文化建设的层次与内涵,提升学校的文化软实力,提高学校的社会美誉度。

学校还十分重视通识教育,培养学生的人文素质。在人才培养的诸多素质中,人文素质是一种基础性的素质,它对其他素质的形成和发展具有很强的渗透力和影响力。求真、向善、爱美是人文素养的三大要素,此乃做人与做事的深厚功底,也是成就事业的立体支架,可抵风吹雨打。可以这么说,人生路上,做人处事决断得当,更多仰赖的,是人文素质。一个完整的大学生,应具有相当的人文学养。人文基础扎实,视野宽阔,社会责任感强,才会有发展后劲。学校自1999年开始,率先在苏州高校中开设《吴文化》通识教育课程,2006年又创建了"吴文化园"——教育部大学生文化素质教育基地,将地域文化资源转化为教育资源,拓展素质教育的路径,打造区域性高素质特色人才,成效显著。吴文化通识教育的重点在于传承吴文化的人文精神,引导学生了解吴地的人文、历史,感受儒雅精致的吴文化特色,理解吴文化所蕴含的精神和气质,促使学生养成高尚情操,提升文化品位,提高审美能力,懂得如何做人,如何做事,如何思维,为将来更好地融入吴地社会奠定坚实的基础,也使学生在今后的职业生涯中有能力适应社会发展,不断塑造、调整、提高自我。

感谢吴恩培教授和吴文化研究团队。《吴文化概说》的编撰特别顺畅,从构思到完成书稿只用一年时间,此乃得益于吴文化研究团队的多年耕耘。吴文化研究院的前身为建于2001年的吴文化研究所,吴恩培教授担任所长十年整。作为知名专家,吴恩培教授曾获全国优秀社会科学普及名家、江苏省高等学校教学名师等荣誉称号,并先后被聘为苏州市政府研究室特约研究员、苏州方志文化建设专家库成员、苏州市第十三届政协文史委专家组成员、苏州太湖新城地名规划编制专家组组长等。十多年来,以吴教授领衔的吴文化研究团队,在吴文化资源的挖掘、研究、保护和建设利用诸方面,进行有益并有效的探索,取得丰硕成果。承担省市级科研课题58项;发表学术论文120篇,其中核心期刊65篇;出版专著和教材21部;荣获省市级科研教学成果奖35项。尤其是近两年关于苏州城墙的研究与修复项目成果丰硕,受到社会各界的关注与好评。2012年出版的《苏州城墙》由苏州市委书记蒋宏坤、古城保护专家罗哲文和阮仪三先生分别作序。全书700余页、近80万字,装帧古朴,似一块厚重的城砖,一经出版发行,引起广泛反响,成为苏州市一大文化盛事，具有轰动效应。学界专家盛赞《苏州城墙》人文与科技完美结合，是首部有关苏州城墙的百科全书。

薪火相传，吴文化研究院在研究所奠定的基础上进一步发挥优势，以特色创品牌，提高知名度与影响力。我们既要成为吴文化精华的传承者，更要成为吴文化发展的积极推动者。研究院理应紧密围绕本地区经济文化建设的重大课题，汇聚校内外专家学者，构建具有较大影响力的吴文化研究与学术交流平台，深度挖掘、传承、弘扬吴文化的优秀传统，推动吴文化研究的与时俱进，做大做强做亮吴文化品牌，为地方政府与各类企业的文化建设提供决策咨询，为文化苏州、美丽苏州建设发挥作用。

关于吴文化的研究论著、论集，此前已有多部。《吴文化概说》的特色在于站在新的高度、运用新的观点对吴地传统文化进行科学梳理，书中既有按时间顺序的历史描述，又有按门类模块的分析阐释。参与本书编写的都是吴文化研究院的骨干人才。甚感欣慰的是，《吴文化概说》的编撰是一次紧张而愉快的团队合作。团队成员很给力，挖掘释放正能量，一起努力打造吴文化研究的升级版。具体撰写分工依次如下：

第一章　吴文化诞生……………………………撰写人：吴恩培
第二章　吴地经济与科技………………………撰写人：童李君
第三章　吴地教育………………………………撰写人：陶　莉
第四章　吴地文学………………………………撰写人：徐　静
第五章　吴地戏曲………………………………撰写人：宋桂友
第六章　吴地书画与工艺………………………撰写人：李　涵
第七章　吴地园林………………………………撰写人：陈　璇
第八章　吴地方言………………………………撰写人：陈　璇
第九章　吴地民俗………………………………撰写人：吴蕴慧

由以上各章标题可见，本书的内容较为丰富，涵盖吴地的物质文化和精神文化诸多方面。这既是一部吴文化研究专著，又是《吴文化》通识教育课程教材。也是因为教材不宜太厚，编撰之初，即规定简约。因此，限于篇幅，吴地建筑、吴地宗教等门类未作专章介绍。当然，《吴文化概说》只是吴文化研究丛书的第一本，接下来，吴文化研究团队在“概说”的基础上将深度挖掘，细化门类深入进行专题研究，陆续编撰出版《吴地教育》《吴地文学》《吴地书画》《吴地工艺》《吴地建筑》等，形成系列，进一步彰显特色，打造精品，促使吴文化研究登上新台阶、提升新水平。

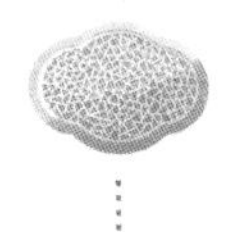

本书出版之际，学校正努力进行跨越式发展，向着升本目标奋进。但愿《吴文化概说》对未来苏州学院的人才培养能发挥更大的作用。

本书得到了上海社会科学院研究员、复旦大学特聘教授、博士生导师、上海市历史学会会长、中国城市史研究会会长、中国史学会副会长熊月之先生的鼎力支持，在百忙之中撰写序言表示祝贺，谨向熊先生深表谢意。同时，也衷心感谢校党委书记鲍寅初先生的序言与鼓励。苏州大学出版社刘海、周建国、董炎等老师为本书的出版辛苦付出，在此表示诚挚的感谢！

本书在编写过程中，参考了大量文献，还摘引了相关网络资料，在此特作说明，并向相关专家、单位表示由衷的感谢。

尽管本书作者尽心尽力追求尽善尽美，但由于水平有限，难免存在疏漏与不足，祈望专家、同道和读者批评指正，以便进一步修订和完善。

在这秋高气爽暖意融融的午后，感激之情充满心头。谨向所有热爱吴文化、关心支持帮助吴文化研究院的专家学者与读者朋友，一并奉上我们真诚的感谢。

徐　静
二〇一三年十月二十二日
于苏州石湖华城静斋